17.95 6/17

Wilder Geist

–

Wildes Herz

Christina Kessler:
Wilder Geist – Wildes Herz
Kompass im stürmischen Zeiten

info@j-kamphausen.de

Lektorat:
Stephanie Ehrenschwendner
Umschlaggestaltung,
BildCompostion, Satz: KleiDesign
Druck & Verarbeitung:
CPI - Clausen & Bosse, Leck

www.weltinnenraum.de

3. Auflage 2016

Bibliografische Information der Deutschen Nationalbibliothek

Die Deutsche Nationalbibliothek verzeichnet diese
Publikation in der Deutschen Nationalbibliografie;
detaillierte bibliografische Daten sind im Internet
über **http://dnb.d-nb.de** abrufbar.

ISBN 978-3-89901-397-9

Christina Kessler

WILDER GEIST
WILDES HERZ

Kompass in stürmischen Zeiten

Hans-Peter Dürr

zum 80. Geburtstag

Mit einem Neigen seiner Stirn weist er weit von sich
was einschränkt und verpflichtet;
denn durch sein Herz geht riesig aufgerichtet
das ewig Kommende, das kreist.

Rainer Maria Rilke, Der Engel

Wir leben in einer alles entscheidenden Zeit

Wir leben in einer alles entscheidenden Zeit.
Wissenschaftler sagen uns, wir hätten nur
10 Jahre, um unsere Lebensweise zu ändern ...
Jeder Einzelne muss an dieser
gemeinsamen Anstrengung teilnehmen ...

Yann Arthus-Bertrand, Regisseur des Films HOME

In nur wenigen Jahrzehnten hat sich die westliche Zivilisation über die ganze Erde ausgebreitet. Wissenschaft, Technik, Wirtschaftswachstum und Konsum haben das ehemalige Bild unseres Planeten vollständig verändert – ein Eroberungsfeldzug ohnegleichen. Die Auswirkungen sind nicht nur an der Oberfläche wahrnehmbar; längst rütteln sie an unsichtbaren Ebenen wie dem Gleichgewicht der Natur, längst ist das gesamte Bewusstsein der Menschheit in Mitleidenschaft gezogen. Betroffen sind nicht nur die Hochburgen des Fortschritts, sondern vor allem auch Gebiete, die von den dessen Wohltaten nicht einmal profitieren, entlegene Gegenden wie meine zweite Heimat Ladakh.

Ladakh liegt zwischen 3.000 und 7.000 Metern hoch im indischen Bundesstaat Jammu und Kashmir, an der Grenze zu China, Pakistan und Tibet. In diesen Höhenlagen gibt es keine Vegetation mehr. Die Landschaft besteht nur noch aus Stein, Sand und Lehm. Am Fuß der Berge, in den Oasen der Flussniederungen, besonders des Indus, liegen die Dörfer eng an die Hänge geschmiegt. Auf den Anhöhen darüber thronen die zahlreichen buddhistischen Felsenklöster.

In der Nacht zum 6. August 2010 – ich hatte gerade die letzten Sätze dieses Buches geschrieben – erlebte dieser geheimnisvolle

Flecken Erde ein Natur-Desaster unvorstellbaren Ausmaßes – die bisher größte Katastrophe seiner Geschichte. Ich selbst war nicht unmittelbar dabei, kam erst später hinzu, als der Zugang in die Berge wieder frei war und sich der Flugverkehr normalisiert hatte. „Die Alten können sich nicht erinnern, jemals zuvor etwas Ähnliches erlebt zu haben", erzählte mir Wangchuk, ein Geschäftsmann und Freund aus Ladakh. „Es war wie der Weltuntergang. Blitze zuckten kreuz und quer durch den Himmel, der Donner krachte so laut, wie ich es noch nie gehört hatte. Dazwischen war ein unheimliches Pfeifen zu vernehmen, so elektrisiert war die Luft. Was dann einsetzte, war kein Gewitter mehr. Es war, als würde sich der Himmel öffnen und seinen gesamten Wasservorrat ausschütten."

Die Wolken erbrachen sich in Wasserfällen, die den losen Boden mit sich rissen. Schlammlawinen rollten mit ohrenbetäubendem Getöse die steilen Hänge hinab ins Tal. Dort walzten sie alles nieder, was sich in ihrer Bahn befand – Dörfer, Felder, Wald –, und begruben Menschen, Familien und ganze Dorfgemeinschaften unter sich.

„Alles vollzog sich in einer rasenden Geschwindigkeit. Denken konnte man nicht mehr, nur noch laufen, rennen, fliehen", berichteten die Flutopfer. Die Sturzflut hatte eine solche Kraft entwickelt, dass ihr nichts mehr Einhalt gebieten konnte. Sie wirbelte riesige Felsbrocken, Bäume, Vieh, Gebäude, ganze Wohnungseinrichtungen, Autos und Busse durch die Luft, brachte Brücken zum Einsturz und rollte grollend auf die Hauptstadt Leh zu. Innerhalb von Minuten wurden ganze Stadtteile von den Schlammmassen verschüttet, als wäre vorher dort nichts gewesen. Nur einige der ehemals höchsten Dächer ragten noch hervor.

Von einem Augenblick auf den anderen war für tausende von Menschen das Leben ein anderes geworden. Am meisten betroffen war das tibetische Flüchtlingscamp Choglamsar. In den ersten Schockmomenten stellten sich die Überlebenden, jammernd und sich an die Brust klopfend, unaufhörlich die Frage, wieso das Schicksal gerade sie, die Tibeter, immer wieder so hart treffe, einfache Menschen auf dem Dach der Welt, die sich keiner Schuld bewusst waren. Warum ein solches kollektives Karma?

Nicht lange jedoch stand die Frage „Was haben wir bloß getan?" im Raum. Sehr schnell hatte man kombiniert und die Antwort gefunden. Denn auch in Ladakh weiß man inzwischen über Klimawandel und Erderwärmung Bescheid. Auch hier besuchen viele der jungen Leute bereits die High School oder haben in den indischen Großstädten ein Studium absolviert. Auch hier gibt es Fernsehen und Internet.

Einige Male schon hatte sich in den letzten Jahren der Monsun, der sonst von den Bergketten des Himalaya und des Karakorum aufgehalten wird, über die Gipfel erhoben und sich in der ladakhischen Wüste abgeregnet. Mir selbst haben die unerwarteten Niederschläge einmal das Dach über dem Kopf und die Treppe vor der Tür weggespült. Viele Häuser sind dort oben aus Lehm erbaut. Bekommen sie zu viel Wasser ab, lösen sie sich einfach auf.

Der Monsun ist eine thermisch bedingte großräumige Luftzirkulation. Durch veränderte Winde und die starke Abkühlung der unteren Schichten an den Gebirgszügen kann der Auftrieb plötzlich in sich zusammenbrechen. Der Wolkeninhalt wird nicht mehr gehalten und entleert sich in kürzester Zeit. Es kommt zum Wolkenbruch.

Auch in Bezug auf die Dynamik der Klimaentwicklung besitzt der Monsun eine besondere Bedeutung. Er ist ein äußerst labiles klimatisches Element, mit einem sehr hohen Einfluss auf das Klima großer Teile der Erde. Schon kleine Änderungen und Entwicklungen können einen Monsun auslösen, abschwächen oder verändern, und das in vergleichsweise kurzen Zeiträumen. Die Folge kann, wie bei der Flut von Ladakh, ein Tsunami von oben – aus dem Himmel kommend – sein.

Es nimmt daher nicht wunder, dass in Kürze von „Zeichen" gesprochen wurde. Buddhisten und Muslime machten da keinen Unterschied, auch nicht die Fremden, nicht einmal die eher rational Veranlagten oder wissenschaftlich Denkenden. Jetzt war es also so weit. „Jetzt ernten wir, was wir, die Menschen, aus Eigennutz gesät haben. Jetzt beginnt sich die Erde zu rächen", hieß es. Der Beweis dafür schien zu sein, dass sämtliche Klöster unversehrt geblieben waren.

Die einheimischen Schamanen warnten schon seit langer Zeit vor solchen Ereignissen. Einer von ihnen hatte mir bereits vor 17 Jahren erklärt, dass das Klima von den Gedanken der Menschen beeinflusst werde: „Wir sind es, die das Wetter machen. Durch unsere Gedanken, unser Ego tragen wir zu dieser Veränderung bei. Wir sehen nicht, wie alles zusammenhängt und sich gegenseitig bedingt. Deshalb ist unser Wollen und Streben kurzsichtig und unser Handeln zerstörerisch – eine Kettenreaktion von Ursache und Wirkung. Wenn wir wüssten, wie die Dinge zusammenwirken, würden wir sofort damit aufhören. Freiwillig sogar, ohne dass man uns dazu auffordern oder verpflichten müsste. Denn dann würden wir sehen, dass wir uns mit unserer Einstellung selbst die Lebensader abschneiden."

Den Busbahnhof gab es nicht mehr, das gesamte Kommunikationsnetz war zusammengebrochen, ebenso die Infrastruktur; das ohnehin am Ende der Welt gelegene Land völlig abgeschnitten. Während die Flut von Pakistan, die zeitgleich ausgelöst worden war, die ganze Welt bewegte, drang von dem Desaster in Ladakh nichts nach außen. Selbst in der eigenen Umgebung zeigte sich das ganze Ausmaß erst Tage später.

Auch die Touristen, meist Trekkinggruppen und Bergsteiger, saßen fest, da der Flughafen nicht angeflogen werden konnte. Also packten sie mit an, nahmen Pickel und Schaufeln in die Hand, gruben Lebende und Tote – Männer, Frauen und Kinder – aus. Die Körper der Toten legte man in einer Reihe am ehemaligen Krankenhaus auf, und der Blick auf Arme und Beine, die hier und da aus dem Schlamm ragten, mahnte, nicht aufzuhören, selbst wenn die Kräfte zu versagen drohten. „Wir wären sowieso geblieben, um zu helfen", war die einstimmige Aussage. Keiner fühlte sich unbeteiligt. Alle legten Hand an, alle, ohne Ausnahme: Touristen, Muslime, Buddhisten, sonst durchaus „Verschiedenartige", wie man in Ladakh sagt. Sämtliche Ressentiments waren schlagartig vergessen, als hätten sie niemals existiert. Sie spielten keine Rolle mehr. Zusammen helfen. Muslime spendeten Blut für verletzte Buddhisten. Die Türen der Häuser standen jedem offen, es wurde geteilt, was man noch übrig hatte an Essen, Kleidung und Medizin, an Kraft, Trost und Lebenswillen.

Wangchuk, der ein Reiseunternehmen betreibt, hatte seine gesamten Trekkingzelte aufgestellt und verpflegte täglich tausend Obdachlose. Er war selbst um Haaresbreite mit dem Leben davongekommen: „Emotional war ich wie tot, verspürte nicht einmal Trauer. Was ich gesehen und erlebt habe, war zu grauenhaft, um es noch beschreiben oder gar verstehen zu können. Das Seltsamste aber war, dass hinter dem Schock ein Glücksgefühl auftauchte, wie ich es vorher nie erlebt habe – darüber, dass ich helfen durfte; dass ich Leben rettete; dass ich meinem Land etwas zurückgeben konnte, für all das, was es mir ermöglicht hat; dass ich selbst noch am Leben bin. Mein Helfen war sinnvoll. Was ich tat, war notwendig. Ich verspürte nicht die geringsten Zweifel bei meinem Tun, während ich mir sonst ständig die Frage stelle, ob das, was ich mache, richtig oder falsch, wichtig oder unwichtig ist. Da war etwas, das von selbst handelte und mich antrieb – und ich gehorchte einfach. Das Nicht-anders-Können war es, was dieses Glücksgefühl verursachte." Während er das sagte, liefen Tränen über die Wangen. Seinem Gesicht war nicht zu entnehmen, ob er weinte oder ob sein Herz überlief. Wahrscheinlich beides.

Noch Tage später hängen dicke Wolken in der Luft und die Blicke der Leute schweifen jede Minute zum Himmel. Ein paar Mal schon setzte es zu regnen an. Wie von einer unsichtbaren Kraft bewegt, erhoben sich die Menschen und eilten den Berg hinauf zur Stupa – eine lange Schlange, viele mit Lichtern in der Hand, schweigsam, nur ihr Mantra murmelnd: „Om mani padme hum." Eine Leuchtspur im Niemandsland zwischen Leben und Tod, die sich in Serpentinen nach oben schlängelte. Nichts anderes beherrschte die Gedanken als das Bewusstsein um Werden und Vergehen; das konnte man an den Gesichtern ablesen. „Juwel im Lotus" oder „Juwelen-Lotus" lautet die ungefähre Übersetzung von „Om mani padme hum". Es ist das Mantra des Mitgefühls, dessen Bedeutung nicht in den Worten liegt, sondern im Klang der Silben verborgen ist – als der Ton des Herzens, als sein unverwechselbarer Geschmack, der „Eine

Geschmack", wie man im Buddhismus sagt, der Geschmack jenseits alles Trennenden.

Durch die gemeinsame Anstrengung, dadurch, dass tausende von Menschen schweigend zusammenarbeiteten, konnte innerhalb weniger Tage das Hospital wieder in Betrieb genommen werden. Mit ebenso unermüdlichem Einsatz räumte die Armee die Wege frei, baute Straßen und Brücken auf. In kürzester Zeit waren die Hauptverkehrsverbindungen wiederhergestellt, sodass die betroffenen Gebiete mit dem Notwendigsten versorgt werden konnten. Zehn Tage nach der Katastrophe waren bereits alle Waisen adoptiert, sie hatten neue Eltern gefunden. Dennoch wird es dauern, bis die Häuser und die gesamte Infrastruktur wiederaufgebaut sind. Und der harte Winter hat bereits begonnen ... Niemand hätte sich vorstellen können, wie schnell eine Katastrophe solchen Ausmaßes gemeistert werden kann, wenn nur alle in der gleichen Ausrichtung ihre Kräfte vereinen.

Woher kam diese unsichtbare Kraft, die die Menschen in Ladakh – unabhängig von ihrer Nationalität – in Bewegung setzte? Die, ohne dass man sich mit Schuldzuweisungen aufhielt, in die gemeinsame Verantwortung führte und dabei eine Quelle ungeahnter Möglichkeiten erschloss? Was war das für eine Kraft, die die Bevölkerung in einem Wir-Bewusstsein zusammenschweißte und dabei ungeheure Energien frei werden ließ?

In der Ära der Zivilisation wurde der Mensch zum rücksichtslosen Beherrscher der Natur. Tiefe Löcher hat seine Anmaßung gerissen, nicht nur in die Umwelt, in unser aller Leben. Löcher, die zum großen Teil nicht mehr gestopft werden können, weil es davon inzwischen zu viele gibt. Ist das eine geschlossen, tut sich bereits das nächste auf. Es ist nicht etwa fünf vor zwölf, es ist bereits fünf nach. Jetzt heißt es aufwachen. Es bleiben nur noch ein paar Jahre, um den Abwärts-Trend umzukehren. Wir werden damit Schluss machen müssen, uns nicht zuständig zu fühlen. Wir werden uns den ökologischen und existentiellen Fragen stellen und unseren Blick auf die Welt ändern müssen. Wir haben keine Wahl.

Dass wir gegenwärtig eine Phase der Umwälzung erleben, ist inzwischen hinreichend bekannt. Aber nur die wenigsten sind sich über deren wirkliche Tragweite im Klaren. Tatsächlich befinden wir uns inmitten eines epochalen Wandels. Unsere Welt erfährt eine vollständige Umgestaltung. Eine globale Kultur ist im Entstehen begriffen, in der die unterschiedlichsten gesellschaftlichen und weltanschaulichen Systeme aufeinanderprallen. Traditionen, Überzeugungen, Werte, Sitten und Bräuche relativieren sich. Altgewohnte Strukturen erweisen sich zunehmend als einschränkend und schreien nach Erneuerung. Erstmals in der Menschheitsgeschichte steht uns das geistige Erbe aus allen ethnographischen Räumen und Kulturepochen zur Verfügung – frei zugänglich für jedermann. Der ungehinderte Austausch von Informationen hat zu rasanten Entwicklungen in Wissenschaft und Technik geführt. Dabei kam es zu solch einer Beschleunigung des soziokulturellen und wirtschaftlichen Wachstumsprozesses, dass dieser schließlich ausuferte. Die Verhältnisse auf der Erde sind ungesund geworden, lebensfeindlich. Sie sind aus der Balance geraten.

Die meisten Menschen hoffen, der Wandel möge bald vorbei sein. „Lass diesen Kelch an mir vorübergehen!" Als hätten sie mit der Krise nichts zu tun, als wäre sie ein Film, der in der Welt da draußen abläuft. Doch diesmal wird der Wandel nicht mehr aufhören. In Zukunft wird er sogar unser Leben bestimmen. Wir werden uns an ihn gewöhnen, mit ihm fertigwerden müssen.

Sicher, Wandel gab es immer. Bisher verlief er nur weit langsamer, so langsam, dass er kaum wahrgenommen wurde. Ganz ähnlich, wie man nicht merkt, dass man älter wird. Bis eines Tages im Spiegel der Blick auf das erste graue Haar fällt und man feststellt: „Ich habe mich verändert. Verglichen mit zehn Jahren zuvor, befinde ich mich in einer ganz anderen Lebensphase."

Tagtäglich bekommen wir zu spüren, dass wir mit all den Innovationen und den damit verbundenen Maßnahmen, die nicht nur Wirtschaft und Politik, sondern alle Lebensbereiche betreffen, eigentlich gar nicht mehr mitkommen. Längst sind wir von dem ständig wechselnden Angebot von Produkten, Erfindungen und Veränderungen hoffnungslos überfordert. Kaum hat man sich mit einer Neuerung angefreundet oder sich an sie gewöhnt, kündigen die Medien schon lautstark die nächste an – schneller, besser, effizienter, mehr. Schien vormals alles seinen festen Platz zu haben, steht heute kein Stein mehr auf dem anderen. Konnten sich soziale Gewohnheiten einst über Generationen hinweg halten, werden wir nun an jeder Ecke mit dem Aspekt der Vergänglichkeit konfrontiert. Was früher eine Anschaffung fürs Leben war, wandert heute nach einem Jahr auf den Müll, um seinem Folgemodell Platz zu machen. Unser Wissen vervielfältigt sich täglich und mit ihm die Möglichkeiten, es zu nutzen, was uns jeden Augenblick vor neue Entscheidungen stellt.

Doch unter welchen Kriterien sollen wir unterscheiden und entscheiden, wenn sich Traditionen und Werte im Schmelztiegel der unterschiedlichsten Ideologien auflösen und sich Wissen, Vorstellungen und Überzeugungen in immer kürzeren Abständen selbst überholen? Der Wandel, den wir heute erleben, ist potenzierter Wandel: hoch drei, hoch hundert, hoch tausend. Ein Ende ist nicht mehr absehbar.

Das vorliegende Buch ist eine Spielanleitung für den Wandel. Ein Wegweiser zu einem globalen Bewusstsein, einem neuen Denken und einem neuen Lebensstil. Ein Beitrag zum Erwachen einer neuen Kultur.

Neu meint: so noch nicht da gewesen. Denn erstmals in der Geschichte begegnen sich Wissenschaft und geistige Traditionen in einer universellen Grundaussage, in welcher sich der innere, unsichtbare Genius von Wandel und Transformation, die Matrix des Lebendigen, *the rhythm of being* offenbart – als Vorbild für jegliche Art von gesunden Prozessen. Damit erschließt sich eine neue Einfachheit, die uns den unentbehrlichen Kompass für eine immer komplizierter werdende Welt in die Hände legt.

Wie meine bisherigen Bücher ist auch *Wilder Geist – Wildes Herz* meiner Suche nach der Essenz der Weisheitstraditionen geschuldet. Wenn ich von Weisheitstraditionen spreche, so meine ich die Lehren und Praxiswege aller Kulturen und Epochen, die sich mit dem geistigen Innenraum von Selbst, Welt und Menschheit beschäftigen und aufzeigen, wie Individuum und Gesellschaft Lebensformen verwirklichen können, in denen Gerechtigkeit, Potenzialentfaltung und Glück gewährleistet sind. Dazu gehören vor allem die Philosophie als „die Liebe zur Weisheit" und die spirituellen Lehren der verschiedenen Religionen. Das Wort *religio* meint ja nichts anderes als Rückverbindung mit der inneren Welt und der eigenen Wesensessenz. Jüngere Disziplinen wie Psychologie und Bewusstseinsforschung arbeiten in diese Richtung, aber auch Medizin, Pädagogik, Kunst, Sozial- und Naturwissenschaften liefern wichtige Berührungspunkte.

Warum forscht ein Mensch ein Leben lang nach der Essenz der Weisheitstraditionen? Und – kann man dabei überhaupt fündig werden? Nun, diese Suche ist Teil meiner persönlichen Biografie, die nicht zu trennen ist von den Erkenntnissen, die in *Wilder Geist – Wildes Herz* aufgerollt werden, denn jeder, der nach innen geht, tut dies auf seine ureigene Weise. Seit ich denken kann, will ich die Wahrheit wissen, die nackte Wahrheit. Seit ich mich erinnern kann, will ich frei sein, mich entfalten, die Schönheit der Welt erfahren und den Geschmack des Lebens in allen Nuancen auskosten. Zeit meines Lebens war ich wissbegierig und hielt nie etwas von faulen Kompromissen.

Ich hatte mein Leben lang das tiefe Empfinden, dass es in den verschiedenen geistigen Traditionen letztlich um dasselbe ging und sich darin ein einziger gemeinsamer Weg verbarg. Warum, konnte ich nicht erklären, ich empfand es einfach so. Wie dieser Weg aussehen sollte, davon hatte ich keine Ahnung. Ohne jeden Zweifel allerdings fühlte ich mich seit meiner Kindheit an eine transzendente Wahrheit angebunden, deren Auswirkung ich erlebte – in solchen Augenblicken nämlich, in denen es mir gelang, alle Vorstellungen und Meinungen fallen zu lassen. Dann plumpste ich einfach in das, was (ich) war, und das war pure Glückseligkeit. Ja, ich wollte den Weg jenseits aller Pfade beschreiten, nicht den einer speziellen Religion. Am liebsten wollte ich mit Religion überhaupt nichts zu tun haben. Bigotterie, Tugendwahn, Gesetzesmoral und erhobene Zeigefinger waren mir zuwider, hierin war ich einfach ein Kind meiner Zeit.

Aus diesem Grunde machte ich es mir zur Aufgabe, hinter all den Unterschieden die gemeinsame Essenz und hinter all den Pfaden der Selbstverwirklichung die gemeinsame Struktur zu finden. Mehr als 35 Jahre ist das nun her, es wurde ein Lebenswerk daraus.

Anfangs sollte mir mein Studium – Ethnologie, Soziologie, Vergleichende Religionswissenschaften und Philosophie – dabei helfen, diese Fragen zu beantworten. Hätte ich mich allerdings nicht schon frühzeitig auf Wanderschaft begeben, wäre mit Sicherheit etwas anderes, wahrscheinlich wesentlich Komplizierteres dabei herausgekommen.

Den größten Teil meiner Studienzeit verbrachte ich gar nicht an der Universität, die meiste Zeit war ich unterwegs. Mit 19 unternahm ich meine erste abenteuerliche Reise nach Afrika und Madagaskar. Dorthin hatten mich Freunde mitgenommen, die eine Reportage über den Ahnenkult machen wollten. In der Konzeption der Madegassen nehmen die Ahnen eine höhere soziale Stellung ein als die Lebenden selbst, weil sie gleichermaßen dem Diesseits und dem Jenseits angehören und sich somit in einem heiligen, nicht-dualen Zustand befinden. Als Merkmal ihres hohen Rangs „bewohnen" die Verstorbenen kleine Steinvillen am Rande der Dorfsiedlungen und werden mit den feinsten Speisen verpflegt, während die Lebenden in primitiven Hütten hausen. Bei allen wichtigen Beschlüssen haben die Ahnen ein Wörtchen mitzureden und pflegen einen engen Kontakt mit ihren Nachkommen und Verwandten. Der Austausch findet auf der Ebene des Traumerlebens in der Bildsprache der Träume statt.

Einmal hatte ich die Chance, bei einem der großen Totenausgrabungsfeste, Leichenwende genannt, teilzunehmen, in deren Verlauf die Leichname aus ihren Häusern geholt und umgebettet werden. Als wären sie noch lebendig, tanzten die Angehörigen mit ihnen umher, fuhren sie in Booten spazieren, zeigten ihnen die alten Lieblingsplätze und brachten ihnen in äußerst emotionalen Szenen ihre

Zuneigung entgegen. Solche Feste sind nicht still, wie man meinen könnte, es sind ekstatische Trance-Rituale, deren Eindrücklichkeit die Teilnehmer in einen Bewusstseinszustand jenseits der Dualität von Leben und Tod versetzt.

Nach dieser Reise – meiner ersten und einschneidenden Erfahrung mit dem wilden Denken – war mein Fahrplan klar: Ich wollte hinaus in die Welt und die Dinge mit eigenen Augen betrachten. Denn die Wirklichkeit offenbart sich ganz anders, wenn man sie erlebt, als wenn man nur darüber nachdenkt oder sie zu Tode diskutiert.

So erfuhr meine Arbeit ihre eigentliche Prägung durch meine langen Feldforschungsaufenthalte in anderen Kulturen, vor allem solchen, die man vor noch nicht allzu ferner Zeit als primitive Kulturen bezeichnete. Vor Ort konnte ich hautnah erfahren, wie sich die verschiedenen Geisteshaltungen zu unterschiedlichen Wirklichkeiten gestalteten, und – was nicht zu unterschätzen ist – welches Lebensgefühl diese Wirklichkeiten vermittelten, welche Eigenschaften und Lebenskompetenzen sie zum Blühen brachten. Auf der anderen Seite wurde im Lauf der Zeit immer offensichtlicher, dass wir Menschen uns auf einer tieferen Ebene sehr, sehr ähnlich sind. Immer wieder verblüffte es mich, wie mühelos man sich aneinander angleichen und sich in andere hineinfühlen konnte, wie schnell man in der Fremde zu Hause war, wenn man sich nur öffnete. Am meisten beeindruckte mich die Beobachtung an mir selbst, dass nach einer gewissen Zeit des Aufenthaltes mein Bewusstsein sich veränderte und ich im Rahmen der anderen Weltanschauung zu denken begann.

Bald wurde mir die kultur- und gesellschaftspolitische Relevanz meiner Fragestellung bewusst. Denn wo sonst sollte das Potenzial für Verständigung, Einigung und Frieden liegen als in der Anerkennung des gemeinsamen geistigen Kerns der Weltkulturen? Worin sonst sollte das neue Bewusstsein wurzeln als in jenem Wissen, das schon immer Gültigkeit besaß und sich über Jahrtausende hinweg als lebensdienlich erwiesen hat? Befand sich nicht hier, genau hier, jenes Orientierungswissen, das unsere Zeit so dringend benötigt? Wissen, das die Zusammenhänge aufzeigt und dazu befähigt, dem

Leben konstruktiv zu begegnen? Das durch den Wandel führt und aus Krisen Chancen werden lässt?

Durch den Vergleich der unterschiedlichen Traditionen – losgelöst von zeit- und kulturbedingten Einflüssen, entkleidet von Missverständnissen und Fehlinterpretationen – müssten sich die nackten Prinzipien, die zeitlosen Grundaussagen und unabänderlichen Gesetze finden lassen: ungezähmtes Weisheitswissen. Mein anfänglicher Wunsch, das Beste aus meinem Leben zu machen, paarte sich mit der Vision einer globalen, auf Weisheit und Selbstverwirklichung basierenden Kultur. „Selbstrealisation ist Weltrealisation" wurde zum Motto meines Ansatzes.

In diesen 35 Jahren hat sich ungeheuer viel getan. Obwohl die etablierten Religionen auch heute noch keinen Deut von ihren Absolutheitsansprüchen abgewichen sind, hat sich im Untergrund heimlich, still und leise unser gesamtes Weltbild revolutioniert. Nicht nur ich bin fündig geworden, viele Geister aus allen Disziplinen waren daran beteiligt. Inzwischen ist es offensichtlich, dass es in den Religionen um dieselben Fragen und Antworten geht, die sich nur in ihren Ausdrucksformen und Schwerpunkten unterscheiden. Ebenso ist klar geworden: Jeder, der sich auf den Weg nach innen begibt, entdeckt „am Ende" das Gleiche – sein eigenes Wesen, das eins ist mit dem Wesen des Ganzen.

Sämtliche Weisheitslehren stimmen in einer grundlegenden Aussage überein: Alles ist mit allem verbunden durch die Teilhabe an einem immateriellen, ungeteilten und unteilbaren Wesensgrund, der schöpferisch und daher essentiell lebendig ist. Alles fließt, *panta rhei*. Für den Einzelnen bedeutet das: Ich bin unlösbar eingebunden in ein Ganzes, von dem ich Teil bin und an dem ich kreativ mitwirke. Die Vorstellung, ein vom Rest der Welt getrenntes Subjekt zu sein, ist eine Illusion. Trennung ist eine Illusion. Alles ist mit allem verbunden. Alles ist eins.

Das eigentlich Revolutionäre kam jedoch aus den Reihen der Wissenschaft, namentlich der Physik, welche die Grundlage aller Naturwissenschaften darstellt. Ausgerechnet auf der Suche nach den kleinsten Bausteinen der Materie – der reinen Materie, die den Menschen zum Herrscher der Welt gemacht hätte – fand man nämlich heraus, dass Materie gar nicht aus Materie aufgebaut ist. Im Mikrophysikalischen wurden Teilchen zu Wellen, und selbst in den Wellen, also im Bereich des Energetischen, offenbarte sich noch Subtileres: Dort gab es nur noch Beziehung! Materiell und energetisch nicht mehr nachweisbar, aber genuin kreativ. Erkennbar nicht am materiellen Vorhandensein, sondern an der Wirkung. Der Urgrund des Universums, so zeigte sich völlig unverhofft, ist immateriell. Da wirkt und brodelt lebendiger, schöpferischer Geist. Materie ist nicht auf Materie aufgebaut. Im Bereich des Kleinsten ist das Ganze beziehungshaft. Sein Wesen ist Allverbundenheit.

Eigentlich müsste man von einer Offenbarung sprechen. An dieser Stelle wird nicht nur der gemeinsame Kern der Religionen transparent, hier liegt auch der Punkt der Übereinstimmung von Wissenschaft und Transzendenz. Hier befindet sich der Ort, an dem unanzweifelbar zu Tage tritt: Und es gibt sie doch – die universelle Wahrheit!

Das Universum ist ein unteilbares Ganzes, das sich kontinuierlich selbst reguliert und ständig über sich hinaus wächst. Es ist nicht determiniert, sondern geht in jedem Augenblick neu aus sich selbst hervor. Geist und Materie sind nur die beiden Aspekte ein und desselben Ganzen. Nicht nur das Universum, auch der Mensch ist ein ständiger Neuschöpfungsprozess. Der Mensch stirbt nicht mit demselben Herzen, mit dem er geboren wurde. Seine Zellen erneuern sich im Laufe der Zeit immer wieder. Und selbst zum Zeitpunkt des Todes hört der Transformationsprozess nicht auf; er setzt sich jenseits des Materiellen fort.

Dynamische Allverbundenheit ist das innerste Wesen von allem, folglich auch das innere Wesen des Menschen – die Grundstruktur des Universums, das Urgesetz, aus dem alle anderen Gesetze hervorgehen, sowohl die Gesetze der Natur als auch des menschlichen Miteinanders. Diese Allverbundenheit ist kein statischer Zustand. Sie ist ein kreativer Prozess, der die innere Ordnung der Dinge ausmacht. Jeder Mensch trägt die schöpferische und ordnende Quelle in sich. Jeder kann sich mit der inneren Ordnung verbinden, um Inspiration, Ganzheit und Heilung zu finden und sich immer wieder zu erneuern – zu regenerieren. Der Richtigkeit halber müsste man sagen: Er war niemals von der Quelle getrennt. Er war und ist immer mit ihr verbunden. Er hat diese Tatsache nur vergessen. Er hat vergessen, dass seine eigene innere Quelle und die Quelle des Ganzen die Liebe ist. Denn Liebe ist das Prinzip der Verbundenheit. Liebe – das soll in diesem Buch gezeigt werden – ist die Weltformel, nach der wir alle suchen, die Essenz von Sein und Werden.

Die Weisheit der Liebe zu erkennen und vor allen Dingen sie zu leben, davon sind wir im Augenblick leider noch weit entfernt. Sie in unser aller Leben einzubinden ist die große Herausforderung unserer Zeit. „Der Fehler der Menschen liegt darin, den Weg in der Ferne zu suchen, während er nah ist", meinte schon der chinesische Philosoph Menzius. Es ist falsch, auf der Ebene des Schwierigen zu suchen, was in Wirklichkeit leicht ist – und deshalb scheitern sie. Wenn sie dagegen vom Einfachsten ausgingen, den natürlichen Beziehungs- und Wandlungsprozessen, die Grundlage der Wirklichkeit sind, und wenn sie die Wirkung der Prozesse sich ausbreiten und fortpflanzen ließen, könnten sie die Welt sich „auf ihrer Handfläche drehen lassen". Es würde genügen, dass die Menschen sich an die Ordnung der Dinge anpassen, so, wie es am naheliegendsten ist. Dass sie „diejenigen, die ihnen nah sind, als ihre Nächsten behandeln und diejenigen, die ihre Ältesten sind, als ihre Ältesten behandeln". Was nicht bedeutet, den Regeln zu gehorchen, sondern weil sich dies von selbst versteht und weil man will, dass die ganze Welt in Frieden ist. Und je härter die Zeiten sind, desto empfänglicher sind die Menschen für die kleinsten Zeichen von Menschlichkeit.

Weder in politischen Reformen noch in organisierten Bewegungen liegt die Chance auf dauerhafte Veränderung. Das Geheimnis liegt in der stillen, anonymen Kraft des Einzelnen, die auf der Einsicht in das Wesen der Wirklichkeit und der Bereitschaft, sich aktiv nach ihr zu richten, basiert – in empathischer Kommunikation und integrativer Kooperation. Wir alle sind bereits vernetzt. Wir alle sind da drinnen unlösbar miteinander verbunden. Jeder, der diese Wahrheit entdeckt, gehört der neuen Weltgemeinschaft, dem eigentlichen *Sangha* (sanskr.), der Kirche der Liebe an, obwohl ich wenig Sympathie für das Wort „Kirche" habe. Das Innere braucht keine Form, mehr noch: Es darf gar keine haben, denn es handelt sich dabei ja gerade um das von der Form Befreite – das Ungezähmte, Lebendige, Dynamische, das ausschließlich seinen eigenen Gesetzen folgt.

Das Buch gliedert sich in drei Teile. Im ersten gehe ich der Frage nach, warum die Entwicklung der inneren Welt dem äußeren Fortschritt so stark hinterherhinkt, warum es uns so schwerfällt, weise zu sein und wirklich zu lieben, warum unsere Spiritualität eher abstruse Formen annimmt, anstatt etwas Selbstverständliches zu sein.

Die Antwort möchte ich schon vorwegnehmen: weil wir in der Innenwelt ein völlig anderes Denken brauchen als in der Welt da draußen – ein wildes Denken, fähig, das Undenkbare zu denken. Damit ist nicht der Austausch von Denkinhalten gemeint. Es geht um den intuitiven Denkprozess, der den Dingen auf den Grund geht, die subtile Wahrnehmung schult und in der Hochzeit von Intuition und Intellekt gipfelt. Wie kommen wir dorthin? Wie wirkt das wilde Denken? Wie üben wir es?

Das wilde Denken ermöglicht ein grundlegendes Verständnis der Weisheitslehren und ihrer typischen Themenlandschaften, um die es im zweiten Teil geht. Während wir diese Landschaften durchwandern, öffnet sich der Blick auf die eigentliche Innenansicht von Selbst, Welt und Menschheit. Wie ein Mosaik setzen sich die Beiträge der verschiedenen Kulturen zusammen und lassen die universelle Wandlungsdynamik aufblitzen, die in jedem Augenblick das Universum neu gestaltet.

Der dritte Teil dreht sich um die praktische Umsetzung dieser Erkenntnisse in der Gegenwart und ihre Bedeutung für die Zukunft, die darin liegt, dass wir das Weisheitspotenzial des Menschen nun kollektiv zur Blüte bringen können – und mit ihm die Kunst des Lebens und Liebens. Dies ist heute schon möglich, wir müssen das neue Wissen nur zu leben beginnen.

Wir befinden uns in einer kritischen Zeit, einer alles entscheidenden Zeit und dürfen nicht mehr lange warten. Jeder Einzelne ist aufgerufen, sich an der Wende zum Wesentlichen zu beteiligen. Ich bin überzeugt davon, dass wir es schaffen werden. Denn wir sind dabei, die vereinende Ordnung des Ganzen zu entdecken, die unsichtbar und ungreifbar in der Vielfalt der Erscheinungen waltet. Wir sind dabei zu entdecken, wie jeder Mensch sich bewusst in diese Ordnung einschwingen und an ihr teilhaben kann.

1. TEIL

WILDES DENKEN – DAS UNDENKBARE DENKEN

Man muss das Undenkbare denken.
Alles andere ist nicht der Mühe wert.
Man muss dort denken,
wo es nicht geht,
wo man nicht denken kann.

Paul Virilio

Von der Abspaltung der inneren Räume

Während ich dies schreibe, befinde ich mich in Indien, der „Wiege der Spiritualität", einem Land, das sich in den letzten Jahren zu einer aufstrebenden Industrienation entwickelt hat. Zudem in Rishikesh, der Stadt der Sadhus, Heiligen und Yogis, die sich selbst als spirituelles Zentrum der Erde bezeichnet. Bunt, laut, exzentrisch, voller Gegensätze. Schönheit und Hässlichkeit, Reichtum und Elend, kindliche Offenheit und offene Korruption liegen hier dicht nebeneinander; Verehrung der Natur auf der einen, Missbrauch der Natur auf der anderen Seite. Seit einem Monat wohne ich in einem Hotel direkt am Ganges mit Blick auf den heiligen Fluss, den die Inder liebevoll „Gangaji" nennen; dort schreibe ich und gehe meiner Lieblingsbeschäftigung, dem Beobachten, nach. Dabei ringe ich ständig mit der Frage, wo, um Gottes willen, sich in diesem esoterischen Totalangebot die wirkliche Weisheit versteckt.

Am gegenüberliegenden Ufer des Ganges geht gerade ein internationales Yoga-Festival zu Ende. Sieben Tage lang zelebrierten indische und amerikanische Gurus mit ihren Schülern aus der ganzen Welt den Yoga. Der Ober-Guru und Veranstalter hat den Hindu-Wallfahrtsort in wenigen Jahren in seine Residenz verwandelt. Hier ist er König. Nicht nur, dass er den größten Ashram besitzt und im wahrsten Sinn des Wortes den Ton angibt, er nimmt sich auch gewisse Privilegien heraus. Seinen Nachbarn drehe er den Strom ab, beklagen sich die Einheimischen, außerdem leite er die Abwässer des Ashram in den Ganges. Nach außen hin wird der Unmut der Bevölkerung geschickt überspielt, sitzen doch in allen Veranstaltungen bezahlte Anhänger, deren Lebensunterhalt darin besteht, wo immer der Meister auftaucht, *„Swamiji is divine* – Swamiji ist göttlich" zu johlen.

Swamiji selbst scheint von seiner Göttlichkeit durchaus überzeugt zu sein. Auch manche seiner Anhänger aus dem Westen bekommen in seiner Gegenwart einen göttlichen Blitzschlag, lauschen verklärt seinen Worten, als hätten sie zum ersten Mal etwas über Yoga gehört. Andere wiederum sind kritisch. Tatsache ist: Er predigt den Yoga, versucht ihn sogar auf moderne Weise zu vermitteln. Doch wäre es nicht genauso wichtig, gemeinsam ein wenig mehr auf die Umwelt zu achten, als ein pompöses Fest nach dem anderen aufzuführen und ganz Rishikesh zwei Stunden täglich aus übersteuerten Lautsprechern mit Mantras zu beschallen? Ist das Spiritualität? Oder wird da Opium fürs Volk serviert? Opium, meint die Mehrheit der gebildeten Inder. Den anderen ist es egal. Genauso egal wie die Abfallhalde hinter den Wellblech-Hütten. Ayurveda an jeder Ecke, aber die mangelnde Hygiene stinkt zum Himmel.

Dann die Verabredung mit einem Sadhu, der sich am Tag zuvor zu einem Interview bereit erklärt hatte. Eine imposante Erscheinung, gutes Englisch. Mit 17 war er von zu Hause fortgelaufen, um der Welt und ihren Versuchungen zu entsagen, als Bettelmönch umherzuwandern und sein Leben der Meditation zu widmen. Ernährt werden die Sadhus von der Bevölkerung. Sie wohnen unter Brücken oder unter freiem Himmel – wo auch immer die Müdigkeit sie abends niederstreckt. Viele von ihnen halten das „reine So-Sein" nur mit einer regelmäßigen Dosis Haschisch aus. Kein Interesse an gesellschaftlichen Problemen, kein Commitment. Aber, mit glänzenden Rausch-Augen: „We are all brothers and sisters." So auch mein Sadhu. Vor dem Gesprächstermin rief er mich an und erzählte mir, dass er erst später könne, weil er gerade zwei Schüler unterrichte. Als ich dennoch hinfuhr, saß er ohne Schüler da. „Ja, das ist typisch", meinte der Mann aus dem Musikladen nebenan, „die sind total unzuverlässig, diese Sadhus. Unfähig, ein Versprechen einzuhalten. Einfach asozial. Penner eben. Kiffer." Ich musste lachen. Ganz nebenbei: Ich habe auch echte kennengelernt.

Astrologen, Kartenleger, Numerologen, Handleser – alles tummelt sich in Rishikesh. Das ganze Spektrum an Meditation, Reiki, Energiearbeit und Channeling, von Kriya-Yoga bis zum Trommelkurs, von Pranayama bis Harikrishna, von Yoni-Massage bis Shirodara. Für den spirituellen Touristen ein faszinierendes Ambiente, das gleichzeitig ernüchternd ist, sobald man erkennt, dass wieder einmal das *big business* die Oberhand gewonnen hat. Auch hier weiß man natürlich längst: Dem zahlkräftigen Westler ist sein Seelenheil einiges wert, und Indien hat in dieser Richtung so manches zu bieten.

Nicht selten bereitet es mir Magenschmerzen, den Prozess der Vermarktung ehemals intakter geistiger Traditionen miterleben zu müssen. Spiritualität ist „in", Weisheit jedoch absolute Mangelware. Solange es um Pomp, Gigantismus und künstlich erzeugte Höhenflüge geht, solange der Einzelne nicht zu Autonomie und Verantwortung geführt wird, erzeugt Spiritualität nur Scheinheiligkeit. Mit all dem hat Weisheit nichts zu tun. Weisheit ist das unmittelbare Ergebnis gelebter Wahrheit. Weder lässt sie mit sich handeln, noch kann sie instrumentalisiert werden. Sie ist unbestechlich, *straight*. Wissen wir heute eigentlich noch, was Weisheit überhaupt ist?

In Wikipedia, dem heutzutage beliebtesten Auskunftsorgan, wird Weisheit bezeichnet als „eine transkulturell-zeitlose, universal-menschliche, reale oder ideale, entweder als reifungsbedingt erwerbbar oder aber als göttlich verliehen gedachte exzeptionelle Kompetenz, welche sich durch ungewöhnlich tiefe Einsicht in die Kreisläufe des Lebens, besonderes Wissen, eine herausragende ethisch-moralische Grundhaltung und das damit verbundene Handlungsvermögen auszeichnet."

Weisheit ist demnach:

- die Einsicht in die verborgene Dynamik des Lebens;
- ein inneres, universelles Wissen, das von jedem Menschen erworben werden kann, obwohl es aus einer überpersönlichen Quelle zu kommen scheint;
- eine ethische Lebenshaltung und außergewöhnliche Handlungskompetenz als Folge dieses Wissens.

Verglichen mit dem ungeheuren Fortschritt in Wissenschaft, Technik und Wirtschaft hinkt die Entwicklung des Menschen in Richtung Weisheit stark hinterher, daran gibt es gar keinen Zweifel. Doch wie konnte es zu diesem enormen Missverhältnis kommen?

Unsere Vorstellungen von Spiritualität sind eingebettet in eine Weltsicht, die wir seit mehr als 3.000 Jahren pflegen und die unser gesamtes Denken, Verhalten und Handeln bestimmt, ohne dass wir uns dessen so richtig bewusst wären.

Diese Annäherung ist:

1. materialistisch – nur die dingliche Realität gilt als wirklich; daraus resultiert eine Einstellung zum Leben, die sich vorwiegend an materiellen Werten orientiert;
2. mechanistisch – sie leugnet immaterielle Wirkmechanismen und erklärt die Dynamik von Kosmos und Mensch wie maschinelle Funktionsabläufe;
3. patriarchalisch – sie ist in Kultur, Wirtschaft und Gesellschaft geprägt von der Dominanz männlicher Werte;
4. rationalistisch – gekennzeichnet durch rationales Denken und das höchste Diktat der Wissenschaft, die Objektivität.

Materialistisch, mechanistisch, patriarchalisch und rationalistisch – diese Merkmale prägen unsere gesamte Weltanschauung; von diesen vier Säulen wird die westliche Zivilisation getragen.

Betrachtet man diese Säulen genauer, lässt sich erkennen, dass von ihnen ganz bestimmte Bereiche ausgegrenzt bzw. verdrängt oder abgespalten wurden:

1. Die Fokussierung auf das Materielle führte zur Entwertung des Geistigen und zu einer materialistisch geprägten Vorstellung vom Geistigen.
2. In der mechanistischen Auffassung ging die Wahrnehmung des Lebendigen und Wesenhaften verloren.
3. Das Patriarchat wertete das Weibliche ab: die Fähigkeit des Mitfühlens und Sich-Öffnens, des Verstehens und der Hingabe, aber auch das Mythische, Bildhafte und nicht zuletzt den Sinn für das Gemeinsame.

4. Dem Rationalen schließlich fiel das Intuitive, der Objektivität das Subjektive zum Opfer.

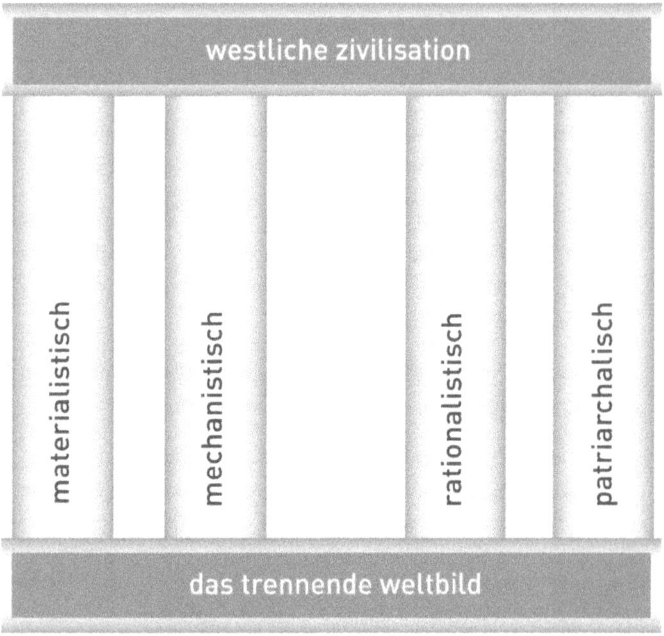

Abb. 1: 4-Säulen-Modell Zivilisation

Das aber ist der gesamte Innenraum von Selbst, Welt und Menschheit! Auf solch einem Fundament konnte sich gar keine selbstverständliche Weisheit entwickeln. Der Zugang zu ihr wurde dadurch sogar völlig verschüttet. Übrig geblieben ist eine Unzahl von Klischees und Missverständnissen.

Spiritualität steht noch ganz im Dienst von Haben und Schein, Manipulation und Selbsterhöhung. Viele Menschen wollen Weisheit besitzen und glauben sie sogar kaufen zu können – Instant-Erleuchtung ist der Renner, für nur 5.000 Euro in Indien erhältlich –; sie meinen, damit das eigene Leben perfektionieren zu können, um Status und Einfluss zu gewinnen, um besser zu sein als die anderen.

Weisheit aber hat mit Sein und nicht mit Haben zu tun; mit Hingabe und mit Demut, jener Herzensqualität, die es ermöglicht, dass sich das kleine, persönliche Ich einer größeren Intelligenz beugt und ihr folgt. Weise-Sein ist nicht zweckgebunden, sondern bedingungslos. Andere wiederum hängen sich an Ritualen und Exotik auf – Hauptsache spektakulär – und kleben an der Befolgung von Vorschriften und Techniken fest. Doch Techniken sind nur Instrumente. Geht unsere Absicht in die alte Richtung, führen auch sie in die falsche Richtung.

Eine mechanistische Einstellung lässt uns glauben, Weisheit sei wiederholbar, abrufbar oder steuerbar. Aber Weisheit funktioniert nicht im Takt, sie pulsiert in ihrem eigenen Rhythmus. Das trifft auch auf ihr Zeitverständnis zu, das nicht linear oder chronologisch ist, sondern sich beständig um den günstigsten Zeitpunkt (*Kairos*) bewegt. So mancher wartet auf die Erleuchtung oder arbeitet mit äußerster Anstrengung darauf hin, nicht ahnend, dass Weisheit und Glück um die Wartenden einen großen Bogen machen, ebenso wie um diejenigen, die sie nicht erwarten können.

Auf dem Holzweg ist auch, wer von der Spiritualität Unfehlbarkeit und Unverwundbarkeit erwartet; Werte, die im Patriarchat – neben dem Drang zu beherrschen, zu siegen, zu dominieren, zu dirigieren und zu kontrollieren – ganz oben angesiedelt sind. Weisheit hat mit Offenheit, Einfühlungsvermögen und Sensibilität, folglich auch mit Verletzlichkeit zu tun, mit Geschehenlassen und Loslassen, mit Weichheit und geistiger Geschmeidigkeit.

Nicht umsonst wird sie in den meisten Traditionen als weiblich betrachtet: In der Gnosis heißt sie Sophia, im Hinduismus heißt sie Shakti. Die Veden beschreiben Shakti als die Kraft, die das Formale, Endliche, Äußerliche überschreitet, als das Mysterium, das den Leben spendenden Geist zum Leben erweckt; im Gegensatz zur männlich trennenden Qualität, die töten kann. In Indien, aber auch in den meisten anderen Traditionen wird dem Weiblichen eine fließende, verinnerlichende und befreiende Kraft zugesprochen, die von der sterilen Härte und zerstreuenden Äußerlichkeit begrenzter und verdichteter Form befreit.

Doch war und ist es ein Kardinalfehler, diese Qualitäten dem weiblichen Geschlecht zuzuordnen, denn es handelt sich um Eigenschaften, die in jedem Menschen angelegt sind. Weiblich steht für innerlich, ganzheitlich, verbindend, eine Metapher für den Gegenpol der nach außen gerichteten Eigenschaften, die wir als männlich bezeichnen. Beide Seiten sind im Menschen wie im gesamten Kosmos im unaufhörlichen Spiel der polaren Kräfte angelegt. Für das In-der-Welt-Sein braucht er sie beide – und es ist die Weisheit, die für beständigen Ausgleich sorgt. Ebenso wie Geist und Materie sind diese beiden Kräfte – *Yin* und *Yang* – untrennbar miteinander verbunden, wirken unterschiedslos in Männern wie in Frauen.

Mit dem Verlust der Innenräume haben wir die Innenansicht der Welt, das Innendenken und die Innensprache verloren. Wir neigen dazu, symbolische Aussagen entweder als irrational zu verwerfen oder sie wortwörtlich zu nehmen. Nur die wenigsten wissen sie zu deuten.

Daher kommt es zu jenen seltsamen Entgleisungen, die sich in dem weltweiten Esoterikboom beobachten lassen und an dieser Stelle nur angedeutet wurden. Entgleisungen, die von echter Weisheit und sinnvollem Orientierungswissen weit entfernt sind und daher niemals auf allgemeine Akzeptanz stoßen werden. Das Bemühen um einen Bewusstseinswandel wird auf diese Weise eher vereitelt.

Die Abspaltung von den inneren Räumen ist das eigentliche Problem unserer Zeit, die Wurzel aller Fehlentwicklungen. Höher, schneller, besser, mehr – wir sind maßlos anmaßend geworden. Unsere westliche Zivilisation ist umgekippt in eine Kultur des aggressiven Fortschritts: eine Kultur, die ihre Seele verloren hat, deren Lebendigkeit erstarrt ist, weil sie die fassbare Wirklichkeit und mit ihr die Wissenschaft und das rationale Denken zu ihren Göttern erklärte. Eine Kultur, die eine enorme Sehnsucht nach der verlorenen Innerlichkeit hat, doch im Dunkeln tappt und Schattenspiele für die Wahrheit hält.

Die Wissenschaften versuchen, anhand von Konzepten, Theorien, Formeln und Modellen die Wirklichkeit abzubilden. Doch werden dies immer nur Konstrukte bleiben. Die Wirklichkeit ist unendlich viel reicher und lebendiger als die Welt der Modelle. Ja, meist ist sie sogar ganz anders, wie die folgende kleine Geschichte von Roland Ropers verdeutlichen soll:

In einer einsamen Gegend hütete ein Schäfer seine Herde. Da hält neben ihm in einer Staubwolke eine Edelkarosse. Der Fahrer, ein Jüngling im Brioni-Anzug, mit Cerruti-Schuhen, Ray-Ban-Brille und YSL-Binder, steigt aus und sagt:

„Wenn ich errate, wie viele Schafe Sie hier haben, bekomme ich dann eins?"

Der Schäfer ist einverstanden.

Da verbindet der Jüngling sein Notebook mit dem Handy, geht im Internet auf eine NASA-Seite, bestimmt seine Position per GPS, öffnet eine Datenbank und 60 Excel-Tabellen mit lauter Formeln, druckt auf seinem High-Tech-Mini einen 150-Seiten-Bericht aus und sagt dem Schäfer:

„Sie haben exakt 1.586 Schafe."

„Das stimmt", antwortet dieser, „suchen Sie sich eins aus."

Das tut denn der Jüngling und versucht, es in sein nobles Auto zu sperren. Dabei fragt ihn der Schäfer seinerseits:

„Wenn ich Ihren Beruf errate, geben Sie mir dann das Tier zurück?"

„Okay", meint der Jüngling, und der Schäfer sagt:

„Sie sind Investmentbanker."

Das sei richtig, aber wieso er dies wisse, fragt der Jüngling, worauf der Schäfer antwortet:

„Erstens kommen Sie hierher, obwohl sie keiner gerufen hat; zweitens wollen Sie dafür bezahlt werden, dass Sie mir etwas sagen, das ich schon wusste; und drittens haben Sie keine Ahnung von dem, was ich hier mache. Und jetzt geben Sie mir meinen Hund zurück."

Die Landkarte ist nicht die Landschaft, der Kalender nicht die Zeit; ein Foto kann niemals die eigentliche Situation wiedergeben. Wissen und Modelle sind immer konstruiert und daher nicht in der Lage, die Wirklichkeit abzubilden, wie sie ist. Das lebendige Ganze entzieht sich dem Wissbaren und sträubt sich, sobald es in Modelle gepresst werden soll. Es lässt sich weder dinglich-objektiv noch durch bloßes Aneinanderreihen seiner Einzelteile betrachten, erklären oder verstehen, noch durch Addition seiner Teile erfassen, weil es mehr ist als die Summe seiner Teile.

Rationales Denken, seit Aristoteles den Männern zugeschrieben – Frauen bezeichnete er als irrational –, ist dualistisch und klassifizierend: entweder/oder, heiß/kalt, oben/unten, Subjekt/Objekt. Es operiert in Gegensätzen und lenkt den Blick, die Sinne und die Aufmerksamkeit auf Ausschnitte und Details. Auf mehreren Ebenen gleichzeitig zu argumentieren ist in dieser Denkart unmöglich, Wahrgenommenes oder Gedanken müssen hintereinander, übereinander oder gegenüber, also linear, hierarchisch und oder oppositionell, angeordnet werden. Solange die verbindende Seite des Bewusstseins nicht einbezogen wird, erschafft dieses Denken ausschließlich Gegensätze.

Einer solchen trennenden Weltanschauung ist es nahezu unmöglich, das eine mit dem anderen in Beziehung zu bringen, um in dem verbindenden Raum dazwischen die Wirklichkeit zu erkennen. Das Schlimmste daran ist, dass sie ihre Art der Wahrnehmung und das daraus resultierende Wissen für absolut hält.

Wir alle sind in diese Weltanschauung hineingeboren und damit von materialistischen, mechanistischen, patriarchalischen sowie rationalen Überzeugungen und Verhaltensmustern konditioniert. Sie erscheinen uns selbstverständlich, so selbstverständlich, dass wir nicht einmal auf die Idee kommen, sie zu hinterfragen, geschweige denn zu reflektieren. Es erfordert Achtsamkeit und ab und zu einen gründlichen, ehrlichen Selbstcheck der eigenen Absichten und Ziele, um diese Konditionierungen zu identifizieren. Ohne Training wird uns das kaum gelingen. Deshalb wäre es überaus wichtig, diese Kompetenz bereits an den Schulen zu fördern.

Nach Gerald Hüther, dem bekannten deutschen Gehirnforscher, dauert es drei Generationen, bis Konditionierungen und Glaubensmuster aus den Genen verschwunden sind. Bei solch einer großen Transformation müssen wir also gnädig mit uns selbst sein und Geduld aufbringen. Dabei mag die Gewissheit helfen, dass wir alle im selben Boot sitzen und alle übende Meister sind – Lernende, Pioniere, Experimentierende. Wir dürfen auch Fehler machen. Für die geistige Entwicklung ist es allemal besser, Konditionierungen einzugestehen, als weiterhin den Erleuchtungsfallen zu erliegen.

Die westliche Zivilisation, die sich heute bereits über den gesamten Globus ausgebreitet hat, ist einseitig kopflastig. Sie kultiviert Vorstellungen, die sich im wahrsten Sinne des Wortes vor die eigentliche Wirklichkeit stellen. Das rationale Denken ist ein hervorragender Diener in der Welt der äußeren Vielfalt. Dort gehört es hin. Für die inneren, geistigen Räume eignet es sich nicht. Dafür ist es auch gar nicht angelegt.

Die Welt benötigt keine komplexeren und komplizierteren Modelle, sondern die bewusste Teilhabe des Einzelnen. Sie braucht unsere subtile Wahrnehmung, unseren Durchblick, unser feines, schweigsames, mitfühlendes Tun. Sie braucht uns liebend und frei – ganz. Denn wir selbst sind der Wandel, den wir in dieser Welt erleben möchten, wie schon Mahatma Gandhi sagte.

Über den Verstand hinaus

Ganzheit können wir nur finden, wenn wir die abgespaltenen Innenräume zurückerobern, die erst zugänglich werden, wenn unser Denken eine andere Richtung einschlägt. Damit ist, wie bereits angedeutet, nicht der Austausch von Denkinhalten gemeint. Der menschliche Denkprozess selbst muss eine *Metanoia* (griech.: *meta nous*) – ein Umdenken, eine Erweiterung – „über den Verstand hinaus" erfahren.

Alle unsere spirituellen Bemühungen bleiben unfruchtbar und führen sogar in die Irre, solange sie in die Sackgasse des Konzeptionellen münden und daher wieder und wieder durch die alten Bahnen geschleust werden. Das Konzeptionelle ist das Gefängnis des Menschen, dessen Mauern mit zunehmendem Wissens- und Informationsangebot immer undurchdringlicher werden und das Kreative, Lebendige im Keim ersticken. In diesem Gefängnis verenden die besten Ideen, weil ihr Wirken und folglich ihre freie Entfaltung unterbunden werden.

Das Potenzial zur Weisheit entsteht erst, wenn der Zwang, ständig zu unterscheiden und sich zu behaupten, entfällt. Erst dann lässt sich der Eigenwert einer Situation erkennen. Solange wir uns über Gegensätze definieren, bleiben wir im Irrtum. Wir werden weiterhin versuchen, Wissen zu generieren, das die eingeführten Unterschiede bestätigen soll. Wissen, das so erzeugt wurde, generiert blinde Flecken, die den Durchblick auf das Ganze behindern. Ein Teufelskreis, der uns letztlich in jene tiefe Verwirrung stürzt, die wir heute so gut kennen – Knoten im Kopf.

Deshalb brauchen wir heutzutage ein Denken – freier, beweglicher, fließender und kreativer –, das uns erlaubt, den Bezug zur dynamischen Ordnung herzustellen und uns dem Undenkbaren zu öffnen.

Dieses Denken gibt es bereits. Allem Anschein nach ist es sogar so alt wie die Menschheit selbst und will nur zurückerobert werden: das wilde Denken.

Der Begriff „wildes Denken" (franz.: *pensée sauvage*) wurde von dem französischen Ethnologen Claude Lévi-Strauss geprägt, der als Mitbegründer des Strukturalismus in den sechziger Jahren die Geisteswissenschaften revolutionierte. Sein Ziel war es, universale Strukturen des Denkens aufzudecken. Obwohl sein Ansatz in eine ganz andere Richtung zielte, waren seine Grundgedanken Zündfunken für meine Arbeit und bildeten den Beginn einer spannenden Spurensuche.

Allen Kulturen gemeinsam ist nach Lévi-Strauss das Denken in Gegensatzpaaren oder „binären Oppositionen", das rationale Denken also, von dem gerade die Rede war. Jene Denkform, die er das wilde Denken nannte, glaubte er ausschließlich in archaischen Kulturen zu finden. Er ordnete sie daher der magischen Weltsicht zu, deren Charakteristikum es ist, dass alle Wesen, Erscheinungen und Phänomene durch einen unsichtbaren Zusammenhang vereint gedacht werden. Das wilde Denken ist verbindend, assoziativ und eng mit der sinnlichen Wahrnehmung und der Imaginationskraft verknüpft. Seine Sprache ist der Mythos und die Symbolik.

Wenn es mich nicht schon in frühen Jahren zu den Huichol-Indianern, einer indigenen Kultur in der westlichen Sierra Madre Mexikos, verschlagen hätte, die weltweit wohl am exemplarischsten ist, was wildes Denken betrifft, hätte ich nie erkannt, was es mit dieser Art zu denken auf sich hat: dass es sich dabei um das Weisheitsdenken *par excellence* handelt, im Menschen komplementär zum rationalen Denken angelegt. Es wäre mir nie bewusst geworden, dass ein globales Verständnis der Weisheitstraditionen überhaupt erst durch ein ganz anderes Denken möglich wird. Ich wäre nie darauf gekommen, dass das wilde Denken zur Hochzeit von Intuition und Intellekt und damit zur Versöhnung von Wissenschaft und Weisheit führt. Ebenso wenig hätte ich herausgefunden, dass das Wilde unmittelbar in die Liebe mündet – und schon gar nicht, auf welche Weise dies geschieht.

Bei den Huicholes arbeitete ich von 1978 bis 1990. Zunächst schrieb ich meine Magisterarbeit und später meine Dissertation über diese außergewöhnliche Kultur, was mir erlaubte, über längere Etappen dort zu leben und einen familiären Kontakt zu den *Indígenas* aufzubauen. Dort oben in der Sierra Madre, damals noch am Ende der Welt, konnte ich hautnah erleben, was es bedeutet, eine lebendige Beziehung zum Ganzen zu pflegen.

Die innere Haltung der Huicholes basiert auf einer animistischen Weltanschauung. Die gesamte Natur wird als beseelt betrachtet. Tiere, Pflanzen, Bäume, Steine, Bäche sind nicht einfach nur Gegenstände, Objekte, an denen man achtlos vorbeigeht, sondern

Geschöpfe, mit denen man in einem lebendigen Verhältnis steht: Großvater Feuer, Bruder Hirsch, Vater Sonne, Mutter Mais ... Diese Beziehung ist charakterisiert durch ein gegenseitiges Geben und Nehmen, durch Austausch und Zusammengehörigkeit. Sie schlägt sich nieder in einem Wir-Gefühl, einem Gespür für das Wesenhafte der Dinge und einer Ahnung davon, wie der Mensch sich dem Kosmos gegenüber angemessen verhalten kann.

Nicht nur das Weltbild der Huicholes, ihre gesamte Lebenseinstellung ist von Verbundenheit geprägt – von sozialer Verbundenheit, von Verbundenheit mit der Natur und der Welt der Geister und Götter. Das Eingebundensein vermittelt Sinn und Urvertrauen. Der Einzelne weiß sich geborgen in einer Ordnung, deren Teil er ist und die es ihm ermöglicht, im Lot zu bleiben. Aus dieser Ordnung kann er herausfallen, aber jederzeit auch wieder dorthin zurückfinden. Angeschlossen zu bleiben ist die Ausrichtung, in deren Dienst der Einzelne sein Leben stellt.

Was die Huicholes besonders interessant macht, ist ihr Peyotekult, der eine zentrale Stellung in der schamanistisch geprägten Religion einnimmt. Peyote, ein meskalinhaltiger, halluzinogener Kaktus der Art *Lophophora williamsii,* wird bei den großen Jahresfesten und bei medizinischen Behandlungen rituell verzehrt, um Kontakt zur unsichtbaren Welt herzustellen und die Ursache von Konflikten und Krankheiten herauszufinden. Der Huichol-Schamanismus lässt sich somit dem Typ des Halluzinogen-unterstützten Schamanismus zuordnen. Da der Peyotekult Schwerpunkt meiner Arbeit war, gehörte die Einnahme der psychotropen Pflanze zu meiner Forschungsdisziplin – *in the name of science, it must be done*. Unter schamanischer Führung unternahm ich zahlreiche „Reisen“, in deren Verlauf ich die Innenansicht der Welt sehr bunt und plastisch erleben konnte.

Zu Beginn meiner Aufenthalte war ich noch ganz außenstehende, objektive Beobachterin. Ich betrachtete die Kultur, in der ich arbeitete, als etwas, das es zu studieren und zu beschreiben galt, und meine Peyote-Erfahrungen als Rauschzustände und Halluzinationen, nicht aber als Erkenntnisquelle für mein eigenes Leben. Das änderte sich erst, als ich länger dort lebte, in die Gemeinschaft aufgenommen war und erfuhr, wie sich diese Weltsicht allmählich in mir verselbständigte, bis sie mir schließlich in Fleisch und Blut überging.

Der wissenschaftliche Stoff erwacht erst im aktiven Dialog mit sich selbst und der Welt zum Leben. Daher fühle ich mich der akademischen Tradition – wie allen anderen Traditionen auch – nur insofern verpflichtet, als es um die Weitergabe des Feuers und nicht um die Anbetung der Asche geht, wie es der deutsche Komponist Gustav Mahler so treffend formulierte. Wissen will gelebt und seine Wirkung hautnah erfahren werden, dann erst kann es zur Weisheit reifen. Es will subjektiv verankert werden, um nicht in den Tiefen des Unterbewusstseins zu verschwinden. Erst das inkarnierte Wissen zeigt Wirkung; erst so kann es sich manifestieren und sich zur Realität gestalten.

Die Unterscheidung zwischen zivilisierten und sogenannten primitiven Völkern war eines der großen Missverständnisse des 19. Jahrhunderts. Anstatt diese Kulturen als der unseren unterlegen einzustufen, hätten wir viel von ihnen lernen können.

„Was den Wert des Menschen ausmacht, ist nicht seine intellektuelle Intelligenz, sondern sein lebendiges Verhältnis zum Absoluten", schrieb der Religionsphilosoph Frithjof Schuon (1907–1998), ein gebürtiger Schweizer, der bei den Pueblo-Indianern Nordamerikas forschte, „denn wer den Geschmack des Absoluten kennt, vergisst auch niemals die enge Beziehung zwischen sich selbst und seinem Ursprung – der Natur." Genau diesen Bezug stellt das wilde Denken her: Es tritt in Beziehung mit dem einen, ungeteilten Ganzen, dem Absoluten – wie immer wir es nennen wollen.

Claude Lévi-Strauss, der 2009 im Alter von 100 Jahren verstarb, war zu sehr klassischer Wissenschaftler, als dass er den Wert dieses Denkens für die zukünftige Welt hätte sehen können. Das wilde Denken gehörte für ihn zur Religion, von der er, wie die meisten Intellektuellen seiner Zeit, nichts hielt, ebenso wenig wie von der Frage nach dem Sinn des Lebens. „Ich bin fest überzeugt, dass das Leben keinen Sinn hat", sagte er bis zuletzt.

Dennoch ist sein Werk ein Meilenstein, aufgestellt an einer wichtigen Wegkreuzung. Wenn ich Lévy-Strauss hier wieder verlasse, so mit dem Wissen, dass seine Idee in geistiges Neuland führt. Seinen Begriff „wildes Denken" möchte ich beibehalten, denn kein Adjektiv der Welt ist zutreffender als „wild" für das, was in diesem Buch aufgezeigt werden soll.

Von jetzt an soll das wilde Denken jedoch nicht mehr ausschließlich für archaische Kulturen gelten, sondern für das Innendenken im Allgemeinen. Denn nur das wilde Denken forscht nach dem „Dazwischen", dem Beziehungshaften oder Relationalen, nach den Wirkzusammenhängen, dem Bewegenden, Dynamischen, Fließenden. Fasziniert vom Lebendigen, lebt und webt es im Atmosphärischen, wobei es sich der objektiven Betrachtung und der sachlichen Beschreibung entzieht, als wollte es in der geistigen Intimität nicht beobachtet werden. Es sucht nach dem Gemeinsamen, Universellen, dem Wir, dem Verbindenden, nach grundlegenden Prinzipien und ist bereit, sich auf das freie Zusammenspiel der Kräfte einzulassen, im Vertrauen darauf, dass sich das Leben dadurch nicht nur erträglicher, sondern leichter, spielerischer und schöner gestaltet. Stets findet es Lösungen, die lebensförderlich und nicht lebensfeindlich sind.

Der wilde Denker wagt, das Undenkbare zu denken und eine auf Einheit gerichtete Lebenseinstellung zu verwirklichen. Dabei fängt er dort an, wo er gerade steht – beim Naheliegenden –, und versucht, von jedem Punkt des Lebens aus eine direkte Beziehung zum Einen herzustellen.

Den Geist auf das Eine richten

Alle Weisheitslehren gründen auf der Erfahrung des Einen. Deshalb hat es viele Namen. Die moderne Spiritualität spricht vom Urgrund oder Wesensgrund. In den abendländischen Traditionen wird es als das Absolute, im Buddhismus als die absolute Wirklichkeit bezeichnet, im chinesischen Daoismus als *Dao*, im Hinduismus als *Brahman*. Gemeint ist jene Ebene des Seins und Bewusstseins, die frei von allen Unterschieden ist und damit frei von allen Bedingungen und Beschränkungen; auf der es keine festen Substanzen und Realitäten gibt; die leer ist von einer eigenständigen Existenz. Der Quantenphysiker Hans-Peter-Dürr benutzt den Ausdruck „Potenzialität", weil dieses Nichts nicht einfach nichts ist, sondern potenziell alle Möglichkeiten des Seins enthält. Das Ganze ist folglich mehr als die Summe seiner Teile; es ist sogar etwas ganz anderes als die Summe seiner Teile – eine kosmische Größe, deren eigentliches Wesen ein kontinuierliches Werden ist.

Das Wesen (lat.: *essentia*) bleibt bei jeglicher Veränderung einer Sache gleich, im Gegensatz zu dem, was Einwirkungen und Veränderungen unterworfen ist. Doch muss das Gleichbleibende nichts Statisches sein, es ist vielmehr das Wirkende schlechthin, das in jedem Augenblick eine neue Erscheinungsform annimmt; oder, wie es die chinesische Tradition ausdrückt: „Das einzig Beständige ist der Wandel." Dieses Werden ist wie der Atem des Universums. Jeder Atemzug ist neu, anders, und doch ist der Atem immer der Atem; eine Metapher für Leben und Lebendigkeit oder für – die Liebe.

Diesen Atem konnte ich äußerst eindrücklich, man könnte sagen „hyperrealistisch", auf meinen Peyote-Reisen erfahren. Halluzinogene haben trotz ihrer teilweise sehr unterschiedlichen chemischen Struktur ähnliche psychische Wirkungen. Ihre Einnahme führt zu erweiterten Bewusstseinszuständen, die sich vom normalen Wachbewusstsein stark unterscheiden. Der Konsum von Rauschmitteln ist wohl so alt wie die Menschheit selbst. In jahrtausendelanger Erfahrung versuchten die Menschen, die Wirkungen der Droge zu erforschen und sie in ihren Lebenslauf einzugliedern. Um Missbrauch auszuschließen, war und ist der Gebrauch von psychoaktiven Pflanzen in den außereuropäischen Kulturen im religiösen Kontext institutionalisiert und dient allein dem Ziel der persönlichen Teilhabe am Inneren, Heiligen, Einen – an der Essenz des Lebens.

Mir selbst haben diese Reisen sehr geholfen, die Struktur der inneren Erfahrung zu erkennen und herauszuarbeiten, um sie später – im ganz normalen Alltag – mühelos wiederzuerkennen; sonst ist man dafür blind. Eine Peyote-Erfahrung ist so, als würde man die Realität unter dem Mikroskop betrachten und das, was bei grober Betrachtung dicht und fest erscheint, plötzlich als lebendigen Mikrokosmos wahrnehmen.

Damit will ich nicht sagen, dass derartige Gipfelerlebnisse (engl.: *peak experiences*) notwendig sind, um die Innenwelten zu entdecken. Werden die Einsichten, die man dabei gewinnt, nicht in eine ganzheitliche Lebensgestaltung umgesetzt, bleiben sie ohne Wert. Werden solche Reisen nicht von geschulten Begleitern geführt, können sie sogar gefährlich sein. Innenraum-Experten wissen: Anfänglich braucht man eine Landkarte, d.h. man muss wissen, was einen erwartet. Immer aber ist man auf den Kompass angewiesen – auf eine positive, offene, bejahende – also einfache und einsgerichtete – Einstellung. Wer schlecht drauf ist oder mit „vollem Kopf" die Reise antritt, darf der Hölle einen Besuch abstatten; Liebende dagegen kommen in den Himmel. Eine gründliche geistige, seelische und körperliche Vorbereitung, ein Leerwerden von der persönlichen Biografie ist deshalb unumgänglich, wie sich im Folgenden zeigen wird.

Was geschieht während einer solchen *peak experience*? Zunächst kommt es zu einer Schwächung des Ich-zentrierten Bewusstseins. Die alltäglich vorherrschende Dominanz des kontrollierenden Ich tritt zurück. Das rational-analytische Denken wird von intensiven Emotionen und intuitiven Denkmustern abgelöst, die aber nicht einfach Fantasie sind, sondern symbolischen und archetypischen Charakter haben. Gedanken verlieren ihre logische Gestalt und fließen assoziativ ineinander über. Ein analoges Denken wird in Gang gesetzt, das nicht auf Gegensätze angewiesen ist und eben deshalb neue, kreative Möglichkeiten zu erspielen vermag. In der Folge lösen sich die automatisch ablaufenden eingefahrenen Denkmuster auf, die sonst – im normalen Alltag – unsere Wahrnehmungen ordnen, begrenzen, lenken und interpretieren. Kulturell und sozial vermittelte, d.h. konditionierte Raster brechen auf und organisieren sich in anderer, schöpferischer Weise neu, wobei man sich ihrer prägenden Einflüsse bewusst wird. Alle Sinneswahrnehmungen verändern sich, im Besonderen die optische Wahrnehmung sowie der Raum- und Zeitsinn. Die Sinnestore öffnen sich weit, sodass die Grenze zwischen Ich und Umwelt plötzlich künstlich konstruiert erscheint und sich auflöst.

Wie das innere Erleben im Allgemeinen lässt sich auch eine tiefe Peyote-Erfahrung nur schwer beschreiben. Sie stellt alle Vorstellungen und Fantasien in den Schatten. Alles ist bewegt, von Licht und Farbe durchdrungen. Alles pulsiert und magnetisiert. Eine Situation geht organisch in die nächste über. Das Wesen des Seins offenbart sich in einem raum- und zeitlosen Entstehen und Vergehen. Nichts ist statisch, alles fließt. Die wunderbarsten Bilder tauchen auf und vergehen: Felsen werden zu Frauen, die rhythmisch ihre runden, vollen Körper wiegen. Menschen verwandeln sich in Tiere, um sich sogleich wieder zu verflüchtigen in einem Spiel aus Mustern und Farben, aus denen neue Erscheinungen hervorgehen. Worauf man seine Aufmerksamkeit richtet, erscheint im selben Augenblick als Schöpfung auf der kosmischen Leinwand.

Immer von neuem entsteht der Eindruck, man erfahre in der Schönheit eines Menschen, Objekts oder Elementes dessen wirkliches Wesen. In jedem Menschen, in jeder Pflanze lassen sich das Leben selbst und die Urform der Dinge und Erscheinungen erleben. Ihre gemeinsame Matrix ist zu erkennen: der alles bewegende Rhythmus des Werdens und Vergehens. Der geistige Plan, die unendliche Harmonie der geistigen Ordnung ist zu sehen; wir werden selbst ein Teil davon – und im Augenblick der Erkenntnis von einem unvorstellbaren Glücksgefühl durchströmt.

In meinem Tagebuch fand ich folgende Aufzeichnung aus dem Jahr 1980. Ich war damals 25 Jahre alt: „Die Grenze zwischen mir selbst und meiner Umgebung schien sich zu verwischen. Ich spürte meinen Blutkreislauf, wie er nicht nur durch mich selbst hindurchfloss, sondern auch durch die Frau, die neben mir saß. Sie schien etwas Ähnliches zu erleben, wenn nicht sogar dasselbe. Wir fühlten uns auf glückselige Weise eins, was sich in einem wissenden Lächeln auf unseren Gesichtern bemerkbar machte. Einem Lächeln, das alle(s) Lächeln der Welt zu enthalten schien und uns beide in ungeahnter Schönheit erstrahlen ließ.

Es schien, als gäbe es in der Welt keinerlei Widerspruch oder Gegensätzlichkeit mehr; ein Zustand, in dem sich alle Fragen in eine einzige, alles erklärende Antwort aufgelöst hatten, die sich nun wie ein großes, nie vorher empfundenes Gefühl der Wahrheit auftat: Es ist, wie es ist.

Vergangenheit, Gegenwart und Zukunft bildeten eine Einheit. Alles war gleichzeitig. Genauer sollte man sagen: Diese Kategorien waren nicht mehr vorhanden. Ohne Anlass empfand ich eine tiefe Freude, die sich bis zur Euphorie steigerte. Manchmal, besonders beim Hirschtanz, wenn wir dem „Leithirsch" hinterhertrabten, fühlte ich mich schwerelos; die Leichtigkeit der Bewegung war fast unerträglich. Die unerträgliche Leichtigkeit des Seins, „aha, ich verstehe", Lachen über die tiefe Erkenntnis des Selbstverständlichen. Zum ersten Mal wurde mir bewusst, was Wasser ist, denn ich spürte das Wesen des Wassers und seine Präsenz im Ganzen. Ich spürte es in mir. Dieses Wesen – es war symbolisch und wirklich zugleich. So ging es mir mit der Sonne, der Erde, ja, mit dem Tanz und der Musik selbst, samt den Klängen, Farben und Formen, die aus ihnen geboren wurden. Wir konnten zwölf Stunden ununterbrochen tanzen, die ganze Nacht hindurch, ohne Müdigkeit oder Erschöpfung zu verspüren, hellwach, hellklar, hier und jetzt, in diesem Moment, der so war, wie er war, und nicht anders hätte sein können. Was hätten wir anderes tun können, als diesem fantastischen Tänzer und wunderschönen Mann hinterherzutanzen, der ganz Hirsch und ganz Mensch war und gleichzeitig weder das eine noch das andere, der in der Unmöglichkeit des Einordnen-Könnens vielmehr zum einzigartigen Ausdruck des Lebensgesetzes selbst geworden war?"

Auch das ist typisch für eine Peyote-Reise: Nichts lässt sich festhalten. Solange man sich diesem Zustand hingibt und einfach die Wonne des Teilhabens genießt, befindet man sich in einer herrlich reinen Atmosphäre der sehenden Präsenz. Sobald man aber eines dieser Wunder ergreifen möchte, um es für sich festzulegen und einzuordnen, entzieht es sich.

Sehr schnell erkannte ich auf diese Weise mich selbst als den schöpferischen Teil der Erfahrung: „Ich habe teil an diesem Ganzen, und gleichzeitig befindet sich die Quelle in mir. Das Ich-Gefühl verwandelt sich in ein Teilhaben an etwas viel Größerem, und doch gehe ich dabei nicht verloren. Das Ich ist gleichzeitig Du, Wir, Alles. Alles ist eins. Alles ist eins."

Sehr charakteristisch finde ich auch die Worte, die der Schriftsteller Aldous Huxley für diesen Zustand fand: „Die alltägliche Erfahrung wird umgeschaffen in eine erotische Beziehung des Empfindenden zur äußeren Welt." Huxley hatte auch einen Begriff von Meister Eckhart herangezogen: „Istigkeit" – Sein ohne Kategorien; Wahrnehmung ohne Gedanken. Der innere Zusammenhang der Welt wird zum sinnlichen Erlebnis. Wildes Denken.

Mein Tagebuch-Eintrag stammt aus einer Zeit, in der ich das innere Erleben und seine Gesetzmäßigkeit bereits einordnen konnte. Einige Jahre zuvor wäre ich, wie gesagt, noch ganz objektive Beobachterin gewesen. Ich hätte diese Erfahrungen als Rausch oder Halluzination betrachtet – als einen Trip – und das, was ich heute als das Wesen der Wirklichkeit empfinde, niemals als wirklich interpretiert. Mit der Zeit lernte ich: Es liegt System in diesem Rhythmus der Bilder und Gefühle. Es wirkt ein produktiver Geist in diesem Wandel, der, wird er erkannt, wahrer ist als alles, was man bisher für wahr hielt – weil dieser Geist von zeitloser Gültigkeit ist und daher für immer wegweisend bleibt.

Im Laufe der Geschichte hat der Mensch tausende von Methoden entwickelt, den Geist „eins zu richten", wie man im Buddhismus sagt. Meditation und Gebet gehören zu den bekanntesten. Das andächtige Händefalten ist eine typische Geste für die Einstellung auf das Eine. Drastischere Maßnahmen wie Trance- und Ekstasetechniken oder die tantrischen Praktiken der östlichen Weisheitswege waren religiösen Spezialisten vorbehalten und unterlagen strenger Geheimhaltung.

In meinen Kursen verwende ich eine Methode, die mich sehr an meine Peyote-Reisen erinnert: das verbundene Atmen, auch unter dem Namen *Holotropic Breathwork* bekannt. Sie wurde von dem amerikanischen Psychologen Stanislav Grof entwickelt, der, wie viele andere in den 60er Jahren, therapeutisch mit LSD arbeitete und – nachdem diese Arbeit verboten worden war – nach einem Ersatz suchte. Beim verbundenen Atmen handelt es sich um eine uralte Technik, die aus vielen spirituellen Traditionen bekannt ist und ähnliche Erfahrungen evoziert wie Meskalin oder psychedelische Pflanzen, wenn auch nicht in derselben Intensität.

Verbundenes Atmen bedeutet intensives, tiefes, kreisförmiges Atmen. Ein- und Ausatmen gehen fließend ineinander über, die übliche Pause zwischen Einatmen und Ausatmen entfällt. Dabei wird der Organismus mit Sauerstoff überflutet und auf allen Ebenen geöffnet und gereinigt, was zu unterschiedlichen physischen und psychischen, zum Teil intensiven Reaktionen führt. Es ist daher nicht empfehlenswert, diese eigentlich recht einfache Art des Atmens alleine, ohne geschulte Begleitung durchzuführen.

Das kontinuierliche, verbundene Atmen erstreckt sich über einen Zeitraum von einer bis mehreren Stunden und wird mit lauter, speziell zusammengestellter, stark energetisierender Musik kombiniert. Ganz ähnlich wie auf einer Peyote-Reise wird auch hier der übliche mentale Kontrollmechanismus außer Kraft gesetzt, wodurch Inhalte des Unbewussten aufsteigen. Erinnerungen, unterdrückte Emotionen, Gedanken und Seelenbilder – unter Umständen auch tief sitzende Ängste und Traumata – drängen ins Bewusstsein und können angeschaut, angenommen und verwandelt werden.

Die Ergebnisse sind recht unterschiedlich, je nachdem, in welchem thematischen oder therapeutischen Setting diese Technik durchgeführt wird. Ich selbst kombiniere sie seit langem mit dem in diesem Buch beschriebenen *Rhythm of Being*. Aus dieser Kombination entstand die Amo-Breathwork, die den Vorteil hat, dass ihr Verlauf größtenteils gelenkt werden kann: Zunächst kommt es zur Katharsis und zum Durchbrechen emotionaler und energetischer Panzerungen, dann zur Rückverbindung mit tieferen Dimensionen des Seins. Nicht selten erlebt der Atmende eine tiefe Einheit von Körper, Seele und Geist, eine beglückende Verbundenheit mit anderen Menschen oder eine Verschmelzung mit dem Einen-Ganzen.

Für mich ist es immer wieder beeindruckend, wie verändert die Menschen nach einer solchen Sitzung aussehen, welche Befreiung und Liebe, wie viel Urvertrauen und Geborgenheit dann im Raum liegen, wie ekstatisch der Mensch sein kann – als wäre diese ungezähmte Freude seine Urnatur. Sicher, die Intensität verflüchtigt sich bald wieder. Erhalten bleibt aber die Gewissheit, dass es da drinnen weit mehr gibt als bisher angenommen und dass sich diese Dimension der Ganzheit und der Heilung tatsächlicher jederzeit bewusst erschließen lässt.

Doch geht es, wie gesagt, weniger um die Methoden als um den Zustand, den sie bewirken sollen. Es geht darum, mit dem, was ist, in eine liebende Beziehung zu treten. Der erste Schritt dahin: sich immer wieder auf das Eine/Ganze, auf Allverbundenheit, auf das Lieben auszurichten. Im Raja-Yoga wird dieses Training „ständige Ausrichtung – *constant remembrance*" genannt.

Wie kann diese ständige Ausrichtung aussehen? Zunächst geht es darum, sich immer wieder die richtigen Fragen zu stellen: Sind meine Gedanken, Gefühle und Absichten zum Wohle des Ganzen oder nur zu meinem eigenen Vorteil? Wirkt mein Handeln verbindend oder trennend? Ist es lebensdienlich oder lebensfeindlich? Ist meine Meinung wirklich meine eigene oder unterliege ich gesellschaftlichen und familiären Glaubensmustern? Oder kulturellen Konditionierungen?

Manchmal lassen sich diese Fragen nicht ohne weiteres beantworten. Dann gilt es, auf das Gefühl zu hören: Wie fühlt sich die gegenwärtige Situation oder eine anstehende Entscheidung an? Gesund oder ungesund? Angenehm oder unangenehm? Unser Empfinden zeigt an, ob wir richtig liegen oder falsch. Das Richtige fühlt sich gut, das Falsche dagegen miserabel an.

Wie ich im Arbeitsbuch zu *Amo ergo sum* aufgezeigt habe, sind wir alle konditioniert bei Themen, die Gott und Transzendenz, Mann und Frau, Gut und Böse, Macht und Erfolg angehen. Und nahezu immer sind unsere materiellen Wünsche von außen beeinflusst. Negative Glaubensmuster werden auf der Ebene der Muskulatur gespeichert, wo sie zu Verspannungen führen und den freien Fluss der Lebensenergie behindern. Unser Körper spricht eine eigene Sprache. Er lügt nicht. Wir sollten auf ihn hören und ihn achten. Der steife Nacken beispielsweise ist meist die Folge von Halsstarrigkeit, die entsteht, wenn Kopf und Herz nicht im Einklang sind. Chronische Verspannungen in den Schultern haben mit einer psychischen Last zu tun, die man trägt und nicht abwirft; oft auch mit missverstandener Autorität. Beine und Füße machen sich bemerkbar, wenn man nicht vorwärts geht, sondern auf der Stelle tritt.

Findet die Rückverbindung statt, ist das sofort spürbar. Muskeln und Nerven entspannen sich, die Stimmung hellt sich auf, der Geist wird klar wie ein Bergsee. Freude kommt auf. Man spürt „den Regen des Segens", wie die hawaiianischen Huna-Schamanen dieses Glücksgefühl nennen. Bliss. Einsgerichtetheit oder Istigkeit muss nicht immer spektakulär sein. Das wäre auf Dauer viel zu anstrengend. Die Istigkeit des Alltags offenbart sich in einer einfachen, aber tiefen Einigkeit mit dem, was ist.

Jegliche Form von Negativität beruht auf der Trennung von der Ganzheit. Und umgekehrt: Trennen wir uns vom Bewusstsein der Allverbundenheit, spalten wir uns aus der Ganzheit ab; das trennt uns von den Mitmenschen und von uns selbst, begrenzt und macht uns klein, versperrt den Zugang zu unserem Potenzial und zur Quelle. Kurz, alles was nicht Liebe ist, beschneidet unseren eigenen inneren Raum und damit den Raum, der zwischen uns und anderen entstehen könnte. Das soll nicht heißen, es gäbe nie einen äußeren Anlass für unsere Schwierigkeiten. Es bedeutet vielmehr, dass wir es unterlassen oder versäumt haben, diesen Schwierigkeiten konstruktiv zu begegnen.

Ich kann lernen, meine Trennungsmuster wahrzunehmen. Ich kann lernen, die Signale zu erkennen, die mir anzeigen, dass ich meine

Integrität verliere. Ich kann lernen, zu erkennen, wann ich projiziere und meine Verantwortung abgebe. Und ich kann lernen, mich immer wieder rückzuverbinden. Die wichtigste Spielregel lautet daher:

Ich fange bei mir selbst an, und zwar dort, wo ich mich im Augenblick befinde. Das heißt, ich bin authentisch, ehrlich, wahrhaftig – mit mir selbst und anderen.

Ich ziehe alle Projektionen zu mir zurück: Beschuldigungen, Erwartungen, das Suchen nach Ursachen im Außen – in der Kindheit, bei den Eltern, in Schicksalsschlägen, äußeren Umständen oder gar früheren Leben. Ich stelle mich meinen eigenen Schattenseiten, denjenigen, die im Moment aktiv sind, um sie entweder anzunehmen oder an ihnen zu arbeiten. Ich übernehme die volle Verantwortung für mein Leben und meine Entscheidungen, einschließlich der Konsequenzen meines Handelns.

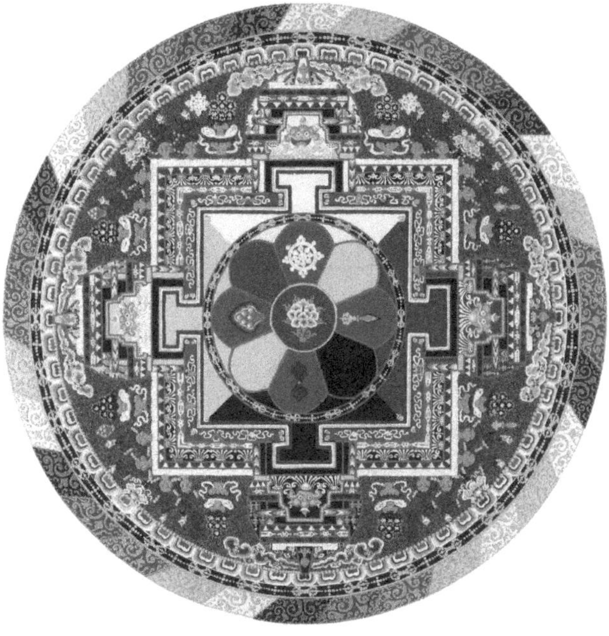

Abb. 2: Tibetisches Mandala (fotolia_Tomo Jesenicnik)

Abb. 3: Religiös inspiriertes Fadenbild der Huicholen: in der Mitte die Sonne als zentrale Gottheit, darunter „Großvater Feuer", in den Ecken drei Hirsche und ein Adler (Quelle: wikipedia)

Theoretisch ist die alltägliche Praxis des Einsrichtens einfach. Theoretisch. Die Schwierigkeit liegt darin, sich tatsächlich daran zu halten.

Das wilde Denken ist einfach. Im Gegensatz zum rationalen Denken, das in Unterschieden und Gegensätzen funktioniert und immer neue Möglichkeiten der Ver-*Zwei*-flung schafft, wird das Wilde mit der Zeit immer konsequenter und folgerichtiger. Dafür sorgt seine innere – mandalaartige – Struktur. *Mandala* (sanskr.) bedeutet wörtlich „Zentrum und Peripherie". Es handelt sich dabei um eine typische Beziehungsstruktur, die in der religiösen Kunst aller Kulturen zu finden ist.

Bei den Huicholes ist diese Struktur ein zentrales Symbol, *nierika,* auch „Sehwerkzeug" oder „Auge" genannt. Aber nicht nur die entsprechenden Kultobjekte gelten bei den Huicholes als *nierikas.* Alles, was den Charakter des Innensehens besitzt, was Innenschau auslöst, mit der inneren Welt und der letzten Wahrheit zu tun hat, wird als *nierika* bezeichnet, einschließlich des halluzinogenen Peyotekaktus. Selbst das Herz heißt *nierika,* wenn man damit den Wohnsitz der Seele meint, während das physische Herz einen anderen Namen besitzt. Eine Parallele findet sich in den östlichen Traditionen, wo vom „dritten Auge" die Rede ist, das nach innen schauende Auge, welches hinter der sonst üblichen Außenansicht das Unsichtbare wahrnimmt.

Seit je hat der Mensch die Erfahrung gemacht, dass sich im Akt des Sich-in-Bezug-Setzens der Subjekt-Objekt-Charakter auflöst und stattdessen das Übereinstimmende – das Wesen selbst – an die Oberfläche tritt. Der spätmittelalterliche Philosoph Meister Eckhart hinterließ uns hierzu den wunderbaren Satz: „Das Auge, mit dem ich Gott schaue, ist dasselbe, mit dem Gott mich schaut."

Leuchtende Unschärfe – Das Wilde und die Intuition

„Der Zufall trifft nur einen vorbereiteten Geist." Dieser Ausspruch stammt von Louis Pasteur (1822–1895), Pionier auf dem Gebiet der Mikrobiologie, in Frankreich ein Nationalheld und einer der Begründer der modernen Medizin. Er legte die Fundamente für die Entwicklung der Biologie und Biochemie sowie für die Mikrobiologie und Immunologie.

Was will er uns damit sagen: Eingebungen können die Welt verändern. Aber Eingebungen passieren nicht einfach irgendwie, selbst wenn es nach außen hin so erscheint. Sie sind die Folge eines vorbereiteten Geistes, wie Pasteur es ausdrückt, eines Geistes, der hinter die äußeren Erscheinungen in das Innere zu blicken vermag.

Hier ist von Intuition die Rede. „Intuition kommt von dem lateinischen Deponens *intueri*. Es bedeutet hineinblicken, und zwar in den tiefsten Wesensgrund", erklärt der Etymosoph Roland Ropers. Intuition gewährt Einblick in das Spiel der unsichtbaren Wirkzusammenhänge und ermöglicht, Atmosphären wahrzunehmen. Zwischen den Worten hört sie das Unausgesprochene; sie riecht, wenn es brenzlig wird; schmeckt, ob etwas stimmig ist oder nicht; und spürt die Qualität von Gegebenheiten, Verhältnissen, Meinungen, Sichtweisen oder Entscheidungen. Oft ist ein solcher Einblick mit dem Impuls nach Veränderung, einer Vorahnung oder gar mit dem Auftauchen einer völlig neuen Idee verbunden. Intuition ist in erster Linie rezeptiv; sie empfängt. Und sie hat Einsicht in das Potenzial einer Situation – in ihre Ursachen, ihre Zusammenhänge, Chancen, Gefahren und Konsequenzen – weil sie durch den gegenwärtigen Zustand hindurchschaut bis auf den Wesensgrund, der wie ein Spiegel wirkt.

Dies geschieht ohne den diskursiven Gebrauch des Verstandes, sprich: ohne rationale Schlussfolgerungen. Intuition bildet den Gegenpol zum rational eingestellten Intellekt, sie gehört zur Domäne des wilden Denkens. Intellekt kommt von dem lateinischen Verb *intellegere*, wörtlich „in etwas auflesen, sammeln, lesen"; in zweiter Linie erst „verstehen, begreifen". „Die Intuition bietet den Mutterboden für den männlichen Intellekt", wie Roland Ropers es treffend formuliert. Der Intellekt nimmt auf, was aus der Intuition geboren wird, und verarbeitet weiter, was sie ihm zuspielt; das ist seine Funktion: überdenken, einordnen, strukturieren, analysieren, überprüfen, planen. Der Verstand sollte also erst nach der Intuition einsetzen und nicht, wie es in der westlichen Zivilisation der Fall ist, vor ihr.

Intuition vor Intellekt! Zuerst nach innen, dann nach außen. Zuerst hineinblicken und „auf Empfang stellen" – für die feineren Informationen des Dazwischen, die geistige Inspiration, den göttlichen Funken, der spürbar ist. Was möchte sein?, lautet die Kernfrage. Dann erst folgt das rationale Einsammeln und Abwägen des intuitiv Erkannten. Auf diese Weise kann das Licht der Wahrheit in die Wirklichkeit leuchten, und wir selbst bleiben zentriert.

Der moderne Mensch geht dagegen zuerst rational an eine Sache heran. Er schaut als Erstes nach außen, wo seine Aufmerksamkeit meist hängenbleibt. Entweder verliert er sich in althergebrachten Vorstellungen oder saugt sich an neuen Eindrücken fest. Beide Möglichkeiten fordern zu entsprechenden Reaktionen heraus, mit denen er schließlich so beschäftigt ist, dass er das „Innehalten" vergisst. Schon jetzt hat er sich von seinem Selbst und seinem kreativen Potenzial abgeschnitten, schon jetzt kommen die ordnenden und heilenden Impulse nicht mehr zum Tragen. Er ist blind für das, was „im Grunde" abläuft.

Echte Intuition überschreitet nicht nur die Möglichkeiten des Verstandes, sondern auch die der fünf Sinne. Sie blickt hinter das sinnlich wahrnehmbare Einzelne in den unsichtbaren Raum zwischen den Polen. Sie liest, was sich zwischen den Zeilen bewegt.

Jeder von uns hat Intuition schon erlebt. Wir alle wissen, wie es ist, ohne langes Überlegen oder endloses Abwägen von Vor- und Nachteilen blitzschnell zu kombinieren, die richtigen Schlüsse zu ziehen und Entscheidungen zu treffen; die Ursache von Problemen zu erkennen und ebenso schnell Lösungen zu finden. Jeder Mensch besitzt unter günstigen Umständen die Fähigkeit, Situationen oder komplexe Zusammenhänge auf Anhieb zu erfassen. Bei jedem tauchen immer wieder einmal Geistesblitze und originelle Einfälle auf, und manchmal können wir tatsächlich Gedanken erraten. Wenn wir jemanden mögen, werden wir sogar richtig hellsichtig, lesen diesem Menschen jeden Wunsch von den Augen ab. Auch unbewusste Entscheidungen, die man sich selbst nicht erklären kann, gehören in die Domäne der Intuition. Ebenso wie Ahnungen, Vorahnungen ...

Solche Fähigkeiten fallen uns bei anderen auf, nicht aber bei uns selbst, weil wir in der Regel an den eigenen Eingebungen zweifeln. Dann denken wir meist, es handle sich um eine spezielle Begabung oder einen untrüglichen Instinkt, den der eine eben hat, der andere aber nicht. Es mag sein, dass diese Qualität bei manchen Menschen sehr ausgeprägt ist, grundsätzlich jedoch verfügt jeder Mensch über das Potenzial zur Intuition, das sich deshalb auch entdecken und schulen lässt.

Wie schon gesagt, geht es zuallererst darum, den Geist vom rationalen Denken und der Fixierung auf Äußerlichkeiten wegzulenken und nach innen zu richten. Dies geschieht, indem man a) bei sich selbst anfängt, statt nach Gründen im Außen oder bei anderen zu suchen, b) Projektionen, Konditionierungen und die üblichen Identifikationen zurücknimmt und c) das Gefühl für Stimmigkeit trainiert, indem man Emotionen und Körperintelligenz zu Wort kommen lässt.

Der Verstand fokussiert sich auf das Einzelne, auf das Spezielle. Er stellt scharf.

Die Intuition lässt los, sie entschärft den Blick. Das verhält sich ganz ähnlich, wie wenn wir 3D-Bilder betrachten, die beim ersten Hinsehen aus Strichen, Farben und Mustern bestehen. Ein räumliches Bild entwickelt sich erst, sobald man keinen bestimmten Punkt mehr fixiert. Dann offenbart sich, meist verbunden mit einem Aha-Effekt, das ganze Bild. Je unfokussierter das Sehen wird, umso plastischer tritt der in den äußeren Mustern verborgene Inhalt hervor, bis er aus der Unschärfe geradezu herausleuchtet.

Dieses Beispiel lässt sich eins zu eins auf die Intuition übertragen. Je unfokussierter das Sehen, umso tiefgreifender das Gesehene und die Erkenntnisse. Die Innenansicht erreichen wir nicht durch zusätzliches Scharfstellen. Ganz im Gegenteil: Erst in der Unschärfe zeigt sich das Ganze. Daher spreche ich in diesem Zusammenhang gerne von der „leuchtenden Unschärfe."

Um tief blicken zu können, muss das rationale Denken außer Kraft gesetzt werden, zumindest für einen Augenblick. Hier stoßen wir mitten in den Bereich der Mystik vor. Vom griechischen Verb *myein* – „Augen und Mund schließen"– abgeleitet, geht es in der Mystik um die tiefste Ebene von Schauen und Erkenntnis, um das klare und absichtslose Wahrnehmen einer Situation, wie sie wirklich ist. Ein solches Wahrnehmen entsteht unmittelbar; es basiert nicht auf der Herleitung oder Interpretation von Vorstellungen, Konzepten, Modellen, alten Erfahrungen oder Vorurteilen. Es geht darum, etwas zu erkennen, das nicht erst durch Unterscheidung und Vergleich sichtbar wird, sondern aus dem inneren Bewusstseinsraum auftaucht.

Durchblick erhält, wer durch die äußeren, groben Erscheinungen den Blick in den Raum dahinter oder dazwischen richtet, jedoch ohne die Absicht, dort etwas zu erkennen. Die erste Voraussetzung für dieses Sehen ist folglich eine entspannte Grundhaltung: Innehalten. Nichts wollen. Lassen. Dieses entspannte Lassen ist eine Mischung aus Geschehenlassen und Loslassen – in der wahrnehmenden Präsenz des eigenen Bewusstseins. Es gilt, alles loszulassen, was sich festklammern möchte. Geschehen darf, was sich von selbst zeigt. *Open Mind* – das ist eine absichtslose, nichts wollende, nichts bezweckende, nicht analysierende, nicht interpretierende und nicht bewertende Haltung der Neugier. Ein ungezähmter, nicht an Vorstellungen klammernder Geist, der einfach hier und jetzt Zeuge ist, ohne ein Objekt im Sinn zu haben. In dieser Haltung ist der Kopf leer. Den üblichen Gedanken wird keine Bedeutung beigemessen. Es geht um das Entdecken dessen, was ist; um das vom Konzeptionellen befreite So-Sein, das den Innenraum erfüllt; um jene Istigkeit, die wir nur in uns selbst entdecken, dort, wo wir nicht getrennt sind von der Quelle des Ganzen.

Wer den Blick der großen Yogis, spirituellen Meister und Gelehrten kennt, weiß, was gemeint ist. Die unergründlichen dunklen Augen von Yogananda, die durch den Betrachter hindurch in dessen Inneres zu blicken scheinen, ohne sich an irgendetwas anderem zu orientieren als an der Ewigkeit. Der Blick des Rabindranath Tagore: ein Ozean des Wissens, durchdringend wie ein Schwert. Oder Krishnamurti – sein Schauen scheint alles zu umfassen und ist doch vollkommen leer von Anhaftung. Ich denke auch an die heitere Gelassenheit im Augenausdruck des Dalai Lama, die einen zumindest für einen (Augen)Blick alle Sorgen vergessen lässt.

Wie oft habe ich in der Wärme des Blicks von Hans-Peter Dürr, wenn er erzählt und dabei ganz in seinen Geschichten und Erlebnissen aufgeht, die Zeit – und mich selbst – vergessen. Wie wohltuend ist es, durch solche Augen mit der Großzügigkeit totalen Gelassen-Seins betrachtet zu werden. Ich glaube, dass in jenen wertvollen Augenblicken, in denen es kein Ego gibt, sondern nur authentische Präsenz, das geschieht, was man Übertragung nennt. Man wird hineingezogen in eine Qualität, die verwandelt und heilt. In der Wahrhaftigkeit des Augenblicks lässt sich die Wahrheit erkennen.

Leider hat der Zivilisationsmensch mit dem Verlust der Fähigkeit des Nach-innen-Schauens auch die Qualitäten des Lassens und Innehaltens verlernt. Die heutige Welt ist von Zeitmangel, Effizienzstreben, Leistungsdruck, Informationsüberflutung und Multitasking geprägt; der Sinn für das Atmosphärische verkümmert. Stress, Rastlosigkeit und schnelle Ergebnisse bestimmen unsere Einstellung, daher fehlt uns die Muße zur Reflexion. Vom „Wesentlichen" bekommen wir kaum etwas mit, und viele der Möglichkeiten, die das Leben bietet, übersehen wir deshalb. Unfähig, eine gegebene Situation zu durchschauen, treffen wir die falschen Entscheidungen und handeln voreilig, während wir uns dort, wo wirklich gehandelt werden sollte, passiv verhalten. Ein großer Teil unseres Intelligenzpotenzials liegt brach, weil wir auf die falsche Betrachtungsweise eingestellt, sprich: auf Äußerlichkeiten fixiert sind.

Innehalten bedeutet darüber hinaus, auszusteigen aus dem herkömmlichen Zeitverständnis in die raum-zeitlose Gegenwart des Einen. Der Verstand betrachtet Zeit als ein messbares Medium, in dem sich die einzelnen Zeitpunkte wie Perlen an einer Kette aneinanderreihen oder aufeinander folgen, wie die Bilder in einem Film. Die intuitiv oder wild erfahrene Zeit ist dagegen ein untrennbares Kontinuum.

Dieser Gedanke erinnert an den Ansatz des französischen Avantgarde-Philosophen und Literaturnobelpreisträgers Henri Bergson (1859–1941). Für ihn ist wirklich erlebte Zeit ein ständiges Ineinander-Übergehen unterschiedlicher Qualitäten. Selbst Vergangenheit, Gegenwart und Zukunft sind in der erlebten Zeit nicht getrennt, sondern durchdringen sich gegenseitig. Folglich kann sich in jedem Bewusstseinsvorgang potenziell die ganze Innenwelt abspiegeln. Bergson traf mit diesen Thesen den „Zeit-Geist" im wahrsten Sinne des Wortes. Insbesondere bei der zeitgenössischen Kunstwelt rannte er mit seiner Theorie offene Türen ein. Die Avantgarde versuchte, sich mit einer entsprechenden Kunst- und Lebenspraxis genau dieses intuitive Moment zu erschließen. Dazu gehörte es, mit Konventionen zu brechen, ausgetretene Pfade zu verlassen, den Blick für das Wesentliche zu befreien und die Zukunft in die Gegenwart zu holen – und zwar durch „Machen", d.h., indem das Neue als Kunstwerk erschaffen bzw. als Gesamtkunstwerk Mensch gelebt wurde.

Was durch die Lupe betrachtet mystisch-groß aussieht, gibt es auch in kleineren, weniger spektakulären Formaten. Im Alltag geht es einfach darum, einen Blick hinter die meist trügerischen Fassaden zu wagen; tiefer zu blicken; über die Worte hinaus zu hören; zu versuchen, die ganze Situation, den ganzen Menschen, die ganze Sache wahrzunehmen. Denn leuchtende Unschärfe bedeutet mentale Großzügigkeit. Das wilde Denken hält sich nicht an Oberflächlichem auf, es beißt sich nicht an Kleinigkeiten fest. Vielmehr lässt es sich vorbehaltlos auf sein Gegenüber ein – in der Absicht, die dahinterliegende „ganze" Wahrheit zu verstehen.

Tatsächlich ist die unabdingbare Voraussetzung für das Hineinblicken die Wertschätzung. Ohne Achtung sehe ich nur einen kleinen Teil, den Teil nämlich, auf den ich mich gerade fixiere. Meist handelt es sich dabei um meine eigenen Projektionen. Zeige ich aber Respekt, kann ich Menschen und Situationen offen begegnen – und das Spiel der Kräfte ungetrübt wahrnehmen. Achtung und Würde sind der schnellste Weg, um in einen Schwingungsaustausch zu kommen, sei es mit Menschen, Tieren und Pflanzen oder Dingen, Objekten, Orten und Räumen. Übertriebener Respekt, Angst und Respektlosigkeit hingegen benebeln die Sicht und trüben die reine Wahrnehmung.

Intuition liest Beziehungsdynamiken, deren Wirkungsweisen energetisch spürbar, ja fühlbar sind. Aus diesem Grunde wird dem rationalen Denken so gerne das Gefühl gegenübergestellt. Doch ist das Gefühl nur ein Teil eines wesentlich umfangreicheren Prozesses und daher nicht geeignet, einen wirklichen Gegenpol zum Rationalen zu bilden. Emotionen gehören zum Wahrnehmungsinstrumentarium der Intuition. Sie lösen Erinnerung aus und setzen dadurch assoziative oder – sobald der Geist einsgerichtet ist – synchronisierende Bewusstseinsprozesse in Gang. Werden sie dagegen zum

Objekt, auf das man sich fixiert, schlagen sie ins Kontraproduktive um. Auch für die Gefühle gilt: sie wahrnehmen, sprechen lassen – und wieder loslassen. Intuition transzendiert nicht nur den Verstand, sie transzendiert auch das Gefühl.

Die Fähigkeit des Menschen, energetische Zusammenhänge wahrzunehmen, wird auch bei dem inzwischen weit verbreiteten (Familien-) Aufstellen genutzt. Das Verblüffende daran ist, dass Menschen, die sich vorher nie gesehen haben und weder vorinformiert noch über die Wirkungsweise dieser Methode aufgeklärt wurden, in einer Aufstellung andere Menschen präzise wahrnehmen und regelrecht in deren Biografien schlüpfen können. Der Grund: Jedes System zeichnet sich durch spezifische Verhältnisse aus, die sich durch die Beteiligten und deren Positionen ergeben und deren Prozesse samt ihren Auswirkungen emotional wahrnehmbar sind.

Im Klartext heißt das: Wir können die Qualität von Beziehungen wahrnehmen. Um solche energetischen Matrizen erspüren zu können, muss man also kein Schamane sein. Voraussetzung dafür ist lediglich, in den Zustand der leuchtenden Unschärfe zu gleiten, um sich dann mit den ersten „Gefühlsgedanken", die auftauchen, assoziativ von einer Wahrnehmung zur nächsten führen zu lassen. Auf diese Weise werden bisher unerkannte Beziehungs- und Verhaltensmuster bewusst, die sich anschließend integrieren oder verändern lassen. Ob wir aus innerer Führung heraus operieren oder nur eigene Ideen oder Projektionen in die Situation hineininterpretieren, ist für unser Gegenüber spürbar. Während das Echte unmittelbar zu berühren vermag, lässt die Einbildung kalt oder erzeugt Widerstand.

Nicht nur die Aufstellungsarbeit funktioniert auf diese Weise. Es handelt sich um das typische Vorgehen und Training bei allen Formen der Energiearbeit, dem energetischen oder geistigen Heilen, dem Hellsehen, dem Auralesen usw. Unter den aufgezeigten Prämissen finden wir hier zu einer demaskierten Form der Magie, die den nackten Umstand offenlegt: Alles wirkt. Alles hat neben seinem materiellen auch einen geistigen und energetischen Aspekt. Und alle diese Aspekte können wir wahrnehmen, sobald wir ein leeres, offenes Bewusstsein an den Tag legen und uns von ihrer Wirkung ergreifen lassen. „Wunder geschehen nicht im Widerspruch zur Natur, sondern aufgrund der Natur innewohnender Gesetze" (Augustinus).

Intuition ist also hauptsächlich eine Sache der Schulung, sobald man sich der verschiedenen fließenden Stufen bewusst ist:

- Je weiter man sich öffnet, desto umfassender der Einblick.
- Je leerer die Gedankenwelt, umso klarer die Sicht.
- Je intensiver das emotionale Empfinden, umso deutlicher das Erkennen der energetischen Qualität einer Situation.
- Je stärker die Anbindung an das Eine/Ganze, umso eindeutiger das Erkennen der Urprinzipien.

Mit zunehmender Praxis erweitern sich die Empfangsmechanismen des Gehirns, sodass sich der Einblick nach innen immer einfacher gestaltet und wir immer tiefere Zusammenhänge wahrnehmen können. Bis wir irgendwann feststellen: In der Einmaligkeit jeder Situation verbirgt sich eine innere Gestalt, eine „fließende Formstruktur", wie der Psychologe Friedrich Sander (1889–1971) es formulierte, ein kosmisches Bewusstsein – ganz egal, wie man es auch nennen mag. Dabei finden Prozesse nach immer gleichem Muster statt, die nicht von meinen eigenen zu trennen sind. Und dieses immer gleiche Muster kann mir als Blaupause für jede nur erdenkliche Art von Prozessen dienen, damit ich sie in eine konstruktive Richtung führen kann.

An diesem Punkt der Erkenntnis wird Intuition zur inneren Führung. Je vertrauter wir mit der Innenansicht und der Logik des Prozesshaften werden, umso besser lernen wir die Konsequenzen von Situationen, Entscheidungen und Handlungen einzuschätzen. Aber nicht aufgrund rationaler Rückschlüsse, sondern weil wir Einblick in die Gesetzmäßigkeiten und den Lauf der Dinge bekommen; wir ahnen die Folgen. Mit der Zeit wird aus der Ahnung Gewissheit, gepaart mit tiefem Vertrauen in das Wesen und die Folgerichtigkeit des Ganzen; gepaart auch mit Vertrauen in uns selbst, weil wir Kontakt mit unserer inneren Führung haben und uns ihr bedingungslos hingeben können.

In der Hingabe erleben wir die höchste Form der Intuition. Damit ist mehr als nur ein Auftauchen gemeint: Eingebung bzw. Inspiration (lat.: *inspirare* – hineinblasen, einhauchen). Eingehaucht wird das kosmische Bewusstsein selbst. Der überpersönliche Geist (engl.: *spirit*) – das Göttliche – ergießt sich in meinen persönlichen Geist (engl.: *mind*), um sich mit ihm zu einer Einheit zu verbinden. Aus dieser Verschmelzung entsteht grundsätzlich etwas Neues, noch nicht da Gewesenes. „ER wirkt und ich werde", so beschrieb es Meister Eckhart. Etwas, das nicht nur den Charakter des Originalen, Ursprünglichen oder gar Genialen trägt, sondern in dem auch der Zauber des „Wahren, Guten und Schönen" (Platon) schwingt.

Das Paradoxe daran: Was ich hier als Verschmelzung erlebe, war „im Grunde" nie getrennt. Mein authentisches Selbst ist von der gleichen Qualität wie der kosmische Geist, vom selben Geschmack wie der Geist der Natur. Allein meine Vorstellungen ließen mich diese Einheit nicht sehen. Das Eine ist und wirkt in Allem. Erst dieses verbindende, beziehungshafte Moment schafft ein Prinzip, das Leben möglich macht.

An dieser Stelle hebt sich der grundlegende Dualismus auf, der seit der Vertreibung aus dem Paradies das Denken der Menschen beherrscht. Denn Geist und Materie stellen nicht mehr zwei voneinander getrennten Bereiche dar. Das gleiche gilt für das Heilige und das Profane, für Gott und die Welt. Auch sie sind nicht-zwei (sanskr.: *advaita*). Vielmehr ist „Natur per se mit dem Geistigen versehen", wie der Physiker Hans-Peter Dürr es formuliert. Die Aufteilung von Geist und Materie ist ein menschliches Konstrukt: Das Geistige ist der innere Aspekt, Materie der äußere. Unser Bewusstsein hat die Wahl, sich auf „das Eine" oder „das Andere", auf die Innenwelt oder die Außenwelt zu beziehen. In dieser Wahlfreiheit liegt nicht nur der freie Wille, sondern auch das Dilemma des Menschen begründet.

Auf vollkommene Weise wird die Bereitschaft zum Hineinschauen und Erkennen-Wollen im *Namaste*, dem in Indien und anderen Ländern des asiatischen Kontinents allgegenwärtigen Gruß, zum Ausdruck gebracht; Grußformel und *Mudra* (*sanskr.*: Geste) zugleich: „Ich verbeuge mich vor dir." Mit dieser Haltung drückt der Inder seine Ehrerbietung vor dem wahren Wesen eines anderen Menschen aus. „Das Göttliche in mir grüßt das Göttliche in dir", lautet eine andere gängige Übersetzung. *Namaste* – dabei werden die gefalteten Hände ans Herz gelegt und der Kopf leicht gebeugt, eine Geste, die symbolisiert, dass wir den Blick vom Äußeren, vom Unterschiedlichen abwenden und bereit sind, an den Ort im Innersten zu gelangen. Dieser besondere Ort befindet sich nicht im Kopf, sondern im Herzen. Und jeder, der dorthin kommt, so heißt es in den Veden, findet das Gleiche: das gesamte Universum, den Kosmos, in der ursprünglichen Bedeutung des Begriffs – die Weltordnung.

Die schönste Erklärung für *Namaste* stammt von Mahatma Gandhi. Er schickte sie einst seinem Freund Albert Einstein, nachdem dieser ihn nach der tieferen Bedeutung des Wortes gefragt hatte:

Ich verbeuge mich vor dem Ort in Dir,
an dem der ganze Kosmos wohnt.
Ich verbeuge mich vor dem Ort der Liebe,
des Lichtes, des Friedens,
der Wahrheit und der Weisheit in Dir.
Ich verbeuge mich vor dem Ort,
wo, wenn du an diesem Ort in Dir bist
und ich an diesem Ort in mir bin,
es nur das Eine von uns gibt.

Wesensverwandtschaften

Das Universum ist eine dynamische Ganzheit, in der sämtliche Erscheinungen von dem gleichen Prinzip beherrscht werden, das die Wesensverwandtschaft der Dinge ausmacht – der Quelle der unglaublichen Kombinationsfreude, durch die sich das wilde Denken auszeichnet. Und diese Wesensverwandtschaft ist genau der Grund, warum das wilde Denken nahezu alle Fragestellungen managen bzw. zumindest eine Richtlinie vorgeben kann, wo und wie sich die – richtigen – Antworten finden lassen: nämlich solche, die dem Wohl des Ganzen dienen. „Wer sucht, der fragt", sagt man in Indien, ebenso wie „Die Richtung, in der ich suche, bestimmt, was ich finden werde".

Der Eingeweihte weiß die richtigen Fragen zu stellen. Ihm ist bewusst, dass diese Fragen bereits Teil der Antwort sind. Denn wie könnte man weitergehen von Bekanntem zu Unbekanntem, wenn das Unbekannte mit dem vermeintlich Bekannten nichts zu tun hätte? Dies ist ja gerade die Methode des Fortschritts in der philosophischen Erkenntnis. Was also liegt näher, als die Verwandtschaft in allem aufzuspüren? Wie oben, so unten; wie innen, so außen; wie in der Vergangenheit, so in der Gegenwart und in der Zukunft; wie hier, so dort ...

„Diese Verwandtschaft äußert sich nicht darin, dass die Dinge identisch wären, sie äußert sich vielmehr in einer grundlegenden Analogie", schreibt der Philosoph Raimon Panikkar in *Rückkehr des Mythos*. Das wilde Denken ist ein analoges Denken, das Situationen miteinander in Beziehung setzt, indem es nach der Wesensverwandtschaft fragt, die aus der gemeinsamen Teilhabe an einem einzigen grundlegenden Prinzip hervorgeht – dem Prinzip der dynamischen Allverbundenheit, dem Prinzip der Liebe, dem Prinzip Leben.

Derselbe Strom des Lebens,
der Tag und Nacht durch meine Adern pulsiert,
fließt durch die Welt und tanzt seine rhythmische Weise.
Es ist dasselbe Leben,
das die unzähligen Grashalme in unbändiger Freude
durch den Staub der Erde hervorschießen
und all die Blätter und Blüten
in turbulenten Wellen wogen lässt.
Es ist dasselbe Leben, das die Wiege des Ozeans
von Geburt und Tod, Ebbe und Flut bewegt.
Ich fühle, wie meine Glieder durch die Berührung
mit dieser Welt des Lebens zu leuchten beginnen,
und mein ganzer Stolz ist es,
in diesem Augenblick den Lebensfunken aller Zeitalter
in meinem Blut tanzen zu wissen.

Wie könnte man dieses Prinzip besser in Worte fassen, als es der bengalische Literaturnobelpreisträger Rabindranath Tagore getan hat? Während das rationale Denken dualistisch und durch Aneinanderreihen von einzelnen Teilen operiert, geht das wilde Denken genau andersherum vor. Es verbindet die Teile, indem es in ihnen nach dem gemeinsamen Nenner von allem sucht. Auf der Suche nach dem Verbindenden stellt sich automatisch auch die Beziehung zur Einheit her, ob man dies beabsichtigt oder nicht. Wer wirklich verbindet, verbindet sich immer auch mit dem verbindenden Prinzip und daher mit dem Urgrund. Das heißt: Mit jedem Akt des Verbindens findet Rückverbindung – *religio* – statt, und „in diesem Augenblick tanzt der Lebensfunken aller Zeitalter in meinem Blut", wie es Tagore ausdrückt.

Ich liebe, also bin ich. Amo ergo sum. Wer liebt, öffnet sich für das Leben, dessen Wirken ihn sofort und spürbar ergreift. In solchen Momenten sprechen wir von Ergriffenheit, wie Schiller sie in der Ode an die Freude beschrieb: „Freude, schöner Götterfunken,

Tochter aus Elysium, wir betreten feuertrunken, Himmlische, dein Heiligtum! Deine Zauber binden wieder, was die Mode streng geteilt. Alle Menschen werden Brüder, wo dein sanfter Flügel weilt." Diese Ergriffenheit ist die Quelle von Glückseligkeit und ebenso die Quelle der Freiheit. Denn dort, wo die Gegensätze in Eins zusammenklappen und der Kreis sich schließt, wird das Ende zu einem neuen Anfang (lat.: *principium*).

Wildes Denken ist daher ein Denken mit immer wieder neuer Kombinatorik und Assoziation. Obwohl es stets nach der Wesensverwandtschaft sucht, wiederholt es sich nie. Es fließt mit dem Rhythmus des Lebens, das sich in jedem Augenblick neu zeigt oder zeigen würde, wenn man es nur ließe, statt ihm ständig künstliche Grenzen zu setzen. Es denkt nicht im Takt, sondern im Rhythmus, denn „der Takt wiederholt, der Rhythmus erneuert", wie es der deutsche Lebensphilosoph und Psychologe Ludwig Klages (1872–1956), Begründer der wissenschaftlichen Graphologie, ausdrückte. Das wilde Denken bewegt sich nicht statisch und abgehackt – „Im Gleichschritt, Marsch!" – neben dem Leben her, sondern schwimmt fließend weich in seinen Prozessen mit. Wildes Denken bedeutet lebendige Teilhabe. Wildes Denken bringt eine fluide Intelligenz hervor, weshalb die Lust am Spielen niemals erlahmt, sondern immer leidenschaftlicher wird.

Nach dem Gemeinsamen suchen ... Wer nach der Essenz und dem Universellen forscht, muss einen Hang zum Wilden haben. Durch die Werke von Lévy-Strauss und Panikkar erkannte ich, dass ich zeit meines Lebens stets zuerst analog dachte, bevor ich zum analytischen Denken überging. Niemals fielen mir als Erstes die Unterschiede ins Auge, wie das in meinem wissenschaftlichen Umfeld zumeist der Fall war. Stattdessen begegneten mir immer die gleichen Fragen, vor allem in der Philosophie, und auch die gleichen Erkenntnisse. Verschieden fand ich nur die Ausdrucksweisen und Kombinationen sowie die unterschiedlichen Gewichtungen einzelner Aspekte – philosophische und wissenschaftliche Basteleien, die für mich die Persönlichkeit des Autors widerspiegelten, den Zeitgeist, die Lebensbedingungen oder einen kulturellen Rahmen. Es erschien mir nur natürlich, dass in einer historischen Phase, in der Ungerechtigkeit, Grausamkeit, Sklaverei oder fortdauernde Kriege herrschten, eher der Wunsch nach dem Erlöstwerden aus dem Rad des Leidens – der Leerheitsaspekt – hervorgehoben wurde, während man in friedlichen Zeiten die Muße hatte, sich mit dem Schöpferischen zu beschäftigen: mit Kunst, Verfeinerung, Wachstum und Entfaltung. Oder: dass beim archaischen Menschen, der als Jäger und Sammler den Unbilden der Natur ausgesetzt war, andere Lebensfragen im Vordergrund standen als ein Zeitalter später, wo Ackerbau und Sesshaftigkeit neue Sicherheiten mit sich gebracht, aber auch neue Wünsche und Bedürfnisse geweckt hatten. In allen Zeitaltern jedoch, bei allen Weisen und Philosophen, ging es um das Leben, um die sinnvolle Eingliederung des Einzelnen in das Ganze, um das unveränderliche Prinzip des Seins und seinen Zusammenhang mit der äußeren Existenz, die sich in ständiger Veränderung befindet. Was das Äußere betrifft, so sind die religiösen und philosophischen Ansätze tatsächlich äußerst verschieden, daran gibt es gar keinen Zweifel. Die inneren, tiefsten und eigentlichen Erkenntnisse jedoch liefen in meinen Augen durchweg auf dasselbe hinaus, obwohl sie in einem einmaligen Moment, unter einmaligen Umständen entstanden waren und Einmaliges bewirkt hatten.

Früher schämte ich mich oft wegen der Einfachheit meines Denkens. Angesichts der Kritikfähigkeit und scharfzüngigen Rhetorik der Intellektuellen fragte ich mich, warum ich immer alles und jeden verstehen konnte. Heute bin ich stolz darauf, eine Wilde zu sein, und glücklich, dass es niemand geschafft hat, mein Denken zu zähmen. Meine geistige Heimat befindet sich weder in einer Konfession noch in einer bestimmten Ideologie. Ich fühle mich weder politischen Gruppen noch irgendeinem Land oder einer Mentalität zugehörig. Mein Haus ist auf dem Fundament der Übereinstimmung von Sichtbarem und Unsichtbarem, von Gesagtem und Nicht-Gesagtem, Bewusstem und Unbewusstem erbaut, dort, wo die Gedanken zu Ende gedacht sind und das Undenkbare in meinem eigenen Leben Gestalt annehmen kann.

„Jeder echte Erkenntnisakt setzt die Einheit der Welt voraus" – für mich der wichtigste Satz von Raimon Panikkar, der 2010 im Alter von 92 Jahren verstarb. Bleibt diese Einheit und mit ihr das Prinzip Leben unberücksichtigt, kann man nicht von echter Erkenntnis sprechen. Wissenschaft und Religion, Verfügungswissen und Orientierungswissen, Innenwelt und äußere Welt müssen in der Anerkennung der universellen Wahrheit wieder zusammenfinden, sonst erstickt die Menschheit in Halbwissen und geht an ihren Fehlentscheidungen zugrunde.

Zunächst müssen wir uns allerdings damit abfinden, dass die innere Gestalt, das Wesenhafte, die Essenz über das Verbale hinausgeht; dass der Innenraum weder konkret wahrgenommen werden kann noch rational erklärbar ist; dass sich sein Vorhandensein lediglich über die Ebene der Wirkungen bemerkbar macht und daher nicht objektivieren lässt. Objektivität erhebt den Anspruch auf Gleichheit, auf immer wieder in derselben Konstellation nachvollziehbare und immer zu gleichen Ergebnissen führende Prozesse. Das ist im Innenraum nicht möglich, denn dieser Raum wird von Prinzipien bestimmt.

Prinzipien sind übergeordnete Gesetzmäßigkeiten, die sich, weil sie auf vielen Ebenen zugleich Gültigkeit besitzen, nur in Gleichungen oder durch Gleichnisse darstellen lassen. Das wilde Denken drückt sich folglich in Gleichnissen aus, und es versteht Gleichnisse. Daher sind die Weisheitslehren großenteils in Gleichnissen, Mythen, d.h. in Symbolsprache, verfasst. Denken wir nur an die Bibel oder an die Sagen des klassischen Altertums, an die chinesischen Weisheitsgeschichten oder die indische *Bhagavad Gita*, eine der zentralen Schriften des Hinduismus.

Analogie, die Suche nach dem Gemeinsamen – wie oben, so unten; wie damals, so auch heute und in Zukunft; wie innen so außen; wie bei mir, so auch bei anderen – ist die Grundlage des mythologischen Symbolismus. Jeder Mythos drückt in der Form der Erzählung eines einzelnen Falles eine dahinterliegende ewige Idee aus, die von dem, der die Handlung mit durchlebt, hinter ihr intuitiv erkannt wird. Der Mythos bezieht stets die Persönlichkeit des Betrachters ein. Symbole und Mythen vermitteln ihren Sinn nur in der subjektiven Beteiligung des Menschen. Sie appellieren gleichzeitig an das Mentale, das Gefühl und die Sinne wie an bekannte Handlungsstrategien, die im Unterbewusstsein gespeichert sind, und tragen damit dem materiellen und dem geistigen Aspekt gleichermaßen Rechnung. Auf diese Weise ermöglicht das wilde Denken die Teilhabe an einer Beziehungslogik, die sich auf alle natürlichen Prozesse anwenden lässt und gleichermaßen in allen natürlichen Prozessen zu finden ist. Dabei wird die objektive Erkenntnis nicht negiert, sondern einbezogen, auch der mythologische Symbolismus ist transrational. Er transportiert eine, wie Panikkar es nennt, „Meta-Logik".

Vom Kopf her lässt sich das kaum verstehen. Nehmen wir deshalb als Beispiel die Huichol-Mythologie und den Hirsch-Mais-Peyote-Komplex, über den ich 1984–1988 meine Dissertation schrieb. Der Symbolismus der Huicholes ist einmalig, was das Denken in Analogien betrifft.

Hirsch, Mais und Peyote sind die drei wichtigsten Symbole in Mythos, Kult und Kunst der Huicholes und gelten als wesenseins. Eines lässt sich für das andere einsetzen. Nicht, dass indigene Völker außerstande wären, zwischen ihnen zu unterscheiden, was sie natürlich sehr wohl können. Es geht um die inneren Wirkkräfte und deren hauptsächliche Funktion – Wandlung, Erneuerung und Integration – sowie um den „großen Zusammenhang" und die schöpferische Einbindung des Menschen.

Bevor die Huicholes zum Ackerbau übergingen, waren sie Jäger und Sammler. Den Mittelpunkt ihres Lebens bildete die Hirschjagd, daher steht der Hirsch, obwohl schon fast ausgestorben, noch heute im Zentrum ihrer Kultur. Ursprünglich Hauptnahrungsmittel, wurde er später durch den Mais ersetzt. Im Zuge dessen wurden die Mythen und Riten, die sich um den Hirsch rankten, auch auf den Mais übertragen. Hirsch und Mais stehen für die Existenzgrundlage des Stammes, für Leben im Allgemeinen. Als die Huicholes später mit dem halluzinogenen Peyotekaktus in Kontakt kamen, wurde auch dieser in die Kultur integriert und mit einem Aspekt der mythischen Hirschfigur assoziiert – dem Herzen des allwissenden *Cauyumarie.*

Cauyumarie ist die zentrale Figur der Huichol-Mythologie. An seiner Vielschichtigkeit haben sich die Ethnologen fast die Zähne ausgebissen. Denn Cauyumarie ist nicht nur Hirsch und Mais und Peyote, er hat auch menschliche und göttliche Züge. Er ist Weltenschöpfer, Kulturheros, Vertreter der Himmelsrichtungen, Hilfsgeist der Schamanen, Trickster und Schelm – ein uto-aztekischer Till Eulenspiegel –, und das alles in einem. Vor allem ist er ein Meister der Metamorphose. Er verkörpert das Prinzip der Vereinigung aller Gegensätze, das nicht nur für die Einheit, sondern auch für die Vielfalt des Lebens verantwortlich ist. Er steht für Leben, Lebenskraft und die Macht, Leben zu erhalten oder zu zerstören.

Auffallendes Merkmal ist seine enorme Libido, symbolisiert durch seinen Penis, der, über einhundert Meter lang, tagsüber eingerollt in einem Korb auf dem Rücken getragen werden muss. Seine Potenz ist grenzenlos, sein Drang nach Verwandlung gestaltet die Welt. Eine Seite von ihm ist in jeder Beziehung gierig – nach Abenteuern und sinnlichem Genuss, nach Wissen, Frauen und Sex. Des Nachts wird sein überdimensionaler Penis zum idealen Werkzeug der Verführung. Sobald die Frauen schlafend am Feuer liegen, nähert er sich ihnen, um unerkannt mit ihnen zu verkehren. An die Objekte seiner Begierde gerät er meist durch Tricks. Seine Dreistigkeit, aber auch seine Ungeschicklichkeit oder das Pech, das er auf sich zieht, wenn er sich in der Position des Stärkeren und Klügeren wähnt, sorgen stets für Heiterkeit. Grundsätzlich ist er selber der Betrogene und Opfer seiner eigenen Streiche. Die Geschichten, die sich um ihn ranken, sind jedoch nicht nur erheiternd. Sie können auch sehr brutal sein, wenn er mordet, vergewaltigt oder rücksichtslos experimentiert.

Wie in vielen anderen indigenen Kulturen ist der Trickster auch bei den Huicholes zugleich Kulturheros: Stifter von Kultur und Medium kultureller Veränderung. Bei ihnen fungiert Cauyumarie überdies als Schöpfer des gesamten Universums und als Weltenordner. Er war das erste Wesen in einer kosmischen Leere, die *Huatetuapa*, die „große Dunkelheit, das Meer" genannt wird. Noch vor der Erschaffung der Götter existierte er als „Aus-sich-selbst-Geborener". Seine

Geburt stellt den Beginn der Zeit und den Anfang der Schöpfung dar. Mit einem unsichtbaren Boot reiste er durch die Gewässer und entwarf die Struktur des Universums: die vier Himmelsrichtungen und die Mittelachse. Er schuf die vier Elemente, zeugte die Erde, in deren Mitte er die Pflanzen setzte, und brachte das Feuer, um den ersten Wesen die Angst vor der Dunkelheit zu nehmen.

Als der Lebensraum geschaffen war, stellte sich jedoch bald heraus, dass seine Bewohner sich äußerst zügellos verhielten. Wieder musste der Hirsch-Kulturheros eingreifen. Er führte Sitten und Bräuche, Kunst, Handwerk und Krankenheilung ein und legte Werte und Normen fest, um die neu geschaffene Ordnung vor Missbrauch zu schützen. Erst nachdem mit der ökologischen Ordnung auch eine sittlich-soziale Ordnung etabliert war, funktionierte das Leben auf dieser Erde.

Die Huicholes schreiben ihrem mythischen Helden nahezu alle Erfindungen und Entdeckungen, auch die nicht aus ihrer Kultur stammenden und modernen Errungenschaften zu, die er mit List und Tücke in seinen Besitz zu bringen weiß. Alles Neue wird in seine Figur eingewoben, sodass seine Symbol-Struktur erhalten bleiben kann. Denn er ist *die* Integrationsfigur – „die Seele, die alle Ahnengötter in sich vereint“, wie er in den kultischen Gesängen beschrieben wird; der Genius, der in allen Dingen und Phänomenen gegenwärtig ist. Obwohl vollkommen unvollkommen, ist er Schöpfer, Bewahrer und Verkünder der kosmischen Ordnung. Damit wird er zum Spiegel des Menschen in seiner Bedürftigkeit und gleichzeitig in seiner potenziellen Kreativität. Sein *Nierika* (Herz, Sehwerkzeug, Auge) stellt die Gesamtheit dessen dar, was bisher war, gegenwärtig ist und in Zukunft sein wird. So erklärt sich auch sein Name: *Cauyumarie,* „als die Gesamtheit aller Wesen bin ich hier eingebunden“. Für die Huicholes ist er der Weg, die Wahrheit und das Leben, und es ist kein Wunder, dass während der Phase der christlichen Missionierung die Figur des Jesus mit ihm verschmolz.

Sowohl zur Welt der Götter als auch zur Welt der Menschen, Tiere und Pflanzen gehörend, nimmt der mythische Hirsch eine Mittelstellung zwischen Göttern und Menschen ein. Er hat freien Zugang zum Bereich des Geistigen und überbringt von dort wichtige Botschaften. Als Wanderer zwischen den Welten sieht er die Dinge aus mehreren Perspektiven und hat daher die Möglichkeit, sie kreativ umzudeuten, ja, vollständig umzukehren, wenn es sein muss. Er ist ein *Bricoleur,* ein Bastler, dem kreatives Problemlösen gelingt, indem er die Definition und die Funktion des gerade zur Hand Seienden verändert und die zur Verfügung stehenden Mittel erfinderisch umdeutet und nutzt.

Folglich verkörpert er das ganzheitliche Bewusstseinspotenzial des Menschen, über das Frithjof Schuon schreibt: „Der Mensch hat bzw. genießt ein Bewusstsein, das zur gleichen Zeit animalisch, menschlich und göttlich ist. Tierisch insofern, als dass der Mensch die Welt durch die Sinne erfährt; menschlich in seiner Vernunft; und göttlich in der kontemplativen Aktivität seines Geistes. Nun könnte der Mensch aber nicht göttlich sein, wäre er nicht zuerst Mensch; denn der Geist könnte in der menschlichen Lebenswelt nicht ohne die Vernunft verwirklicht werden."

Letztlich steht Cauyumarie für die universelle Lebens- und Schöpferkraft und für die Möglichkeiten des Menschen, diese Kraft zu nutzen. Entweder bewegt er sich mit dem Strom der kosmischen Ordnung, was sich zu seinem eigenen Wohl und gleichzeitig zum Wohle des Ganzen auswirkt; oder er lässt sich von Egoismus, Gier, Hass und Ignoranz in die falsche Richtung treiben.

Die Einmaligkeit des Hirsch-Mais-Peyote-Komplexes liegt darin, dass er nicht nur die Lebensphilosophie, die Ethik und die Historie der Huicholes, sondern ihren gesamten Schatz an Wissen und Erfahrung beherbergt, den sie intuitiv abrufen und weitergeben. Da alle Neuerungen sofort eingeflochten werden, bleibt das Wissen stets auf dem neuesten Stand. Die Huicholes halten es lebendig, indem sie es erzählen, tanzen, singen oder rituell nachvollziehen. Dieses Wissen dient als Vorbild für ihre individuellen Lebensgeschichten.

Der Mythos ist Orientierungswissen, das auf wunderbare Weise durch den Dschungel des Lebens führt und einen faszinierenden

Einblick in das menschliche und kosmische Bewusstsein gewährt. Im Gegensatz zur hochkulturlichen Mythologie der Weltreligionen, die bereits einen enormen Differenzierungsprozess hinter sich hat, kann man im Mythos der Naturvölker noch die wirklich grundlegenden, ursprünglichen Strukturen ablesen.

Sind – wie im Fall Cauyumaries – bei den Naturvölkern noch alle Aspekte von Sein und Bewusstsein in einer Figur vereint, liegt in rational geprägten Kulturen bereits eine typisch dualistische Besetzung vor, in der eine Gestalt das Gute personifiziert, während eine andere das Böse verkörpert: der Göttliche und der Satan, *the beauty and the beast*.

Die Seele spricht in Bildern

Die Sprache der Seele ist bildhaft. Ihre Figuren spiegeln innere Wandlungs- und Integrationsvorgänge wider. Alle Szenen, ob Kämpfe oder Siege, geben Aufschluss über immer wiederkehrende Prozesse und damit über uns selbst. Sie lassen erkennen, wo wir gerade stehen, wie wir mit uns selbst umgehen, was befreit werden will, was nach Veränderung oder Verwirklichung drängt. Götter, Geister und Dämonen sind Personifikationen unsichtbarer Kräfte. Der Mythos ist kosmisches Schauspiel. Auf die einprägsamste Weise macht er uns mit dem Wesen des Schöpferischen und der Dynamik der Schöpfung vertraut. Shiva und Shakti – ihr Liebesleben versinnbildlicht den universellen Zusammenhang der polaren Kräfte, der letztlich alle Existenz bestimmt. Zeus und seine gesammelten Eskapaden – was sind diese Geschichten anderes als Gleichnisse über all die Möglichkeiten der Lebensgestaltung, die uns die Wirklichkeit eröffnet, samt ihren unausweichlichen Folgen? Potenzialität, übersetzt in Bildsprache.

Ob Drachen oder Lichtwesen, wir selbst sind all dies. Jeder Mensch trägt das Potenzial von Himmel und Hölle samt allen Variablen dazwischen in sich. Wir sind die Bühne für das kosmische Drama und gleichzeitig Schauspieler, Regisseur und Autor. Wir erschaffen unsere Himmel und unsere Höllen; wir sind die Schöpfer unserer individuellen Realität; und ob wir es wahrhaben wollen oder nicht: Ebenso sind wir Mitschöpfer am Ganzen – und damit in einer sehr verantwortlichen Rolle.

Alle Bilder, Geschichten und Szenen, die im Mythos zum Ausdruck kommen, tauchen aus dem Grund der Seele auf, sie werden nicht im Kopf zurechtgezimmert oder konstruiert. Dies zu unterscheiden ist äußerst wichtig. Bilder, die uns berühren, bewirken etwas, weil sie jeder versteht, weil sie uns an etwas erinnern, das wir schon kennen, aber nicht begreifen können. Der Symbolismus ist folglich eine Beziehungssprache, eine interkulturelle und universelle Sprache, die Sprache der Kunst, eine der ältesten Sprachen der Menschheit, um vieles älter als die rationale. Es gibt keine Kultur ohne Kunst und Symbolik, keine Kultur ohne Mythos.

Nach Carl Gustav Jung hat sich die Bildsprache der Seele evolutionär herausgebildet, und zwar auf der Instinktebene, indem lebensdienliche Strukturelemente, die für das Überleben der Art von Vorteil waren, ins kollektive Gedächtnis Eingang fanden und an den Menschen „vererbt" wurden. In einer groß angelegten Studie hatten Jung und seine Mitarbeiter herausgefunden, dass es ganz bestimmte Symbole, Motive und Bildsequenzen sind, die nicht nur in den Mythen der Völker, sondern auch in den Träumen und in der biografischen Selbstfindung des Menschen immer wieder auftauchen. Diese Symbole bezeichnete er als Archetypen und die immer wiederkehrenden Prozesse als Wandlungsarchetypen. Außerdem fand er heraus, dass das Erscheinen von Archetypen in den Fantasien und Träumen stets mit dem Gefühl des Numinosen oder Heiligen verbunden und gleichzeitig an die Libido geknüpft ist. Die Libido drückte für Jung jedoch nicht in erster Linie den körperliche Geschlechtstrieb, sondern die Lebensenergie an sich aus. Archetypen betrachtete er demzufolge als Energiekomplexe mit einer regulativen Wirkung: sinnstiftend, mit dem Potenzial, die Gesamtpersönlichkeit ins Lot zu bringen.

Die Gefahr ist allerdings groß, das Bild selbst höher zu bewerten als die darin enthaltene Botschaft. Was für die Wissenschaft und ihre Modelle gilt, trifft also auch auf die inneren Wissenschaften – Psychologie, Theologie, Religion, Spiritualität und Esoterik – und ihre Praktiken zu. Besonders, wenn beim Meditieren oder anderen psycho-spirituellen Übungen aus dem Unterbewusstsein archetypische Bilder und Visionen auftauchen: Begegnungen mit Engeln, Verstorbenen, Szenen aus anderen Leben ...

Gerade weil das archetypische Bild-Erleben oft etwas Spektakuläres hat, neigen wir dazu, es konkret und objekthaft zu nehmen, uns daran festzuhalten oder uns mit den eigenen „paranormalen Fähigkeiten" zu brüsten. Der gegenwärtige Esoterikboom konfrontiert uns tagtäglich mit solchen Missverständnissen. Aus diesem Grund gilt ein Großteil der spirituellen Praktiken als abgehoben und unglaubwürdig.

Einbildungen gehörten schon immer zu den Erleuchtungsfallen, die wir aus allen Zeiten und Kulturen kennen und denen die verschiedensten geistigen Reformer immer wieder kritisch begegneten. Denken wir nur an Martin Luther, der die katholische Bild- und Kultwelt einer Reinigung unterzog; an Karl Marx und Friedrich Engels, die in der Religion Opium fürs Volk sahen; oder an das Zeitalter der Aufklärung schlechthin. „Du sollst dir kein Bild von mir machen", heißt es schon in der Bibel; „Triffst du den Buddha, töte ihn!" im Buddhismus. Eindringlich warnte der Sufi-Meister Pir Vilayat Inayat Khan vor den Gefahren der Astralwelt: „Vielleicht haben Sie Visionen, beispielsweise von Engelsgesichtern oder von Tempeln aus Licht, von Menschen, die über die Schwelle des Todes geschritten sind. Vielleicht haben Sie auch akustische Wahrnehmungen, hören Klänge, wie die Symphonie der Sphären. Dies alles sind nur Zwischenstationen, und Sie sollten nicht zulassen, von ihnen gefangen oder aufgehalten zu werden. Sie sollten diesen Zustand auch nicht von sich aus bestärken, denn er bewirkt ein Aufblähen des Ego. [...] Er ist eine Spaltung des Bewusstseins. Psychologisch entspricht er dem Zustand der Schizophrenie: Er ist ein Annehmen zweier verschiedener Persönlichkeiten. Eine Gruppe von Erfahrungen entspricht der einen Persönlichkeit, eine andere der anderen Persönlichkeit, und so ist man gespalten zwischen zwei Welten."

Das Sirenen-Motiv der Odyssee singt ebenfalls ein Lied davon: Mit goldenen Flügeln schwebt der betörende Gesang der Sirenen zum Himmel empor, doch er kann tödlich sein. Gibt sich der Schiffer an ihn hin, kehrt er nie mehr in die Heimat zurück. Odysseus musste seinen Gefährten die Ohren mit Wachs verschließen und sich selbst am Mast seines Schiffes festbinden lassen, um nicht verführt zu werden.

Während meiner Peyote-Reisen habe ich Götter gesehen, mit Tieren gesprochen, ich bin Verstorbenen begegnet und empfand all diese Erlebnisse als tiefe Wahrheit. Meine Forschungen in den verschiedensten Kulturkreisen gaben mir genügend Gelegenheiten, noch andere Praktiken kennenzulernen, die paranormale Erlebnisse und inneres Erleben in Bildern auslösen. Am Anfang konnte ich vieles noch nicht einordnen, heute aber kann ich sagen: Es geht weder um Bilder, noch um Götter, Geister oder aufgestiegene Meister und schon gar nicht um das spektakuläre Erleben. Es geht in erster Linie um den Einblick in den Innenraum und um die Erfahrung der inneren Kräfte und Verhältnisse.

Wollen wir die Innensprache zurückgewinnen, dann nur unter der Prämisse der Unschärfe. Wir dürfen dabei nichts wörtlich nehmen. Inneres Erleben hat eine andere Realität als die dingliche äußere Welt, sie folgt einer anderen Logik. Die Symbolsprache ist jedem Menschen gegeben, damit er die Innenansicht von Selbst, Welt und Menschheit erforschen kann. Nähern wir uns ihr aus der falschen Richtung, wollen wir sie begreifen und festhalten, anstatt sie einfach zu uns sprechen zu lassen, wird sie zum Aberglauben.

Wenn wir die Bildwelt in leuchtender Unschärfe durchschauen, bleibt die simple, bildlose Wahrheit. Die mythischen Wesen – Gott Vater, der Teufel, die Engel, Götter, Devas, Feen und Faune – sind keine eigenständigen Entitäten sondern sprechende Symbole, die unsichtbare Prinzipien bzw. Prozesse erklären. Sie sind Mytho-Logik, wildes Denken. Daher ist der Mythos nicht von der Erkenntnis zu trennen. Der tiefe Sinn des Mythologischen selbst will erkannt und für den anstehenden Bewusstseinswandel genutzt werden, wollen wir auf der Suche nach einer neuen Form der Spiritualität nicht in die alten Fallen tappen. Fände diese kollektive Erleuchtung tatsächlich statt, könnten unsere Traditionen endlich ihren eigentlichen Zweck erfüllen, der in der Weitergabe des Feuers besteht. Wir könnten unsere Schriften, Geschichten und Gleichnisse, unsere Symbolik und Kunst als unser wertvollstes Erbe pflegen, denn in ihnen ist nicht weniger als das Gedächtnis der Evolution aufbewahrt. Wir würden einsehen, dass die Anbetung der Asche die Ursache nicht enden wollender Feindlichkeiten war und ist. Aus dieser tiefen Einsicht heraus wäre es uns ein Bedürfnis, das Feuer lebendig zu halten, um unser Denken von seinen Flammen immer wieder erhellen zu lassen, damit wir uns wieder an das Wesentliche erinnern. Von jeher ist Feuer ein Symbol für Leben. Es wächst und pflanzt sich fort, solange es genährt wird.

Symbole sind Sinnbilder. Sie vermitteln Sinn, indem sie Vorgänge und Prozesse enthüllen und transportieren, die sich überall und immer wieder abspielen, ob in der Natur, in der Geschichte oder im Leben des Einzelnen. Sie verbinden die Vergangenheit mit der Gegenwart und synchronisieren die Erinnerung mit einem aktuellen Bedürfnis. In solchen Bildern kann man sich spiegeln, sich daran orientieren, sich davon durch Krisen geleiten lassen. Aber sie können und wollen keine konkreten Informationen offerieren. Sie vermitteln Sinn in einer leuchtenden Unschärfe, die, gerade weil sie nicht exakt ist, zu einem verbindenden und umfassenden Element wird.

Der mythologische Symbolismus ist eher als Spielanleitung zu verstehen. Nicht nur, dass er mit den universellen Spielregeln bekannt machen möchte; er will uns in eine Bewusstseinsverfassung bringen, die uns ermöglicht, dass jeder von uns selbst die Lösung findet. „Willst Du einem Hungernden wirklich helfen, dann wirf ihm keine Fische hin. Bringe ihm das Fischen bei" – schöner als in diesem indischen Sprichwort lässt sich diese Absicht gar nicht formulieren.

Im Mythos findet die symbolische Auseinandersetzung mit den Grundfragen der menschlichen Existenz statt: Wer oder was bin ich? Was bin ich nicht? Worin liegt der Sinn des Lebens? Was bleibt nach dem Tod übrig? Gibt es da noch mehr als nur das physische Überleben? Wer ist Gott, was das Göttliche? Was ist die Wahrheit? Wie kann ich das Beste aus meinem Leben machen?

Der Mythos erlaubt eine Annäherung an das „richtige" Verhalten – in zwischenmenschlichen Beziehungen, gegenüber der Natur und dem Ganzen. Er ermöglicht den positiven Umgang mit sich selbst angesichts einer transzendenten Wirklichkeit. In wachsenden Ringen transportiert er Erfahrungs- und Erkenntniswissen – die Weisheit der Alten – in die Gegenwart, richtungweisend für die Zukunft. Der Mythos *erinnert*, führt nach innen, der Erfahrung einer ordnenden Intelligenz entgegen, die allem zugrunde liegt und in allem ihre Wirkung entfaltet.

Daraus erklärt sich auch die Struktur und Bedeutung stiftende Kraft des Mythos für den sozialen Zusammenhalt von Gruppen. Diese Kraft ermöglicht das Erreichen eines gemeinsamen Konsens, in dessen Rahmen sich jeder aufgehoben, zugehörig und gewürdigt fühlt, weil er das typisch Menschliche thematisiert. Der Mythos ist lebendige Psychologie und gleichzeitig die Urform der Didaktik, der Kunst des Lehrens und Lernens. Er enthält Anweisungen zur Selbst- und Weltrealisation, die jeder Mensch – egal, welcher Herkunft, welcher Kultur oder welchen Bildungsniveaus – verstehen und denen er folgen kann, solange er noch wild zu denken vermag. Er stellt nicht nur die Landkarte des Weltinnenraums zur Verfügung, sondern auch den Kompass – Orientierungswissen eben.

Dabei lehrt der Mythos, ohne belehren zu müssen, ohne jemanden durch Besserwisserei zu entwürdigen. Statt Lernende zu unfähigen Schülern abzustempeln, erklärt er sie zu „übenden Meistern", weil er ihnen nichts sagt, was sie nicht schon wüssten. Er erinnert sie nur an den Schatz, der auch in ihnen schlummert. Seine Funktion ist zu erwecken und sein Resultat sollte geistiges Erwachen sein.

Im Mythos kann sich jeder selbst erkennen und korrigieren und fühlt sich gleichzeitig in seinem Mensch-Sein entschuldigt. Er fühlt sich nicht allein in seiner Unvollkommenheit, sondern als Mensch unter Menschen, „als Leben, das leben eben will, inmitten von Leben, das leben will" *(Albert Schweitzer)*.

Als ich erkannte, dass das Universum natürlich ist,
dass all die Geister und Götter Mythen sind,
wurde mein Hirn, meine Seele und jeder Blutstropfen
von einem Bewusstsein, einem Gefühl,
ja, der Freude der Freiheit erfüllt.
Die Mauern meines Gefängnisses krachten
und fielen in sich zusammen ...
Ich war nicht länger Diener, Angestellter, Sklave.
Es gab keinen Herrn und Meister mehr
in dieser ganzen weiten Welt,
nicht einmal in der Unendlichkeit des Raums.
Ich war frei – frei zu denken
und meine Gedanken auszudrücken;
frei, meine eigenen Ideale zu leben;
frei, für mich und die, die ich liebe, zu leben;
frei, alle meine Fähigkeiten, alle meine Sinne zu leben
und die Schwingen meiner Fantasie auszubreiten;
frei, zu forschen, zu raten, zu träumen und zu hoffen;
frei, aus mir selbst heraus zu entscheiden ...
Ich war frei!
Ich stand aufrecht und angstlos,
und stellte mich den Welten in Freude.

Robert G. Ingersoll

2. TEIL

MYTHO-LOGIK – DEN RHYTHMUS DES LEBENS TANZEN

Und solang du das nicht hast,
Dieses: Stirb und Werde!
Bist du nur ein trüber Gast
Auf der dunklen Erde.

Johann Wolfgang von Goethe

Wie Phönix aus der Asche – Die Matrix der Erneuerung

Das wilde Denken ist ein analoges Denken und damit subjektiv. Es fängt dort an, wo wir zu einem Thema einen persönlichen Bezug entwickeln. So, als würden wir durch einen geheimen Zugang in eine andere Dimension vordringen, wo ein noch unentdeckter Kontinent darauf wartet, bereist und erforscht zu werden, erlaubt uns das wilde Denken, uns in die hinter den äußeren Erscheinungen waltende Innenwelt einzuloggen.

Meine Suche nach der Essenz der Weisheitslehren war ein solch geheimer Zugang, und die Suche begann mit einem einzigen Satz: Wie Phönix aus der Asche. Seit ich mich erinnern kann, war diese Botschaft Halt und Führung für mich, besonders in Situationen, in denen es schien, als würde es nicht mehr weitergehen – wie damals, als meine erste Liebe bei einem Autounfall ums Leben kam, oder Jahre später, als ich selbst Opfer eines schweren Motorradunfalls wurde. In den großen Übergängen meines Lebens – beim Abitur, nach meiner Scheidung und nach dem Tod meines Vaters – war der Phönix meine Orientierung, aber nicht nur in den dramatischen Momenten, auch bei den schönen, lichtvollen, wie der Geburt meiner Tochter oder nach der Rückkehr von einer langen Reise. Dieses Leitbild tröstete mich, wenn ich mich verraten, verkauft und nicht gewürdigt fühlte. Es half mir über Niederlagen und Enttäuschungen, Widerstände und Tiefs hinweg: nur nicht schlappmachen, nur nicht kleinkriegen lassen. Indem ich mir diesen Satz „Wie Phönix aus der Asche" vor Augen hielt, gelang es mir immer wieder, mich aufzurappeln und von neuem zu beginnen. Und dieses Neue war meist noch besser als der Zustand vorher – als hätte es so sein sollen. Auf diese Weise ist es mir immer gelungen, mich mit dem Schicksal auszusöhnen.

Im *Physiologus*, einem frühchristlichen, aus dem 2. Jahrhundert und vermutlich aus Alexandrien stammenden Kompendium der Tiersymbolik, steht über den Phönix geschrieben:

„Nun gibt es für wahr in Indien einen Vogel, der wird Phönix geheißen. Ist aber der Phönix ein noch lieblicherer Vogel als der Pfau; denn des Pfaues Flügel schimmern von Grün und Gold, die des Phönix aber von Hyazinth und Smaragd und kostbarem Edelgestein, und ein Krönlein trägt er auf dem Haupte und eine Kugel hat er zu seinen Füßen gleich einem König.

Jeweils alle fünfhundert Jahre macht er sich auf zu den Zedern des Libanon, und da füllt er sich und seine Flügel ganz an mit Wohlgerüchen und dies zeigt er dem Priester der Sonnenstadt an, im neuen Monat, das heißt im Phamenoth. Der Priester, dem dies angezeigt ist, geht hin und schichtet auf dem Altar Holz vom Weinstock hoch auf. Der Vogel aber kommt zur Sonnenstadt, voll beladen mit Wohlgerüchen, und stellt sich oben auf den Altar, und das Feuer erfasst ihn, und er verbrennt sich selbst. Und der Priester, wenn er am folgenden Tage den Altar durchsucht, findet er einen Wurm in der Asche. Am zweiten Tage wachsen ihm Flügel, und er findet ihn als ein Vogel-Junges. Am dritten Tag findet er ihn als ausgewachsenen Vogel vor, und dieser verabschiedet sich vom Priester und reist zu seinem Heimatort."

In dieser Beschreibung enthüllt sich nicht weniger als das Prinzip „Stirb und werde", die Matrix der Erneuerung und das Faszinierende am Menschsein – die Tatsache nämlich, dass wir uns jederzeit verändern können. Wir müssen Althergebrachtes nicht auf ewig mit uns herumschleppen; wir können Lasten ablegen, bessere Alternativen finden und – auf diese Weise erleichtert – immer wieder ein neues Leben voll unterschiedlichster Facetten beginnen. Mit Hilfe dieser Matrix lernen wir, das Ganze aus einer stets anderen, neuen Perspektive zu betrachten.

Der „Feuervogel" ist einer der ältesten Archetypen der Welt. Das griechische Wort *phoínix* leitet sich aus dem ägyptischen Wort *benu* – „leuchten" ab und nimmt auf die Fähigkeit der Transformation Bezug, in der das innere Licht zum Leuchten kommt, also das gesamte menschliche Potenzial zur Entfaltung gebracht wird. Es steht für Wandlung durch innere Weisheit. Symbolische Entsprechungen finden sich in allen Teilen der Welt: im Chinesischen (*Fenghuang*), Japanischen (*Ho-oh*), Russischen (*Yel*), Ägyptischen und Altamerikanischen (Firebird).

Schriftlich erwähnt wurde der Phönix erstmals im 8. Jahrhundert v. Chr. durch Hesiod, später vom griechischen Historiker Herodot (490/480–424 v. Chr.), der über ihn sagte: „Er kommt nur dann, wenn sein Vater gestorben ist." Das will sagen, wenn etwas Altes zu Ende geht und Neues auftauchen möchte. Auch Plinius der Ältere (ca. 23–79 n. Chr.) schreibt in seiner *Historia naturalis* über den Phönix, „dass mit dem Leben dieses Vogels sich der Umlauf eines Weltenjahres vollendet, und dass die Zeichensetzungen der Zeiten und Gestirne in gleicher Weise wiederkehren, dies aber gegen Mittag beginnt an dem Tag, an dem die Sonne wieder in das Widderzeichen eintritt."

Diese Sätze drücken aus, was die Natur in ihren Zyklen seit je vormacht und unter Beweis stellt. Etwas geht nur dort zu Ende, wo bereits frische, unverbrauchte Kräfte wirken. Das Typische am Leben ist, dass es immer weitergeht – sogar noch viel besser, solange wir uns nach der natürlichen Matrix richten.

Eine Binsenweisheit, von der die meisten Menschen allerdings so weit entfernt sind, dass sie sich bereits gegen kleinste Veränderungen wehren. Schon Goethe verdichtete diesen Umstand in den folgenden prägnanten Zeilen:

Sagt es niemand,
Nur den Weisen,
Weil die Menge gleich verhöhnet.
Das Lebend'ge will ich preisen,
das nach Flammentod sich sehnet.

Der Prozess der Transformation hat Prinzip: Tod und Auferstehung. Er folgt nicht nur einem bestimmten Rhythmus, sondern ereignet sich auch an einem besonderen Ort, in einem heiligen Raum. Das Sterben des Feuervogels ist kein normales physisches Sterben, sondern ein freiwilliges, gewolltes, ja zelebriertes Loslassen mit dem

Ziel der Erneuerung. Dieser Tod ist ein mystischer Tod; der bewusste Rückzug aus dem Außenleben in die seelisch-geistigen Innenräume, wo wir ursprüngliche Kraft und Inspiration finden, mit deren Hilfe wir die nächste Lebensphase meistern. Das ist der typische Rhythmus alles Lebendigen, der Atem des Universums – einatmen und ausatmen; „Stirb und werde", einfalten und entfalten.

Die Heldenreise – Drehbuch der Transformation

Irgendwann fiel mir auf, dass sich die typische Struktur des Phönix-Mythos gleich in einer ganzen Gattung von Mythen widerspiegelt: der Heldenreise, Hero's Journey.

Im Genre der Heldenreise begegnen wir dem Kernthema des gesamten Erzählstoffs dieser Welt: Geschichten über bestimmte Menschen, durchgehend Männer(!), die sich, vom Schicksal gezwungen oder einem höheren Ruf folgend, auf eine abenteuerliche Reise begeben und dabei eine Reihe von Aufgaben zu erfüllen haben, in denen es um Leben und Tod geht. Gelingt es ihnen, die Herausforderungen zu meistern, kehren sie verwandelt zurück, ausgestattet mit übernatürlichen Kräften, die sie in der Folge zum Wohl der Gemeinschaft einsetzen.

Wir alle kennen diese Art von Geschichten. Von klein auf wurden sie uns in Form von Märchen und Sagen erzählt – überliefert aus allen Kulturen und Epochen: Homers Odyssee, die mittelalterliche Artussage, die altindische Bhagavadgita mit ihrem Helden Arjuna ...

In unendlicher Vielfalt wurde das Thema schon aufbereitet, der Heros erscheint in tausend Gestalten, und doch folgt seine Reise stets demselben Muster. Wie der Mythenforscher Joseph Campbell zeigte, handelt es sich dabei um ein universelles archetypisches Grundmuster oder – nach einem Begriff von James Joyce – um einen Monomythos.

Im Gefolge von Campbells Forschungen hat die Heldenreise auch in der modernen Literatur und besonders im amerikanischen Kino Fuß gefasst. Filme wie *Star Wars* von George Lucas basieren auf ihren Motiven ebenso wie *Harry Potter*, eine Buch- und Movieserie von nie da gewesenem Erfolg mit einer Romanfigur, die die Bestsellerlisten eroberte und deren Werdegang die ganze Welt mit Spannung verfolgte.

Was macht diesen Erfolg aus? Vor dem Hintergrund der bisherigen Ausführungen wissen wir es bereits: Die Heldenreise trifft nicht weniger als den menschlichen Nerv. Sie berührt den innersten Kern unserer Persönlichkeit und gleichzeitig das menschliche Urwissen darum, wohin uns das Leben führen will. Die Heldenreise thematisiert die Suche nach der eigenen Identität und nach dem richtigen Platz in der Gesellschaft. Dabei geht es um Gut und Böse sowie um die Konfrontation mit den eigenen Stärken und Schattenseiten – und vor allem um den Weg, wie Sehnsüchte und Schutzbedürfnis zusammenfinden können, um zur Quelle der eigenen Kraft zu gelangen.

Der Held ist eine Figur, mit der wir uns identifizieren. Stellvertretend spielt er nicht nur unsere Wünsche und Bedürfnisse, sondern auch unsere Ängste, Befürchtungen und Widerstände durch. Die Art und Weise, wie er Gefahren meistert und zum Retter wird, appelliert auch an uns, diesen Weg zu gehen, um unser innerstes Potenzial zu entdecken und Freiheit und Würde zu erlangen. Die Heldenreise motiviert uns, Grenzen zu sprengen, neue Gefilde zu erobern und über unser kleines Ich hinauszuwachsen; jenes Ich, das noch ganz im Glauben gefangen ist, Opfer des Schicksals zu sein. Und sie erinnert uns daran, dass, wer immer sich auf die Reise begibt, die schönste aller Belohnungen erhoffen darf – die Liebe.

Was die Heldenreise, manchmal auch Heldenfahrt oder *Quest* genannt, letztendlich so wertvoll macht: Sie bietet eine über Jahrtausende erprobte und bewährte Anleitung für den „weißen" Weg – den Weg der Verwandlung zum Guten hin – und stellt ein genaues Skript zur Verfügung. Symbolisch spielen uns die Helden und ihre Widersacher den Weg der Transformation vor, der die folgenden typischen Etappen durchläuft (Campbell nennt ursprünglich zwölf Stationen, die der Übersicht halber nachfolgend in vier Phasen zusammengefasst sind).

1. **Ruf und Weigerung**

   Ausgangspunkt ist die gewohnte Welt des Protagonisten, in der aufgrund einer Krise oder eines Konflikts ein Ruf an ihn geht. Doch zögert er zunächst. Vielleicht, weil es gilt, Sicherheiten aufzugeben? Liebgewordenes zurückzulassen? Vielleicht, weil er Gefahr wittert?

2. **Aufbruch, Prüfungen und übernatürliche Hilfe**

   Meist durch die magische Unterstützung eines Mentors gelingt es dem Helden, seine Widerstände zu überwinden, er begibt sich auf die Reise. Das Abenteuer beginnt. Schon bald treten die ersten Gegner auf. Immer schwierigere Aufgaben fordern den Helden heraus, seine Ängste zu überwinden und seinen Mut zu erproben. Wann immer er sich am Ende glaubt, erfährt er unerwartete Hilfe: Übernatürliche Kräfte greifen ein, auf deren Allgegenwart er schließlich vertrauen lernt.

3. **Begegnung mit dem Hüter der Schwelle und Entdeckung der Schatzkammer**

   Mit ihrer Unterstützung dringt er bis an den Ort vor, wo die Lösung des Konflikts zu finden ist und der Schatz verborgen liegt. Dort findet die eigentliche Prüfung statt, der Kampf mit dem Drachen, dem Hüter der Schwelle, ein Kampf auf Leben und Tod. Ist diese Schwelle gemeistert, wird der Weg frei, um den Schatz, Gral oder das Elixier in Empfang zu nehmen, die dem Helden ewiges Leben verleihen. Manchmal ist es auch eine besondere Qualität, mit deren Hilfe er die Welt, aus der er aufgebrochen war, zu retten vermag.

4. **Auferstehung als Herr zweier Welten**

   Nun ist es an der Zeit zurückzukehren. Noch einmal zögert der Held. Diesmal verweigert er den Gang hinaus in die gewohnte Welt, wird aber schließlich zur Rückkehr bewegt.

Es kommt zur Auferstehung des Helden. Durch das Abenteuer zu einer neuen Persönlichkeit gereift, überschreitet er die Schwelle zur Alltagswelt, aus der er ursprünglich gekommen ist. Zunächst trifft er dort auf Unglauben und Unverständnis; er muss seine Erfahrungen unter Beweis stellen. Bald aber vereint er das Alltagsleben mit den erworbenen geistigen, psychischen und körperlichen Kräften und lässt die Gesellschaft an seiner Entdeckung teilhaben.

Die Heldenreise liefert das Drehbuch für den Prozess der Transformation. Am Beispiel der archetypischen Figuren und Stationen lassen sich nicht nur die Aufgaben, Herausforderungen und Ziele dieses Prozesses erkennen, sondern auch die Mechanismen und Fallen, die uns daran hindern, diese Ziele zu erreichen. Sie lehrt uns: Wir müssen diesen Weg nicht alleine gehen oder ihn erst entdecken. Das Labyrinth ist bestens bekannt. Die Helden aller Zeiten sind uns vorausgegangen. Wir müssen nur ihrem Beispiel folgen, wie Joseph Campbell es formuliert: „Und wo wir gemeint hatten, Gräuel zu finden, werden wir einen Gott finden. Und wo wir gemeint hatten, einen anderen zu erschlagen, werden wir uns selbst erschlagen. Wo wir gemeint hatten, nach außen zu fahren, werden wir in das Zentrum unseres eigenen Daseins gelangen. Und wo wir gemeint hatten, allein zu sein, werden wir mit der ganzen Welt sein."

Rituale – Den Übergang proben

Der Phönix und die Heldenreise – ein Monomythos, strukturelles Vorbild für die meisten Mythen dieser Welt. Verbirgt sich darin vielleicht sogar die Struktur des Mythos schlechthin? Mit zunehmendem Einblick durch meine Forschungsarbeit konnte ich diese verborgene Struktur in vielen weiteren Bereichen erkennen, auch in den so genannten *rites de passage*, den Übergangsritualen, die es in den verschiedensten Kulturen und Epochen gab.

Die *rites de passage* regeln die großen Übergänge im Lebenszyklus eines Menschen: Geburt, Pubertät, Reife, Alter und Tod ebenso wie Status- oder Positionswechsel von Individuen innerhalb von Gesellschaften, beispielsweise Heirat, Beruf oder Entlassung in den Altersstand. Sie überbrücken die Kluft, die sich in Zeiten der Veränderung als Gefahrenzone auftut, initiieren eine neue Lebensphase und dienen den gemeinschaftlichen Beziehungen.

Die Bezeichnung wurde von dem französischen Ethnologen Arnold van Gennep (1873–1957) eingeführt, noch bevor Joseph Campbell die Heldenreise klassifizierte. Beide wussten voneinander, doch lag die Idee, Heldenreise und Initiationsrituale könnten miteinander verwandt sein, noch fern. Van Gennep arbeitete ein Drei-Phasen-Modell heraus, dem alle Übergangsriten strukturell folgen:

1. **Die Ablösungsphase (Separation)**

   In dieser Phase trennt sich der Initiant durch symbolische Handlungen von seinem bisherigen Status, sei es von einer bestimmten Alters- oder Entwicklungsstufe oder von seinem vorherigen sozialen Status.

2. **Die Zwischenphase (Liminalität)**

   Sobald die Ablösung vollzogen ist, gelangt er in einen undefinierten und daher für gefahrvoll erachteten Zwischenzustand, der symbolisch meist in einem Wechsel der Räumlichkeiten seinen Ausdruck findet und von verschiedenen, zum Teil harten Prüfungen begleitet ist.

3. **Die Integrationsphase (Aggregation)**

   In der dritten und letzten Phase schließlich nimmt der Initiant die neue Identität an und wird im Kreis der Gemeinschaft feierlich bestärkt.

Van Genneps Drei-Phasen-Modell wurde einige Jahrzehnte später von dem schottischen Ethnologen Victor Turner (1920–1983) aufgegriffen und in seinem Sinngehalt weiter vertieft. Turner zeigte, dass die *rites de passage* individuelle und gesellschaftliche Spannungs-

und Veränderungsprozesse begleiten und angesichts der Ungewissheit in Phasen des Wandels Orientierung und Sicherheit bieten.

Laut Turner entsteht unter Teilnehmern, die gemeinsam die Liminalität durchlaufen, eine besondere Art von Gemeinschaftlichkeit, eine *Communitas*, in deren geschützter Atmosphäre sich eine verbindende, neue Identität entwickeln kann. Die *Communitas* zeichnet sich dadurch aus, dass „alle Teilnehmer gleich sind“, da während der Dauer des Rituals keine klaren sozialen Strukturen bestehen. Alle Akteure haben in dieser Phase die Freiheit, Dinge zu tun oder zu sagen, die innerhalb des normalen gesellschaftlichen Rahmens nicht erlaubt wären. Turner konnte beobachten, dass Menschen, die einen solchen Prozess miteinander durchgemacht haben, einander meist verbunden bleiben; und mehr noch, je tiefer die Veränderung war, umso stärker erwies sich der spätere Zusammenhalt.

Als Synomym für *rites de passage* prägte Turner den Begriff des „sozialen Dramas“, das vier Stufen umfasst:

1. Bruch mit der bisherigen Norm
2. Krise und Konflikt
3. Versuch der Konfliktlösung
4. Wiedereingliederung und Neuorientierung

Ein weiterer Zusammenhang fällt dabei ins Auge: Persönliche Wandlungsfähigkeit und sozialer Wandel sind aufs Engste verknüpft. Beide, dieser Gedanke drängt sich fast schon auf, folgen der gleichen Struktur; vorausgesetzt, sie können sich ihrem inneren Impuls entsprechend entfalten: Ablösung vom Alten – innere Einkehr und Besinnung – Erneuerung und Innovation.

Mythos und Ritual stimmen den Einzelnen und gleichzeitig die Gemeinschaft symbolisch auf den Wandel ein, indem sie zeigen, was in den typischen Phasen der Transformation zu erwarten ist und auf welche Weise wir konstruktiv damit umgehen können. Sie proben die gefährlichen Übergänge, damit wir im Ernstfall darauf vorbereitet sind.

In die Kategorie der rituellen Wandlung lässt sich auch die Pilgerreise einordnen – die Reise nach Mekka, der Jakobsweg, der Aufstieg zum Kailash, dem heiligen Berg Tibets ... Wie die Übergangsriten und das soziale Drama zählt die Pilgerschaft zur religiösen Praxis.

Die Praxis geht immer über das Theoretische hinaus. Sie vereint inneres und äußeres Leben durch konkrete Analogie und verknüpft beides – indem wir etwas nachvollziehen – zu einer Einheit. Was die Symbolik des Weges betrifft, geht die Pilgerreise noch einen Schritt weiter. Der innere Weg läuft parallel zu einem äußeren, tatsächlich beschrittenen Weg, der die typischen Stationen unmittelbar erfahrbar macht:

1. Loslösung aus dem Alltag mit seinen vorgegebenen Abläufen, Mustern und Gewohnheiten;
2. Aufenthalt in einer Zwischenzone, in der es gilt, die aufkommenden Ängste zu besiegen;
3. erfolgreiche Bewältigung der Ängste und Zutritt zum heiligen Ort.

Im Alter von 76 Jahren entschloss sich der bereits erwähnte Philosoph Raimon Panikkar zu einer Pilgerschaft zum Kailash, dem heiligen Berg Tibets, einer Reise ohne Wiederkehr, wie er annahm. Tatsächlich kehrte ein Anderer zurück, ein Transformierter, Verwandelter, ein im Geiste Auferstandener. Er hinterließ den folgenden, bisher unveröffentlichten Bericht über seine Eindrücke, die den Prozess der Wandlung veranschaulichen:

„Pilgerfahrten sind gefährlich. Man setzt sein Leben aufs Spiel, man macht sich auf einen Weg ohne Wiederkehr. Man ist allein, und es gibt keine Rettung vor dem Tod, wenn das Herz schwach wird. Man muss bereit sein, die Geschichte zu verlassen, der Zeit zu entsagen. Die menschliche Geschichte, die persönliche und die kollektive, versinkt in Bedeutungslosigkeit.

Die weiten Täler, die fernen Gipfel, die Felsen und Flüsse, die mächtigen Hochebenen, alles existiert ohne die Geschichte.

Sie entstammen keinem Ursprung, sie laufen auf kein Endziel zu. Sie sind einfach da.

In unserer modernen Zeit fließt fast die gesamte menschliche Existenz im Flussbett der Geschichte. Fast alle unsere menschlichen Handlungen sind zielorientiert. Wir scheinen für das Morgen zu leben, für die Zukunft zu arbeiten und für ein in der Zeit erreichbares Ziel zu handeln. Der Tod ängstigt, denn er entmachtet alle unsere Projekte und durchkreuzt unsere Träume. Wir leben projektiv, glauben, dass wir etwas in der Geschichte erreichen. All dies verschwindet in den tibetischen Höhen. Nicht, dass die Geschichte stillsteht. Dort gibt es einfach keine Geschichte.

Das Bewusstsein, dass es ein Weg ohne Wiederkehr ist, befähigt den Pilger zu der Einsicht, dass all seine geschichtlichen Leistungen unwichtig sind. Das geschichtliche Bewusstsein ist einer der Hauptfaktoren für die gegenwärtige menschliche Verzweiflung. Nur eine winzige Minderheit in unserer Wettbewerbsgesellschaft hat es ‚geschafft'. Nur ganz wenige werden Generaldirektoren, Topmanager, weltberühmte Künstler und Schöpfer, glückliche Eheleute, wirtschaftlich sorglos oder sogar Heilige oder spirituell verwirklichte Menschen. Wir müssen uns damit bescheiden, die zweite Geige zu spielen oder gar keine, und mögen Trost finden in einem zukünftigen Himmel, Karma oder dergleichen – womit wir den Mythos der Geschichte so überhöhen, als sei er der Stoff, aus dem die Wirklichkeit gewebt ist.

So paradox es ist, unsere Pilgerfahrt hilft uns verstehen, dass der Weg ins Nirgendwo (no-where) der Weg des Ganz-da-Seins (now-here) ist, dass jeder Schritt, jeder heilige Ort einmalig ist. Der Charakter der Heiligkeit liegt dabei nicht an einem begrenzten Ort. Es ist der leere Raum, der seine Heiligkeit manifestiert. Das Staunen der Pilgerfahrt besteht darin, dass der leere Raum sichtbar, besser noch transparent wird.

Dieser leere Raum ist von einer anderen Wirklichkeit erfüllt. Es ist ein menschlicher Raum, der Raum, der dem Menschen erlaubt, frei zu sein: sich von der Zwangsjacke der Geschichte zu befreien. Mensch und Natur gehören zusammen, der Raum verbindet sie. Es stimmt nicht, dass sich der Mensch im Raum befindet wie in einer Schachtel. Eine solche Schachtel gibt es nicht. Es gibt Ebenen, Berge, Täler, Pässe, Flüsse, Gras, Felsen, Bäume, Tiere und Menschen … Alle gehören zusammen, und der Raum vereint sie.

Der Pilger zum Kailash spürt dieses kosmische Einssein ohne pantheistische Verwirrung. Wir sind Epiphänomene des kosmischen Prozesses unserer Bestimmung – und tief in unserem Sein gibt es das Bewusstsein einer Unsterblichkeit, die nicht der Privatbesitz unseres Körpers oder unserer Seele ist, sondern der wahre Atman, nicht nur in uns, sondern am Grund eines jeden Wesens."

(mit freundlicher Genehmigung von Roland Ropers)

Haben wir bei der Heldenreise von einem Monomythos gesprochen, so scheint es analog dazu so etwas wie einen Monoritus zu geben. Riten oder Rituale sind in erster Linie symbolische Handlungen und waren ursprünglich immer religiöser Natur.

In archaischen Kulturen dienten Rituale der zyklischen Erneuerung der Weltordnung, die in der Urzeit durch das Wirken der Götter eingeführt worden war, meist ebenfalls im Verlauf einer Reise, nur auf umgekehrte Weise: Aus der geistigen Welt, dem Jenseits kommend, reisten die Götter ins Diesseits, um nach getaner Arbeit wieder dorthin zurückzukehren. Rituale fanden immer dann Anwendung, wenn die „göttliche" Ordnung gestört schien – im Fall von Krankheiten, Naturkatastrophen, sozialen und persönlichen Konflikten. Hier begegnen wir nicht nur der ältesten Form der Heilung, sondern der ursprünglichen Form der Konfliktlösung.

Rituale helfen dem Menschen, den Weg durch Chaos und Krise in die Neuordnung des Lebens zu finden. Sie sollen Ordnung wiederherstellen, wo keine Struktur mehr vorhanden ist, indem sie

Individuum und Gemeinschaft dazu anregen, den Schöpfungsakt zu imitieren. Die Schöpfungsreise, wie sie in der Mythologie der Naturvölker zum Ausdruck kommt, ist folglich ein weiteres Beispiel für die Struktur des Monomythos. Sie vollzieht sich lediglich in der entgegengesetzten Richtung – vom Geistigen zum Weltlichen und wieder zurück. Die typischen Aufgaben und Zustände der einzelnen Phasen sind jedoch die gleichen:

1. Verlassen der geistigen Welt;
2. Aufenthalt im gefährlichen Niemandsland, das sogar den Göttern Angst einflößt und von Schwellenhütern bewacht wird, die einen Eintritts-Code für die Anderswelt verlangen;
3. Erreichen des Diesseits, Einführung der Weltordnung;
4. Rückkehr ins Jenseits.

Neben dem Mythos gehören Rituale folglich zum Lehr- und Lernmedium der alten Kulturen. Beide haben gegenüber einer rein intellektuellen Wissensvermittlung einen entscheidenen Vorteil: Sie lassen den Einzelnen den Prozess der Wandlung am eigenen Leib erfahren – und zwar in regelmäßigen Abständen und genau dort, wo sie Sinn machen –, bis ihm die spezifische Dynamik dieses Prozesses vertraut ist und er den Wandel aus eigenen Stücken zu meistern versteht. Praxis- und lebensbezogen schulen sie die Fähigkeit, sich durch analoges Denken und Handeln in die universelle Ordnung einzuschwingen.

Echte Mythen und Rituale ermöglichen dem Menschen, sich die Allgegenwart einer transzendenten Wirklichkeit bewusst zu machen. Sie schlagen eine Brücke zwischen dem Profanen und dem Heiligen, dem gegenwärtigen Augenblick und dem Zeitlosen, dem speziellen Einzelfall und der universellen Wahrheit und überlisten damit das rationale Denken, das uns ständig vorgaukelt, der Kosmos sei in einzelne Teile gespalten. Sie lehren uns, auf die universellen Prinzipien zu vertrauen, die – wie überall – auch in uns und durch uns ihre Wirkung entfalten.

Bardo – Die Angst integrieren

Das tibetische Totenbuch *Bardo Thodol* (wörtl. übersetzt: „Befreiung durch Hören im Zwischenzustand") ist ein großartiges Beispiel für die mythologische und rituelle Bewältigung der letzten Reise im Lebenszyklus eines Menschen. *Bardo* bedeutet „Übergang, Zwischenzustand, Schwelle". Die Stationen des Bardo verlaufen analog zur Heldenreise. Durch eine bestimmte Meditationstechnik, der sogenannten *Phowa,* versuchen Meditierende schon zu Lebzeiten zu lernen, im Augenblick des Todes endgültige Befreiung zu erlangen. *Bardo Thodol* gibt genauen Aufschluss über die Stationen und Zustände der großen Metamorphose, den realen Übergang von der physischen in eine immaterielle Form der Existenz. Auch diese Reise folgt dem gleichen Muster. Weil es an dieser Stelle nicht um philosophische Theorie, sondern um die Wirkung des Mythos auf den Einzelnen geht, möchte ich die populäre Version wiedergeben, so, wie sie mir mein ladakhischer Freund Wangchuk erzählte:

„72 Stunden dauert es, bis sich die Seele vom physischen Körper löst. 49 Tage irrt sie umher im Niemandsland des Bardo, hin- und hergerissen zwischen ihrer gewohnten Welt und dem Dämmerlicht der neuen Wirklichkeit. Immer wieder zieht es sie zu ihren Lieben und dem Liebgewordenen zurück, bis sie von der Familie gewaltsam fortgeschickt wird: ‚Geh! Folge deiner Bestimmung! Lass dich nicht aufhalten! Lass die Vergangenheit hinter dir! Kümmere dich nicht um uns! Geh, geh! Schau dich nicht um!'

Es dauert eine Weile, bis die Seele mitbekommt, dass sie keinen Körper mehr hat und die feinstoffliche Form wesentlich mehr Bewegungsfreiheit erlaubt. Im Zwischenland des Bardo herrschen andere Gesetze. Woran auch immer man denkt, schon ist man dort. Die Wand zwischen Vergangenheit und Jetzt, sie ist weg. Alles ist auf einmal in einer Deutlichkeit wie nie zuvor, Gefühle, Bilder, Schmerzen, Verzweiflung, Freude, Visionen, Sehnsüchte, Leidenschaften, und nicht nur die eigenen, nein, es sind die Impulse der ganzen Menschheit! Wo soll ich hin? Oh, diese unerträgliche Angst!

Gnadenlos wird der Verstorbene mit sich selbst und seiner Erinnerung konfrontiert, seinen Taten und Versäumnissen, guten wie schlechten. Beim Hüter der Schwelle *Yamantaka* fällt die Entscheidung: Himmel oder Hölle oder sogar Befreiung aus *Samsara,* dem Kreislauf der Existenz.

Nur wer zeit seines Lebens trainiert hat, die Schwelle zum Nichts zu überschreiten – d.h. der Angst ins Auge zu schauen und dabei innezuhalten, nicht an Persönlichem hängen zu bleiben, ohne Vorlieben und Abneigungen einfach dem Licht entgegenzugehen –, nur der schafft es, der Tretmühle des *Samsara* zu entkommen und den leeren Raum des *Nirvana* zu betreten, in dem sich sein kleines Ich in der größeren Identität der absoluten Wirklichkeit auflöst."

In der christlichen Religion erleben wir das Motiv der Transformation in reinster Form im Tod und der Auferstehung Jesu, dessen ganze Lebensgeschichte das typische Beispiel einer Heldenreise ist. Ihre Vollendung findet sie in der Überwindung der Trennung, sprich: der Sünde. Das Wort „Sünde" kommt von „sondern, absondern", ein verbales Symbol für die Abspaltung vom Göttlichen.

Selbst „Gott" erweist sich letztlich als ein Wort-Symbol. „Wer Gott sagt, meint den zugleich alles umfassenden und durchdringenden Raum des Unfassbaren, das in allem und über allem alles trägt – und doch unendlich viel mehr ist als alles, was Welt ist und Mensch und deren Vorstellungen von Gott", lautet die Definition von Raimon Panikkar.

Letzten Endes müssen wir unsere Konzeptionen von Gott loslassen. Auch Jesus blieb davon nicht verschont. „Mein Gott, mein Gott, warum hast Du mich verlassen?", mit diesen Worten gab er seinen persönlichen Geist zugunsten des überpersönlichen auf, ein letztes Mal die Angst besiegend. Drei Tage und Nächte verbrachte er im Reich der Dunkelheit, bevor am Ostersonntag die Auferstehung stattfand – im Zeichen der Sonne, d.h. im vollen Bewusstsein seiner wahren Identität, in der vollen Wirkkraft seiner geistigen Präsenz. Wie Phönix aus der Asche. Die Parallelen sind offenkundig, in den Schriften des Mittelalters wurde Christus daher häufig mit dem Phönix assoziiert.

Wer sich der Krise, dem Wandel und dem Thema Tod – ob symbolisch oder faktisch – stellen will, muss zuallererst lernen, der Angst vor dem Ungewissen zu begegnen – der menschlichen Urangst, in ungewissen Situationen die falsche Entscheidung zu treffen.

Im Gegensatz zu anderen Formen der Angst, die meist die Folge von Konditionierungen und daher konstruiert sind, erscheint mir die Angst vor dem Neuen eine natürliche zu sein. Sie erfüllt eine wichtige Funktion als Schutzmechanismus, darauf angelegt, in entscheidenden Phasen ein angemessenes Verhalten einzuleiten. „Richtungswechsel angesagt", signalisiert sie, „beweg dich" oder auch „halt still". Diese natürliche Angst sensibilisiert für das Situationspotenzial und ermöglicht schnelles, selbstbestimmtes Handeln. Wir alle kennen ihre Signale: Sie lässt uns die Haare zu Berge stehen und den Schweiß ausbrechen, wenn es brenzlig wird und sie uns warnen will. Sie lähmt uns, wenn wir Gefahr laufen, die falsche Richtung einzuschlagen. Ist unser Leben akut bedroht, setzt sie sogar das Denken außer Kraft und lässt uns blitzschnell und instinktiv reagieren, noch bevor der Verstand sein Repertoire von Rettungsmöglichkeiten abgerufen hat.

Ihre eigentliche Bestimmung scheint es zu sein, den Menschen vor dem Missbrauch seines freien Willens zu behüten. Denn Bruder Wille neigt leider allzu gerne dazu, die falschen Entscheidungen zu treffen; Entscheidungen, die nicht unbedingt dem Leben, der Ordnung und dem Ganzen dienen, sondern in erster Linie dem eigenen Vorteil. Wille will alles Mögliche: Macht, Geld, Sex, Bequemlichkeit, Konsum ...

Einige Zweige der Gehirnforschung behaupten, der Mensch habe gar keinen freien Willen – eben weil er den Objekten der Begierde und den Wellen der Emotionen unbewusst und damit hilflos ausgeliefert ist; eben weil er so leicht zu manipulieren ist. Da ist durchaus etwas dran. Aber genau dafür sind die Warnsignale der Angst vorgesehen. Um diese menschliche Schwäche auszubügeln, brachte die Evolution die Angst ins Spiel. Sie ist so etwas wie der Hüter der Schwelle, der Drache, der den Eingang zur Schatzkammer bewacht – eine notwendige Instanz im Dienst des Lebens und des Lebendigen, während der freie Wille schlicht und einfach der Fähigkeit des Menschen entspricht, Entscheidungen zu treffen.

Je länger ich dieses Verhältnis bei mir und anderen beobachte, desto mehr bestätigt es sich. Wie oft schon hatte ich ein ungutes Gefühl vor neuen Situationen, bin nachts schweißgebadet aufgewacht, hochgeschreckt aus einem Traum, der fast real erschien, so eng war er mit einer Problematik verbunden. Wer ist sich nicht schon einmal im Nachhinein, nachdem ein schlimmes Ereignis bereits eingetreten ist, einer instinktiven Vorwarnung bewusst geworden – „Hätte ich doch nur auf mich gehört!" Am Morgen nach dem Unfall, bei dem mein Freund tödlich verunglückte und fünf weitere Menschen ums Leben kamen, wurde mir klar, dass wir beide das Unglück vorausgeahnt hatten. Es war Winter, die Straßen voller Glatteis; ich hatte eine panische Angst, als er mich zu Hause absetzte und dann allein weiterfuhr. Lange Zeit quälte ich mich mit Vorwürfen, ihn nicht festgehalten zu haben. Und auch meinen eigenen Unfall hatte ich geahnt.

Die Nichtbeachtung der Angst führt meist zu falschen Entscheidungen, wodurch der Hüter gezwungen wird, seine Warnungen zu verschärfen, bis er schließlich Feuer speit. Nur wer die Angst übergeht, bekommt ein Problem und bezahlt den Versuch, ihr auszuweichen, mit vielen anderen Kompensations-Ängsten.

In den patriarchalischen Gesellschaften wurde die Kunst, der Angst konstruktiv zu begegnen, allerdings nie gelehrt; ihre Funktion wurde nie akzeptiert oder gar gewürdigt, ihr wurde kein Gehör geschenkt. Stattdessen wurde uns beigebracht, sie zu verdrängen und zu überspielen. Angst wurde mit Unmännlichkeit und Feigheit, mit Verlieren und Gefühlsduselei gleichgesetzt: nur keine Schwäche zeigen, kein Angsthase sein; Angst ist etwas für kleine Mädchen.

Daher haben wir Angst vor der Angst: vor dem Verlust der Kontrolle und den vielen kleinen Ego-Toden, die damit verbunden sind; vor dem ständigen Wandel des Lebens. Deshalb halten wir lieber an Altem fest und können weder in vollem Umfang wachsen noch neue Erfahrungen machen oder schöpferisch tätig werden. Wir lassen uns vom Leben gar nicht erst berühren. Das Verdrängen der natürlichen Angst hat uns taub, blind und lahm werden lassen und dem tragischen Umstand die Tore geöffnet, dass wir mit gezielter Angstmache locker in Schach gehalten werden.

Das wiederum bereitete einer Unmenge konstruierter Ängste den Boden, die uns heute tyrannisieren: der Angst vor der Verantwortung; vor der Ohnmacht; vor Machtmissbrauch, Manipulation und Ausbeutung; vor dem Loslassen und dem Verlust vermeintlicher Sicherheiten. In einer Gesellschaft, die von Leistungsdruck, Konkurrenzkampf, rapider Beschleunigung, Orientierungslosigkeit und der Meinung, nie genug getan zu haben, beherrscht wird, breitet sich epidemisch die Angst vor Versagen, vor Kontroll- und Machtverlust aus.

Diese Ängste lassen uns zu Opportunisten und Angstbeißern werden. Sie erzeugen Stress, Depression oder verzweifelte Aggression und führen zu mentaler und emotionaler Labilität. Wo Menschen ihre Ängste nicht zeigen dürfen, cool bleiben wollen oder das Image von Stärke und Unfehlbarkeit aufrechterhalten müssen, kommt es oft zur Selbstbehandlung mit Genussmitteln, Medikamenten und Drogen. Angstverdrängung und Sucht sind aufs Engste miteinander verknüpft, selbst wenn es sich dabei „nur" um die Sucht nach schlechten Nachrichten handelt – dem bitteren Trost, dass es anderen noch schlechter geht. Liegt darin etwa der Grund, weshalb wir kollektiv ein so großes Bedürfnis nach *bad news* haben und damit das System und vor allem den Markt herausfordern, diese Bedürfnisse zu befriedigen und immer von neuem anzuheizen?

Die Angst zu besiegen heißt nicht, sie zu eliminieren, sondern sie zu integrieren und dadurch zu meistern. Als Hüter der Schwelle hat die natürliche Angst die Aufgabe, niemanden, der sich nicht selbst im Bewusstsein der Ganzheit befindet, in die Schatzhöhle, den Bereich der ungeteilten Ganzheit, vordringen zu lassen. Nehmen wir sie jedoch ernst und folgen ihren Warnungen, verwandelt sie sich in die Ehrfurcht vor dem Leben, zu einem wichtigen ethischen Regulativ.

Im „Brockhaus" von 1896 wurde Ehrfurcht noch als „der höchste Grad der Ehrerbietung" bezeichnet, „als das Gefühl der Hingabe an dasjenige, was man höher schätzt als sich selbst". Ergänzend kann man sagen: höher als unsere kleine, chronisch auf das Eigenwohl bedachte, egoistische Gedankenwelt, die uns letztendlich vom wirklichen Leben abschneidet. „Wer sich nicht mehr wundern und in Ehrfurcht verlieren kann, ist seelisch bereits tot", schrieb Albert Einstein.

Mit der Bereitschaft, der Angst in die Augen zu schauen und sich den Krisensituationen zu stellen, beginnt ein Prozess der Veränderung, der Befreiung und Urvertrauen mit sich bringt und offenlegt, wozu man wirklich fähig ist. Das geistige Feld der Allverbundenheit ist unvorstellbar größer als das materielle; es ist voller ungeahnter Möglichkeiten. Ungebunden an Raum und Zeit ist es in allem und zugleich unendlich viel mehr als die Welt, der Mensch und dessen Vorstellungen von Gott. Es ist reine Potenzialität. Die Frohe Botschaft: Der Mensch kann sich mit diesem Feld bewusst verbinden.

Schamanen – Wanderer zwischen den Welten

In ihrer ursprünglichen Form wollen alle Religionen den Weg der Rückverbindung aufzeigen und gehen. *Religio* kommt aus dem Lateinischen und heißt wörtlich übersetzt „ich binde mich wieder an". Das ist eine genaue Entsprechung zu dem im Sanskrit wurzelnden Begriff *Yoga* – „Joch", der auf das „Anschirren an das Geistige" Bezug nimmt.

Die älteste uns bekannte Religion ist der Schamanismus, der in einer animistischen Weltanschauung wurzelt. Am Beispiel der Huicholes wurde der schamanistische Kosmos bereits beschrieben: eine Welt der Götter und Geister, deren Wirken die innere Ordnung der Dinge symbolisiert, von deren Aufrechterhaltung das Wohl und Wehe des Individuums abhängt. Mythos und Kult dienen der zyklischen Neubelebung dieser Ordnung und sollen daran erinnern, ihr auch im Alltag Genüge zu leisten, damit die gesellschaftlich-kulturelle Ordnung zum Spiegelbild der kosmischen Ordnung werden kann.

Doch ist der normale Mensch, bedingt durch seine begrenzte Wahrnehmung, nicht in der Lage, sich selbst mit den Göttern zu verständigen, oder anders ausgedrückt: sich in das geistige Feld einzuloggen. Um an diesem Wissen teilhaben zu können, bedarf es eines Mediators – des Schamanen –, der zwischen der diesseitigen und der jenseitigen Welt vermittelt. Eine Fähigkeit, die seine Funktion innerhalb der Gemeinschaft bestimmt: Er ist Medizinmann, Richter, Wahrsager, Wettermacher, Zeremonienmeister und Künstler; Sänger, Tänzer und Schöpfer von Ritualgegenständen. Als Hüter der Weisheit sorgt er für einen geistigen Konsens und dadurch für den Zusammenhalt der Gemeinschaft – für kulturelle Identität.

Schamanen werden von der geistigen Welt berufen. Der Ruf erfolgt meist durch eine schwere Krankheit oder eine psychische Krise. Oft wird der Auftrag im Traum von einem tiergestaltigen Hilfsgeist überbracht. Die Entscheidung, diesen Weg zu gehen, ist nicht einfach, denn jeder weiß, dass dies eine Aufforderung zum „Stirb und werde" ist. Letztlich bleibt dem Adepten jedoch keine Wahl, die Entscheidung wird von der geistigen Seite erzwungen. In seinen Fieberträumen und Visionen erlebt er seine eigene grausame Zerstückelung.

Wieder führt das Sterben der alten Identität zur Wiedergeburt in ein erweitertes Bewusstsein. Aus seinen Knochen setzt sich der Kandidat neu zusammen. Auf diese Weise erkennt er das Wesen der Transformation. Seine Angst ist integriert. Die Tore zur Welt der Götter stehen ihm offen.

In den 60er Jahren entwickelte sich eine moderne, westliche Form des Schamanismus, der sogenannte Neoschamanismus. Entscheidend dazu beigetragen hatten Carlos Castanedas Publikationen über seinen schamanischen Lehrer Don Juan, die tausende von

Menschen auf der Suche nach Spiritualität anzogen und eine regelrechte Schamanismus-Welle auslösten. Castaneda hatte mit Don Juan viele Peyote-Reisen unternommen.

Einen starken Einfluss auf diese Entwicklung hatte auch Mircea Eliades Werk *Schamanismus und archaische Ekstasetechnik.* Der ungarische Ethnologe erkannte im Schamanismus nicht nur ein archaisches, sondern ein globales Phänomen. Zudem war er davon überzeugt, die Menschheit könne durch den Kontakt mit ursprünglichen Mythen zurück zur Harmonie mit dem Heiligen finden, was unter den spirituellen Suchern der New-Age-Bewegung ebenfalls auf große Resonanz stieß.

Wer seine eigene Tradition und deren Symbolik nicht versteht, wird diesen Mangel kaum dadurch beseitigen, dass er Gewohntes durch Exotisches ersetzt. Es ist aber sehr wohl möglich, anhand des Vergleichs mit anderen Kulturen grundsätzliche Analogien zu erkennen und auf diese Weise universelle Prinzipien zu entdecken, die Altes und Neues integrieren und den praktischen Zugang zu einer zeitlosen Spiritualität eröffnen. Nach Eliade lässt sich wahrer Schamanismus an sieben Merkmalen erkennen:

1. Berufung
2. Initiation
3. Hilfsgeist
4. Zerstückelung und Neugeburt
5. Ekstase und Trance
6. Jenseitsreise
7. Weltenbaum

Die Basics sind uns bereits bekannt: der Ruf; der Ego-Tod und die Auferstehung; die Reise als Bild für den Weg der Transformation; und in der Trance die leuchtende Unschärfe.

Schamanen beherrschen mitunter recht drastische Methoden, außergewöhnliche Bewusstseinszustände zu erreichen, die ihnen erlauben, die engen Grenzen des Mentalen zu überschreiten und dem Transpersonalen zu begegnen. Wie bereits angedeutet, sind aus den verschiedenen Epochen und Kulturen zahlreiche Methoden und Möglichkeiten bekannt, diesen Bewusstseinszustand zu erreichen. Dazu gehört alles, was an die Grenze des vermeintlich Möglichen führt und sie sprengt: strenge Askese und körperliche Übungen, meist verbunden mit vollständiger Verausgabung, Rückzug aus der gewohnten Umgebung – in die Berge des Himalaya, in Höhlen, Einsiedeleien oder in totale Dunkelheit. Aufgrund ihres enormen Aufwands und nicht zuletzt weil sie gefährlich sind, bleiben solche Exerzitien Spezialisten vorbehalten – Schamanen, Priestern, Yogis und Magiern. Lieblicher sind die späteren Methoden des Ostens, das Chanten und das Singen von Mantras, Körper- und Chakra-Übungen sowie spezielle Atemtechniken, etwa das Pranayama im Yoga. Ganz generell erfüllen auch Musik und ekstatischer Tanz diese Funktion, weshalb man sie in allen Kulturen findet, ebenso wie Meditation, Kontemplation und Gebet.

Angesichts der Erkenntnisse, die uns heute zugänglich sind, kann man sich die drastischen Techniken ersparen. Die Eroberung der geistigen Räume ist für jeden gefahrlos möglich und kollektiv machbar. Und das ist wirklich revolutionär. Ebenso revolutionär wie einst der Wandel, der es der Allgemeinheit ermöglichte, eine Schulbildung zu bekommen, Rechnen und Schreiben zu lernen – Künste, die vorher den Gelehrten vorbehalten waren.

Das Mythologem des Weltenbaums – der *Axis mundi* – erscheint in der Darstellung Eliades zunächst neu, doch entdeckt man bei näherem Hinsehen bekannte Elemente. Der Weltenbaum steht für die in vielen Kulturen übliche Dreiteilung des Kosmos in Unterwelt, Alltagswelt und Himmel, die mit der Dreiteilung des menschlichen Bewusstseins in Unterbewusstsein, Tagesbewusstsein oder Überbewusstsein bzw. in Seele, Körper und Geist korrespondiert. Die *Axis mundi* – die vertikale Achse – ist ein Symbol der Verbindung von Personalem und Transpersonalem. Manchmal wird deshalb von einem „senkrechten Weltbild" gesprochen.

Von der mittleren Ebene, der alltäglichen Welt oder dem Alltagbewusstsein, ausgehend begibt sich der Schamane während seiner Trancereisen auf dem Weltenbaum in die jenseitigen, d.h. inneren Welten. Während des Abstiegs in die Unterwelt erkundet er die Tiefen des Unbewussten, in denen er die Ursache von Störungen zu finden und zu beseitigen erhofft. Beim Aufstieg in die Oberwelt erfährt er den kreativen Geist, der zur Lösung bestehender Konflikte und zur Neuordnung führt – und findet Inspiration.

Für Schamanen ist die innere Geographie des Kosmos und des Menschen ein offenes Buch. Sie kennen das Wesen der Tiere und Pflanzen, der Gestirne, Winde und Elemente, ohne je die Wissenschaften studiert zu haben, die sich bei uns um diese Erscheinungen ranken, wie Psychologie, Bewusstseinsforschung oder Philosophie; sie wissen dies alles allein aufgrund der Tatsache, dass überall das gleiche Prinzip wirksam ist, und haben es an sich selbst erfahren. Dieses Prinzip weist ihnen den Weg. Ja, der Weg selbst erweist sich als eine Manifestation des Prinzips. Daher sind Schamanen Spezialisten nicht nur des Weltinnenraums. Weit mehr noch sind sie Spezialisten des fließenden Zusammenhangs von innerer und äußerer Wirklichkeit.

Ein Schamane der Neuzeit war Joseph Beuys (1921–1986), „der Mann mit dem Filzhut". Beuys war nicht nur Aktionskünstler, Bildhauer, Zeichner, Kunsttheoretiker und Pädagoge, sondern außerdem ein sozial- und kulturpolitischer Revolutionär. Er gilt weltweit als einer der bedeutendsten Künstler des 20. Jahrhunderts.

Im Zweiten Weltkrieg stürzte er während eines Einsatzes als Kampfflieger über der Krim ab, erlitt einen Schädelbasisbruch, mehrere Knochenbrüche sowie ein Absturztrauma und entging wie durch ein Wunder nur knapp dem Tod. Der schwer Verwundete wurde von Schamanen aufgefunden und gesund gepflegt: sie rieben ihn mit Talg ein und hüllten ihn in Filz. Diese Erfahrung prägte seine Kunst: Filz und Fett wurden neben Wachs und Kupfer seine zentralen Materialien. Der Hut, sein unverkennbares Markenzeichen, überdeckte die nach seinem Unfall eingesetzte Silberplatte in der Schädeldecke.

Eine typische Berufung, die ihn in der Folge zum modernen Stadtschamanen werden ließ. Er selbst stellte sich in Beziehung zum Schamanismus und suchte nach einem – den Schamanen zugesprochenen – „Ausgleich aller menschlichen Erkenntniskräfte".

Das künstlerische Werk stand bei Joseph Beuys stets in Wechselbeziehung zwischen Mythos und Realität. Wie kein anderer Künstler des 20. Jahrhunderts integrierte er längst vergangene kulturelle Traditionen und mythische Vorstellungswelten in das moderne, naturwissenschaftlich und erkenntnistheoretisch geprägte Denken der Gegenwart. Die geheimnisvolle Ausstrahlung seiner Exponate rührt nicht zuletzt daher, dass verloren geglaubte Wissensgebiete wie Schamanismus, Alchemie, Magie, Kosmologie, Animismus, Naturheilkunde und Naturmythos in sein künstlerisches Schaffen Einzug hielten und fixer Bestandteil seines Denkens und Handelns waren. Im umfangreichen Beuys'schen Œuvre begegnen wir ständig spirituellen Ritualen und schamanistischen Praktiken. Erst durch das Einbeziehen dieser Rituale wird laut Beuys ein Prozess der geistigen Erneuerung von Individuum und Gesellschaft möglich.

Eine Skulptur war für Beuys mehr als eine dreidimensionale Arbeit. Vielmehr sah er sie als eine Kräftekonstellation, die sich zusammensetzt aus einem kristallinen Formprinzip und einem vermittelnden Bewegungsprinzip. Diese beiden Kräfte waren für ihn „überräumliche plastische Prinzipien" und damit in der Lage, den jeweiligen Pol in sein Gegenteil zu transformieren.

Beuys setzte sich in seinem umfangreichen Werk mit Fragen des Humanismus, der Sozialphilosophie und Anthroposophie auseinander und kam zu der Erkenntnis, dass sich die Begriffe Kunst, Wissenschaft und Politik im Denken des Abendlandes jeweils als Gegensätze gegenüberstehen und dass es notwendig ist, nach einer Auflösung dieser Polarisierung zu suchen.

Indem er die „überräumlichen plastischen Prinzipien" auf das gesellschaftliche Miteinander übertrug, schuf er die Idee eines „sozialen Organismus", den er auch „soziale Plastik" oder „soziale Skulptur" nannte, denn ein solcher Organismus war in seinen Augen nicht nur ein funktionalistisches System, sondern ein Kunstwerk. Alle Menschen, die an diesem neuen Gesellschaftssystem arbeiteten, seien „Mitglieder an der lebendigen Substanz dieser Welt." Dabei ging es ihm auch um ein neues Menschenverständnis. Seine Kunst stellte eine Art Befreiungspolitik dar: Mit der Planung und Umsetzung der Aktion „Stadtverwaldung statt Stadtverwaltung" verwirklichte Beuys ein Landschaftskunstwerk, in dem Leben, Kunst, Politik und Gesellschaft eine Einheit bilden. Im Oktober 1982 führte er in Bonn ein Gespräch mit dem Dalai Lama und unterbreitete ihm die Vision einer „weltweiten sozialen Plastik".

Kurz vor seinem Tod hielt der Künstler eine Grundsatzrede in den Münchner Kammerspielen. Er thematisierte dabei noch einmal seine Theorie, dass „jeder Mensch ein Künstler" sei. Beuys vertrat die tiefe Überzeugung: „Der Mensch ist selbst die Ästhetik, der Mensch ist selbst das Kunstwerk." Elf Tage später, am 23. Januar 1986, starb Joseph Beuys mit 64 Jahren in seinem Atelier in Düsseldorf. Er war ein typischer Wilder, seiner Zeit weit voraus.

Ekstase – Verrücktheit ist „Not-wendig"

Kehren wir noch einmal zu den Huicholes und ihrem Hirsch-Mais-Peyote- Komplex zurück, diesmal wieder zum Peyote, der den Einstieg in das wilde Denken bildete.

Als *Flesh of the Gods* (Fleisch der Götter) ermöglicht er – so sehen es die *indigenen Völker,* die unmittelbare Kommunikation mit der geistigen Welt – was gleichbedeutend ist mit Leben. Daher ist die gesamte Kultur des Stammes auf diesen göttlichen Kaktus eingestellt, der mit dem Hirsch, dem Kulturheros Cauyumarie, und der Hauptnahrungspflanze, dem Mais, wesenseins ist. Diese Drei-Einheit ist für den Huichol ebenso unteilbar wie die Trinität für den gläubigen Christen.

Während des größten rituellen Jahresfestes, der *Reise nach Wirikuta*, die in den mexikanischen Bundesstaat San Luis Potosí führt, dem Wachstumsgebiet des Peyote, wird der Kaktus mit Pfeil und Bogen gejagt, erlegt und rituell verzehrt, und zwar in derselben Weise, wie man früher bei der Hirschjagd vorging. In der Literatur spricht man deshalb von der Peyote-Jagd.

In diesem Motiv finden wir die Struktur der Heldenreise wieder, mit dem Unterschied, dass sich nicht ein Einzelner auf den Weg begibt, sondern eine Gruppe von Männern und Frauen. Jeder Huichol und jede Huichola sollte zumindest einmal im Leben auf diese Reise gehen – als Initiation in das Leben und seine Gesetze. Die Peyote-Jagd ist folglich auch eine Pilgerreise.

Wie alle traditionellen Pilgerreisen wird die *Reise nach Wirikuta* durch eine Reihe von Reinigungsriten eingeleitet, um die Alltagsidentität abzustreifen. Die Pilger müssen selbst zu geistigen Wesen werden, nur so können sie sicher den gefahrvollen, weil paradoxen Durchgang passieren, der die profane von der heiligen Welt trennt.

Zunächst geht es darum, die physische Ebene zu überwinden; das geschieht durch strenges, von zahlreichen kultischen Handlungen begleitetes Fasten. Darüber hinaus ist es von äußerster Wichtigkeit, einen Zustand psychischer und mentaler Unschuld zu erreichen. Dazu muss der Huichol rituell seine Geschlechtlichkeit ablegen, indem er – ähnlich wie bei der Beichte – alle sexuellen Abenteuer seines Lebens bekennt und auf diese Weise entäußert. Dies geschieht im Beisein aller und ist ein wirklicher (Auf-)Klärungsakt. Für jede Liebesaffäre knüpft er einen Knoten in eine heilige Schnur – bei einigen eine recht langwierige Angelegenheit –, die anschließend dem Feuer übergeben wird. Erst im Zustand jenseits der Gegensätzlichkeit von Mann und Frau, in der Einheit des Androgynen, erst in der Reinheit und Transparenz des Wahrhaftigen fern jeder Lüge, kann der Huichol aus der Blindheit erwachen und sehen.

Beim Hüter der Schwelle, „dort, wo der Penis hängt", wird das normale Verhalten umgekehrt. Ab jetzt heißt es rückwärts laufen. Die

Sprache darf sich in kindliche Wortspiele verwandeln. Göttliche Heiterkeit. Wenn das Tor zum heiligen Bereich, „da, wo die Vagina ist", durchschritten wird, sollte das Allein-Menschliche vollständig abgelegt sein. Der Pilger kehrt in den Leib von Mutter Erde, Symbol für das Eine-Ganze, zurück. Erst im Zustand der Ganzheit, nach einem minutiös festgelegten Ritual, nach Opfern, Gesängen und Tänzen, darf der Peyote erlegt, sein Fleisch verteilt und eingenommen werden. „Kaue es gut, kaue es gut", singen die Peyoteros dabei ohne Unterlass, „denn dann wirst du dein Leben sehen."

Heldenfahrt, Pilgerreise, Ritual, Schamanismus – alle bisher angesprochenen Elemente finden im Hirsch-Mais-Peyote-Komplex zu einer Analogie zusammen, die so wild ist, dass eingefleischte Rationalisten sie nicht ernst zu nehmen wagen. Solche „Basteleien" bleiben Künstlern wie Joseph Beuys oder der Avantgarde vorbehalten. Denken wir nur an Kunstbewegungen wie den Surrealismus, den Dadaismus oder den Expressionismus.

„Avantgarde" ist heute ein Ausdruck für die Vorreiter in Sachen Kreativität und Innovation. Allen Avantgardisten gemeinsam ist die starke Orientierung an der Idee des Fortschritts, die Freude am Experimentieren, am wilden Kombinieren und Assoziieren. Sie zeichnen sich durch besondere Radikalität aus, sind unbestechlich und nicht bereit, sich auf Kompromisse oder Konventionen einzulassen. Aus gutem Grund. Täten sie das, litte nicht nur ihre Kreativität darunter, auch ihre Werke verlören den Charakter des Noch-nie-da-Gewesenen. Typisch für Avantgardisten ist es deshalb, dass sie nur selten der etablierten Elite gesellschaftlicher und ökonomischer Macht angehören und ihre Werke meist ein Stein des Anstoßes sind.

Kreativität und Ekstase haben vieles gemeinsam. Die Ekstase (griech.: das Außer-sich-Geraten, die Verzückung) ist ein Zustand, der sich gleichermaßen durch höchste Hingabe und maximales Aufnahmevermögen auszeichnet. Viele Künstler beschreiben ihre intensivsten Schaffensphasen als schöpferische Ekstase – pure Selbstvergessenheit, einhergehend mit mentaler und emotionaler Ergriffenheit. Sie erleben solche Zustände stärker und wahrhaftiger als die normale Alltagsrealität, weil in ihnen das intuitive Moment ungehindert zum Tragen kommt. Echte Kunst ist daher mehr als bloße Realität und doch nichts Irreales, selbst wenn sie vollkommen verrückt erscheint.

Die Ekstase braucht ein entsprechendes Ambiente, das den Geist in die richtigen Bahnen, nämlich nach innen lenkt. Sie braucht den Mythos als Landkarte, den rituellen Rahmen als Orientierung und die innere Begeisterung für eine Aufgabe. Sind diese Voraussetzungen erfüllt, können ekstatische Erfahrungen von außerordentlichem Nutzen sein.

Wie alles, was wir über das wilde Denken, den Mythos und das Ritual gesagt haben, bewirkt die Ekstase ein vorübergehendes Heraustreten aus der eigenen Geschichte und aus den Endlosschleifen der Gedanken; die Dinge lassen sich aus einer anderen Perspektive betrachten oder können ganz losgelassen und jener neuordnenden und inspirierenden Instanz übergeben werden, die in allem für alles wirkt. Emotionale Stauungen und Energieblockaden lösen sich auf, soziale Konflikte renken sich wieder ein, Heilung kann stattfinden; manchmal kommt es sogar zu Spontanheilungen.

Die Ekstase ist eine ur-religiöse Erfahrung. Eng an Mythos und Ritus gebunden, finden wir sie in allen Weisheitstraditionen. Ihr Verschwinden hat den bloßen Rausch übrig gelassen, nah bei der Sucht gelagert, weil man darin niemals finden kann, wonach man unbewusst sucht. Der Rausch allein – eine hohle und sinnentleerte Angelegenheit – vermag das Bewusstsein nicht nach innen zu lenken. Man wird niemals echte Befriedigung in ihm finden, allenfalls immer mehr davon brauchen. Echte Verrücktheiten dagegen sind gesund und vor allem „Not-wendig"; sie brechen verhärtete Strukturen auf, so dass Raum für Neues entstehen kann. Sie bilden energetische Höhepunkte, Zündfunken der Begeisterung und Bewegung.

Leider haftet der Ekstase im Zeitalter der Zivilisation ein Makel an: Sie wird als Kontroll- und Realitätsverlust bewertet. Auch die traditionelle Psychologie differenziert nur unzureichend zwischen krankhaften Veränderungen und geistigen Erfahrungen. Der Grund liegt darin, dass sich die Phänomene des Innenraums einfach noch nicht genügend einordnen lassen.

Avantgardisten sind Helden. Ihr Schicksal ist es, einer Berufung zu folgen, die stärker ist als sie selbst – eine Faszination, der sie ihr Leben widmen und die ihnen hilft, mit Konventionen zu brechen, selbst wenn damit gesellschaftliche und finanzielle Nachteile verbunden sind. Der innere Reichtum der Kreativität zählt allemal mehr. Mögen ihre Werke anfangs befremden, so kündigen sie doch bald einen Durchbruch an und schmücken sogar die großen Kunsthallen der Welt. In der Hingabe an das Leben und die Lebendigkeit findet der Übergang von Altem zu Neuem statt. Wie olympische Fackelträger treffen sich Tradition und Avantgarde, um das Feuer weiterzureichen.

Die mystische Erfahrung – Herz aller Religionen

Wem sich an dieser Stelle der Verdacht aufdrängt, im Prinzip laufe alles auf das Eine hinaus, der befindet sich durchaus auf der richtigen Spur; der ist bereits vertraut mit dem wilden Denken, das sich auf der Suche nach dem Wesenhaften von trennenden Vorstellungen befreit, zum geistigen Erwachen führt und schließlich zur bleibenden Einheitserfahrung, zur universellen Liebe wird. Das Bedürfnis nach Trennung zwischen dem Erfahrenden und dem Erfahrenen schwindet, und die All-Einheit der Welt verifiziert sich im Akt des Erfahrens. Subjekt und Objekt verschmelzen, ohne ihre Eigenständigkeit zu verlieren. Ich und Du enthüllen sich als verschiedene Aspekte der gleichen Wirklichkeit.

Diese Einheitserfahrung wurde bereits als Gipfelerlebnis oder *peak experience* vorgestellt: Eine Erfahrung ekstatischer Glückseligkeit, die ihren Sinn in sich selbst trägt, die Bedeutung der Welt offenbart und alles in ein Licht rückt, von dem der Erfahrende intuitiv weiß, dass es die „Istigkeit“ oder „Soheit“ der Welt erhellt. Aus dieser „Soheit“ tritt er in großer, fast erschütternder Klarheit mit sich selbst in Beziehung, um in seinem innersten, wahren Selbst die Grundkräfte und Grundprinzipien seines Daseins zu erkennen.

Ein solches Erlebnis hat die explosive Kraft, das Weltbild und damit die Einstellung eines Menschen in kürzester Zeit zu sprengen und zu verändern, dann nämlich, wenn er sich der Tatsache bewusst wird, dass diesen Prinzipien zu folgen der richtige Weg sein muss – der wahre Weg, den zu gehen sich wirklich lohnt. Die östlichen Philosophien nennen das Erleuchtung, die christliche Mystik nennt es *Unio mystica,* mystische Vereinigung.

Ein Gipfelerlebnis geschieht meist spontan, in Momenten tiefer Berührung. Wie wir gesehen haben, lässt es sich aber auch bewusst einleiten. Ebenso kann es durch einen Schock oder ein außergewöhnliches Erlebnis wie eine Nahtod-Erfahrung ausgelöst werden; oder während der sexuellen Vereinigung.

Bedingt durch Techniken, Ziele, Umfeld oder persönliche Voraussetzungen kann sich der Erlebnis- und Erkenntnischarakter mystischer Erfahrungen – und deren Intensität – sehr unterschiedlich gestalten. Es versteht sich von selbst, dass die Gottheitsmystik, bei der es um die Vereinigung mit Gott oder einer Gottheit geht, anders erlebt wird als Naturmystik, bei der man sich als Einheit mit der Natur erfährt, oder als das erotische Tantra, in dessen Mittelpunkt die mystische Vereinigung von Mann und Frau bzw. der männlichen und weiblichen Energien steht.

Generell lässt sich sagen: Mystische Gipfelerlebnisse treten weit häufiger auf, als man denkt. Wie so oft in der Religion und Spiritualität versperren aufgebauschte Klischees den Blick auf das Eigentliche. Ich bin davon überzeugt, dass jeder Mensch immer wieder einmal solche Erlebnisse hat, ja, dass gerade diese Erlebnisse die „Erinnerung“ an das Eine lebendig halten und die Glut nicht verlöschen lassen, was schlimm wäre. Nur: Wir könnten solche Erfahrungen wesentlich öfter machen, die *Unio mystica* zu unserem Lebensstil erheben, wie dieses Buch zeigen möchte, und dabei unser Leben von Grund auf ändern – zum Positiven hin.

Unter mystischer Erfahrung wird, wie gesagt, meist ein spontanes Erlebnis verstanden. Es kann aber auch der Erleuchtungsprozess gemeint sein, der sich über Jahre und Jahrzehnte erstreckt und letztlich nie aufhört. Die Struktur ist in beiden Fällen die gleiche. In der *peak experience* verdichtet sich der gesamte Prozess lediglich wie in einem Zeitraffer auf einen kurzen Zeitraum von wenigen Augenblicken bis zu mehreren Stunden.

Jede Religion hat neben ihrem exoterischen Aspekt eine mystische Tradition, und die wiederum ihr eigenes Modell, in dem sie die verschiedenen Phasen des Prozesses, oft als „Stufen" bezeichnet, zu fassen versucht. Alle diese Modelle gehen auf das Einheitserleben von bestimmten Menschen zurück, die in der Folge den Weg dorthin lehrten – den Erleuchtungs- oder Kontemplationsweg, den Weg der Selbst- bzw. Gottrealisation, denn dieses Selbst ist das wahre, „göttliche" Selbst. Solche Einteilungen können beliebig subtil sein, sie beschreiben jedoch stets den gleichen Prozess:

1. **Läuterung – Befreiung von geistigen Begrenzungen**

   In der ersten Phase des Weges unterzieht man das gewohnte Verständnis von Selbst, Welt und Gott einer gründlichen Überprüfung und durchschaut es schließlich, um allmählich alle kulturellen Konditionierungen, Überzeugungen und Konzepte, die man für absolut hielt und auf denen man daher hartnäckig beharrte, hinter sich zu lassen; das Korsett der persönlichen Gedanken- und Gefühlswelt mit ihren eingebildeten Bedürfnissen und zwanghaften Reaktionsmustern lockert sich auf. Für die meisten Menschen ein langsamer Reinigungs- und Lernprozess, bei dem sich die Wahrnehmung nach und nach verfeinert und immer subtilere Schichten der Identifikation sichtbar werden.

   Reinigung bedeutet Auseinandersetzung, Wagnis, Konfrontation und Angst. Dabei kann es einem tatsächlich so vorkommen, als ginge es um Leben oder Tod. Tatsächlich geht es darum, alte Muster, liebgewordene Lebensvorstellungen und Ziele, von denen man einsieht, dass sie nicht (mehr) in die richtige Richtung führen, sterben zu lassen. Die Auseinandersetzung mit den eigenen und den kollektiven Schatten beginnt. Viele Menschen erfahren sich dabei neu, mit ungewohnten Gefühlen, Impulsen und Verhaltensweisen. Es sind dies Zeiten, die intensiver Begleitung durch Menschen bedürfen, die mit diesem Weg vertraut sind.

2. **Rückverbindung mit dem Wesensgrund**

Sobald der Kreislauf der persönlichen Geschichte(n) durchbrochen ist, öffnet sich der transpersonale, nonduale Bewusstseinsraum. Der Mensch erwacht in seinem Zentrum als unvergängliches, ungeteiltes Wesen, das gleichzeitig das innerste Wesen von ALLEM ist und in den Religionen daher als göttlich bezeichnet wird. „Das Zentrum ist das Zentrum des Selbst, das Zentrum des Universums und das Zentrum Gottes. Wenn wir erkennen, dass diese drei eins sind, dann erkennen wir Gott", schrieb der christliche Mystiker Bede Griffiths. Der Buddhismus, dem der Gottesbegriff, nicht aber die Erfahrung fremd ist, spricht von der Buddha-Natur. Durch die gemeinsame Teilhabe an diesem Wesensgrund erweisen sich alle Phänomene als lebendig miteinander verbunden. Das Trennungsbewusstsein, mit dem wir die Welt normalerweise betrachten, entpuppt sich als Illusion.

3. **Auferstehung**

Die Erkenntnis der Allverbundenheit hat zur Folge, dass der Mensch die Welt, andere Menschen, das Leben und nicht zuletzt sich selbst mit anderen Augen betrachtet. Denken und Fühlen gehen nun aus der Quelle eines ganzheitlichen Bewusstseins hervor und werden davon gespeist. Die gesamte Lebenshaltung richtet sich darauf aus, in Übereinstimmung mit dem grundlegenden Prinzip der Allverbundenheit zu leben und zu handeln. Dies ist eine neue Aufgabe – die Aufgabe des Helden, der den Schatz in Empfang genommen hat und in seinen alltäglichen Entscheidungen bewusst den rechten Weg beschreitet.

Der Verwandelte kennt den trügerischen und zugleich schöpferischen Charakter von Vorstellungen, Emotionen und Sinneswahrnehmungen und ist sich ihrer gleichermaßen konstruktiven wie zerstörerischen Auswirkung bewusst: konstruktiv, wenn sie das Wesen des Ganzen beherzigen; destruktiv, sobald er das Ganze aus den Augen verliert. Er ist auferstanden, neugeboren, übernimmt Verantwortung.

Der Gral, der Schatz, das Elixier – alle diese Bilder stehen für die Erkenntnis und den Geschmack des Einen, des Ungeteilten. Wer vom Kelch dieser Erkenntnis kostet, findet seinen Ursprung, seine Bestimmung und sein Ziel; der erlebt den Durchbruch zum Wesentlichen und verwandelt sich in den bewussten Schöpfer seiner Wirklichkeit, weil er sich angebunden weiß an den Informationsstrom einer „kosmischen Größe", die alles mit allem verbindet. Der Heros hat Zugang zur Quelle immerwährender Weisheit, die ihm das gesamte Wissen der Welt in einem neuen Licht offenbart. Alle existentiellen Fragen lassen sich aus dieser Quelle beantworten, denn dort sind die Gedanken zu Ende gedacht. In dieser Quelle von Intuition, Inspiration, ganzheitlicher Intelligenz und unerschöpflicher Kreativität vereinen sich Wissen und der unerschütterliche Glaube an eine innere Führung.

Der Eine Geschmack ermöglicht eine umwälzende Neuorientierung. Jeder, der ihn gekostet hat, ist in der Lage, das universelle Prinzip des „Stirb und werde" in seiner eigenen Lebenswirklichkeit wiederzuerkennen und seine Aufgaben diesem Prinzip entsprechend einer konstruktiven Lösung zuzuführen. Auf diese Weise lernt er, auch die schwierigsten Übergänge und Krisen ohne Angst zu meistern.

Das lateinische Wort *sapientia* bedeutet zugleich Weisheit und Geschmack. Weisheit ist der Geschmack der Befreiung und des ungezähmten Geistes. Der Held nährt sich mit der Kraft des wilden Denkens, die ihm Freiheit und freiwillige Verantwortung verheißt.

Das Wahre, Gute und Schöne – Erkenntnis und Politik

Die persönliche Erfahrung des Einen jenseits von Bilderglauben, Götzendienst und Dogmatik ist nicht nur der gemeinsame Kern der Religionen, sondern auch die Nahtstelle von Religion und Philosophie; der Ort, an dem Religion zur Philosophie und Philosophie zur *religio* wird; an dem *philosophia,* die „Liebe zur Weisheit“, ihren Ursprung hat und ihr Ziel erreicht.

Philosophen sind Menschen, die die Weisheit lieben, die über ursprüngliches – nicht nur übernommenes, dogmatisiertes – Wissen verfügen. Für Platon, den Vater der Philosophie, bedeutete das, aufzusteigen von der sinnlichen Welt in die Welt der Ideen; von der trügerischen sinnlichen Erfahrung zum Wesen der Dinge zu gelangen. Die Frage nach der Einheit der Dinge bildete für ihn dabei den Hauptgegenstand. Gleichzeitig betrachtete er die Philosophie als die „Kunst des Sterbens“. „Stirb und werde“ ist von Anfang an der Grundcharakter der Philosophie: Erkenne, wer du wirklich bist.

Allgemeingültig definieren ließ sich die Philosophie allerdings noch nie, weil jeder, der philosophiert, eine eigene Perspektive und eine eigene Ausdrucksform entwickelt. Schon daran lässt sich erkennen, dass das Philosophieren, zumindest wie es in den Anfängen gemeint war, wildes Denken ist und weniger universitäre Disziplin.

Auch die Versuche, ihre Inhalte und Ziele zu erklären, lassen diese Verwandtschaft erkennen: Im Laufe ihrer Geschichte wurde Philosophie definiert als das Streben nach dem Guten, Wahren und Schönen (Platon) oder nach Weisheit, Wahrheit und Erkenntnis (Hobbes, Locke, Berkeley); als das Forschen nach den obersten Prinzipien (Aristoteles), deren Ziel es ist, wahres Wissen zu erwerben (Platon); als das Ringen um die Erkenntnis aller Dinge, auch der unsichtbaren (Paracelsus); als die Wissenschaft vom Absoluten (Fichte, Schelling, Hegel) und der daraus resultierenden All-Möglichkeit (Wolff) – der Physiker Hans-Peter Dürr sprach in diesem

Zusammenhang von Potenzialität; als die Wissenschaft aller Wissenschaften (Fechner), die mit Recht so genannt werden könne, weil sie alle anderen Wissenschaften ordne und miteinander verbinde (Kant, Mach, Wundt).

Neben Laotse ist Platon mein Lieblingsphilosoph. Von allen philosophischen Schulen, egal, ob klassisch oder modern, sind mir diese beiden am nächsten und haben tiefe Spuren in meinem Schaffen hinterlassen: Laotse mit seinem subtilen Sinn für das Phänomen des Wandels und der Verwandlung, Platon mit seiner Suche nach Wahrheit und Schönheit. Platons Philosophie war die erste Liebesphilosophie der Geschichte. Und sie sprengte den Rahmen der Religion.

Platon wurde 427 vor Christus als Sohn wohlhabender und einflussreicher Eltern in Athen geboren. Schon früh wendete er sich dem Philosophieren zu und fand in Sokrates einen begnadeten Lehrer. Als dieser 399 wegen „Gottlosigkeit" und als „Verderber der Jugend" zum Tode verurteilt wurde und den Schierlingsbecher leeren musste, setzte der fast 30-jährige Platon, angewidert von der Ungerechtigkeit, die seinem Lehrer widerfuhr, die Suche nach Wahrheit und Gerechtigkeit im Alleingang fort.

Platon brach mit der Religion des klassischen Altertums und deren dogmatischen Glaubenssätzen. Wie vor ihm Sokrates verstand er seine Tätigkeit als vernunftgelenktes Erkenntnisstreben, statt bloß ein mythisches Weltbild und religiöse Traditionen zu übernehmen. Das philosophische Wissen sollte den Mythos ersetzen und ein Akt der Emanzipation des freien Denkens sein – abseits von kultureller Indoktrination, losgelöst vom Vorgegebenen. Auf diesem geistigen Nährboden erwuchs die Philosophie und wurde zur geistigen Revolution des Abendlandes.

Auch wenn sich damit das Denken vom Mythos emanzipierte, waren die Philosophen zugleich auf Mythen und symbolische Ausdrucksmittel angewiesen, um ihre Lehren allgemein verständlich zu machen. Mit Leidenschaft schuf Platon Gleichnisse und Analogien. Das Höhlengleichnis aus seinem Hauptwerk, der *Politeia,* entwickelte sich zum Inbegriff des inneren Erkenntnisweges und gilt noch heute als das Lehrbeispiel schlechthin für den Einstieg in die Philosophie. Platon wollte damit aufzeigen, wie die Sinne den Menschen täuschen, er sich aber von der Illusion der Sinneswahrnehmung befreien und stufenweise zur Erkenntnis des Wahren, Guten und Schönen gelangen kann.

Das Höhlengleichnis ist eine Denkübung. Wer auf der Suche nach der Essenz der Weisheitstraditionen und der verborgenen Struktur eines Prozesses ist, der das Wesen der Dinge ausmacht, wird die Analogie zu Heldenreise und Mysterienkulten, Schamanismus und Ritual – und letztendlich zum Mythologischen selbst – erkennen.

Für Platon gab es zwei Bereiche, auf die der Mensch sein Bewusstsein richten kann: auf die äußere Sinnenwelt und auf die dahinter liegende Ideenwelt der wirklichen, göttlichen Formen. Die innere Welt ist nur mittels Einsicht, die Platon „Vernunft" nennt, erkennbar. Nur so lässt sich das Abbild *durch*schauen und das Urbild – das Wesen der Dinge – *er*schauen.

„Idee" leitet sich von *eidenai* (griech.) ab, was so viel heißt wie „sehen"; sozusagen eine nur für das innere, geistige Auge sichtbare Gestalt. Der Mensch bringt eine Idee nicht hervor, sondern macht sie sich lediglich bewusst – er „erinnert" sie, wie Platon es nannte. Ideen- und Sinnenwelt verhalten sich wie Original und Kopie, wie Muster und Nachbildung, wie Urbild und Abbild.

In der Geschichte der Philosophie waren die Begriffe „Verstand" und „Vernunft," „Ratio" und „Intellekt" oft strittig. Meist entschied sich an ihrer Bestimmung, in welcher Richtung das Denken weitergehen würde – ob nach außen oder nach innen. Platon meinte mit Vernunft die Fähigkeit des menschlichen Geistes, von einzelnen Beobachtungen und Erfahrungen auf universelle Zusammenhänge in der Welt zu schließen, deren Bedeutung zu erkennen und danach zu handeln – insbesondere im Hinblick auf die eigene Lebenssituation. Im westlichen Denken ist die Vernunft also das oberste Erkenntnisvermögen. Vernunft transzendiert den Verstand; sie setzt ihm Grenzen und ist somit das wichtigste Mittel der geistigen Reflexion, das wichtigste Werkzeug der Philosophie. Im Osten spricht man in diesem Zusammenhang von „Erleuchtungsbewusstsein" (sanskr.: *bodhicitta).*

Erste Stufe: **Vermutung – Schattenwelt**

Man stelle sich eine Gruppe von Leuten vor, die seit ihrer Kindheit gefesselt in einer unterirdischen Höhle festgehalten werden. Festgebunden, können sie weder den Körper noch den Kopf bewegen und deshalb nur auf die gegenüberliegende Höhlenwand blicken. Mit dem Rücken sitzen sie zu einer mannshohen Mauer, hinter der andere, freie Menschen alle möglichen Gegenstände hin- und hertransportieren. Hinter dieser Mauer brennt ein Feuer, das die Schatten der an der Mauer vorbeigetragenen, sie überragenden Gegenstände an die Höhlenwand wirft. Nur diese Schattenspiele können die Gefangenen wahrnehmen. Sobald die Träger der Gegenstände sprechen, hallt es von der Wand zurück, als sprächen die Schatten selbst. Die Gefangenen kennen nichts anderes als diese Schatten und halten sie deshalb für die eigentliche Wirklichkeit. Dem entspricht die Erkenntnisstufe der bloßen Vermutung.

Zweite Stufe: **Glauben – weder/noch**

Man stelle sich weiter vor, dass eines Tages einer der Gefangenen seine Fesseln abwirft, seinen Blick wendet und über die Mauer schaut. Im ersten Moment wäre er natürlich verwirrt. Dann aber sähe er die Dinge selbst. Dennoch würde er wahrscheinlich weiterhin glauben, die Schatten seien die wahre Welt – und wieder an seinen alten Platz zurückkehren. Die zweite Erkenntnisstufe bezeichnet Platon folglich als den Glauben.

Dritte Stufe: **Verstand –Aufstieg**

Was aber geschähe, fragt Platon, wenn man den Gefangenen gewaltsam aus der Höhle an die Oberfläche zerrte? Dort oben wäre er zunächst wieder geblendet, diesmal vom Sonnenlicht. Er würde den Blick von der Lichtquelle abwenden, zu Boden schauen, dort aber ebenfalls nur Abbilder der Wirklichkeit sehen, Spiegelbilder in Seen und Pfützen ... Dieses Beispiel steht für die Erkenntnisstufe des Verstandes.

Vierte Stufe: **Vernunft – wahre Einsicht**

Die höchste Stufe der Erkenntnis, die Vernunfteinsicht, erlangt der Gefangene erst, wenn er aufblickt: Nun sieht er die Sonne, die für die Idee des Guten steht. Erst dann erfährt er das Glück der Erkenntnis: die Gewissheit, dass es etwas Unbedingtes gibt, dem alles seine Erkennbarkeit und sein Gut-Sein verdankt.

Die Sonne bewirkt mit ihrem Licht, dass wir überhaupt Dinge sehen, ja erkennen können. Gleichermaßen bewirkt sie, dass überhaupt etwas auf der Erde exisitiert. Sie ist der Grund sowohl für die Erkenntnis als auch für das Sein im Bereich des Sichtbaren. Analog dazu ist die Idee des Guten die Ursache von Erkenntnis und Sein im Bereich des Denkbaren.

Fünfte Stufe: **Erkenntnis als Politikum – zurück in die Höhle**

Wie im Heldenmythos der Held gezwungen ist, in die alltägliche Welt zurückzukehren, kaum dass er den Schatz gefunden hat, will auch Platon dem Philosophen nicht erlauben, in der Schau des Zeitlosen, Ewigen zu verharren. Er soll zurück in die Höhle, denn erst damit wird das Gleichnis politisch. Der wissend Gewordene soll zurück in die Stadt – dorthin, wo die „Schattenkünstler und Gaukler" herrschen und dem Volk etwas vormachen –, um seinen unverzichtbaren Beitrag zum Ganzen zu leisten. Der Philosoph hat die Aufgabe, anderen die Wahrheit hinter den Dingen zu vermitteln, indem er sie ebenfalls aus der Höhle der Unwissenheit führt, sie den Weg der Erkenntnis lehrt.

Aber was erlebt er dort unten in der Höhle? Er wird verlacht. Man glaubt ihm nicht: „Er sei mit verdorbenen Augen von oben zurückgekommen", heißt es. Es droht ihm sogar der Tod – so wie es Sokrates ergangen ist, dem einzig Gerechten seiner Vaterstadt.

Dieses Gleichnis zeigt nicht nur der Weg der Erkenntnis, dessen Struktur wir bereits kennen. Wie der Heldenmythos nimmt es auch auf die Macht der Erkenntnis Bezug; auf die Herausforderung und Verantwortung, die damit verbunden sind; und nicht zuletzt auf die Schwierigkeit, Gerechtigkeit und Wahrheit gegen Vorurteile und Verblendung durchzusetzen. Es symbolisiert den Prozess der Bildung, der „den Menschen als Menschen formt". Denn mit der Erkenntnis wendet sich nicht nur das Denken, sondern der ganze Mensch zum Wahren und Guten hin.

Die Revolution, die sich bei Platon vollzieht, liegt darin, dass sich der Mensch aus der Willkür der Götter und des bloßen Glaubens befreit und die Möglichkeit von Verwirklichung und Erkenntnis in seinem Mensch-Sein entdeckt; dass diese jedem Menschen möglich ist, der das Privileg der philosophischen Bildung genießt, auch ohne „von oben" auserwählt zu sein. Selbstverwirklichung wird zu einer Sache der Erziehung, Selbstrealisation zum Politikum.

Mit Platon wurde der Weg der Transformation politisch. Seine *Politeia* ist das Fundament der politischen Theorie, die auf dem Gedanken der Ordnung beruht, in der die menschliche Seele, die Gesellschaft (Platon spricht grundsätzlich vom „Staat") und der Kosmos eine Einheit bilden. Diese Ordnung ist der Erkenntnis des Philosophen zugänglich und kann von ihm für das Individuum und die Gesellschaft nachgebildet werden.

Kosmos, Seele und Stadt stehen in einem analogen Zusammenhang. Ist die Seele geordnet, weil sie sich nach dem Wahren, Guten und Schönen ausrichtet, ist es auch die Stadt. Wenn jeder das Seine tut, das, was er jeweils am besten kann, dann herrscht Gerechtigkeit in der Stadt. Vieles zugleich zu tun oder Fremdes zu tun – „Vieltuerei" und „Fremdtuerei"; heute sagen wir Stress dazu –, hielt Platon hingegen für die Quelle von Ungerechtigkeit. Gerät die Seele in Disharmonie, wird auch die Ordnung der Stadt gestört.

Wahrheit und Gerechtigkeit sind die höchsten Güter der Menschheit, denn Gerechtigkeit und Glück hängen unmittelbar zusammen. Das Philosophieren erfordere Ruhe, Muße und Schönheit. Die Anbindung an die Wahrheit kann in der Unbesonnenheit der

Alltagshektik nicht stattfinden. Das Gleiche hatten wir über das wilde Denken gesagt. Philosophieren ist wildes Denken. Und wildes Denken will nicht gestört werden. Es will den Dingen ihre eigene innere Entwicklung lassen.

Platon war ein Gegner der Demokratie. Als eingefleischter Aristokrat hielt er die Masse für zu roh und zu ungebildet, als dass sie sich konstruktiv würde einbringen können. Zum Regieren sah er einzig und allein die Philosophen geeignet. Nur wer über die Erkenntnis des Wahren und Guten verfüge, sei dazu fähig, politische Grundsatzentscheidungen zu treffen. Daher führte er die berühmte „Philosophenherrschaft" ein, wobei es ihm nicht auf soziale Institutionen ankam, sondern auf die Personen an der Spitze der Gesellschaft, auf einen bestimmten Typus Mensch, wie der wohl bekannteste Abschnitt der *Politeia* zeigt: „Wenn nicht entweder die Philosophen Könige werden in den Staaten, oder die jetzt so genannten Könige und Gewalthaber sich aufrichtig und gründlich mit Philosophie befassen, und dies beides in eins zusammenfällt, politische Macht und Philosophie, [...] gibt es [...] kein Ende des Unheils für die Staaten, ja, wenn ich recht sehe, auch nicht für das Menschengeschlecht überhaupt."

Bis zum Schluss blieb für Platon die Philosophenherrschaft der beste Weg. Gleichwohl wandte er sich nach der *Politeia* dem „zweitbesten Weg" zu: der Herrschaft der Gesetze. Ziel von Verfassung und Gesetzgebung seien Friede und Konsens, Eintracht und Freundschaft. Wo sie herrschten, sei das Glück des Staates gesichert. Dabei war ihm jedoch eines wichtig: Nicht der Mensch, sondern Gott sei das „Maß aller Dinge", gab er in seiner Schrift *Nomoi* (*Gesetze*) zu verstehen. Die Aufgabe des Staatsmannes sei nicht das Herrschen, sondern die „Pflege (*therapeia*) des guten Lebens". Das gute Leben sei weit mehr als Überleben, es bestehe in der Sorge um das Wohl der Seele. Der Staat müsse folglich daran gemessen werden, was er zu diesem guten Leben beitragen, inwieweit er die äußeren Bedingungen dafür schaffen kann. Die Philosophenherrschaft sollte eine Regierung zum Wohle aller sein – und keine Tyrannei, wie ihm später häufig vorgeworfen wurde.

Eros – Die Kraft der Evolution

Erziehung alleine jedoch bringt den Menschen noch nicht auf den Weg der Erkenntnis. Da gibt es noch etwas anderes: eine Kraft, die in einem jedem von uns wirkt, die dazu motiviert, Weisheit und Gerechtigkeit zu entwickeln und die eigenen Qualitäten in den Dienst der Menschheit zu stellen. Eine Sehnsucht, die nicht eher gestillt ist, bis sie ihr Ziel – Unsterblichkeit – erreicht hat. Damit meinte Platon jedoch nicht körperliche Unsterblichkeit, sondern das Einswerden mit dem Unvergänglichen. Diese Kraft ist das allen Geschöpfen gemeinsame Verlangen nach dem Wahren, Guten und Schönen: Eros.

Eros, bei den Römern Amor, ist eine der ältesten Figuren der griechischen Götterwelt. Ein Mittler zwischen Menschen und Göttern. Gleichermaßen ausgestattet mit profanen, typisch menschlichen wie auch göttlichen Eigenschaften. Dargestellt mit Flügeln, wie andere mythische Götterboten: Engel, Einhorn, der indische Garuda, Phönix ... Der Gott der Liebe, der jedem, den sein Pfeil trifft, Flügel verleiht; der jeden zu Tapferkeit und Heldenmut anspornt und über sich selbst hinauswachsen lässt.

Die Geschichte des Eros ist die aller Kulturheroen: Am Beginn der Zeit entsteht er aus der gähnenden Leere, dem Chaos. Er verkörpert den Gegensatz zwischen dem unbeholfenen Jüngling und demjenigen, der Zugang zum Göttlichen hat. Ihm ist gewaltige schöpferische Kraft zu eigen, die aber erleuchtet oder unerleuchtet genutzt werden kann. Wie Cayumari, der trickreiche Kulturheros der Huicholes, ist Eros ein Spiegel des menschlichen Bewusstseins; er wurde niemals als genügend verantwortlich betrachtet, um in der herrschenden olympischen Familie der zwölf zu erscheinen. Gleichzeitig steht er für die Überwindung der Gegensätze und gehört deshalb zu den beliebtesten Gestalten in Literatur, Kunst und Musik. Berühmt ist die Geschichte von Amor und Psyche, in der Psyche zur Geliebten Amors wird und ihm eine Tochter namens Voluptas – Lust bzw. Freude – schenkt.

In Platons *Gastmahl (Symposion)* fand Eros als Personifikation dieser Kraft Eingang in die Philosophie. Letztlich wird an diesem Werk auch der Unterschied zwischen Mythologie und Philosophie transparent. Im Gegensatz zum Mythos, der im Unbewussten weiterwirkt, hebt die Philosophie das Unsichtbare an die Oberfläche, indem sie die Symbolik von verschiedensten Seiten her hinterfragt, kommentiert und interpretiert oder neue Symbole und Begriffe schafft.

Wie viele Werke Platons ist das *Gastmahl* in Form eines Gesprächs aufgebaut. Die Protagonisten repräsentieren die unterschiedlichen Betrachtungsmöglichkeiten. Mit diesem Kunstgriff trägt Platon der Vieldeutigkeit und Multidimensionalität des Themas Rechnung und bringt damit nicht zuletzt das Spiel der Gegensätze und ihre Überwindung zum Ausdruck.

So interpretiert das *Gastmahl* Eros als das die gesamte Natur durchwaltende Wechselspiel „erotischer" Kräfte: Wärme/Kälte, Bitterkeit/Süße, die es miteinander zu befreunden gilt. Oder als die Kraft, die nach der Wiederherstellung der verlorenen Ganzheit strebt, welche die Menschen durch ihr Mann- oder Frausein verloren haben und nun im anderen Geschlecht als Ergänzung suchen.

Das eigentliche Motiv, auf das es in Platons Dramaturgie ankommt, wird durch die Figur des Sokrates repräsentiert, der von der Priesterin Diotima in das rechte Verständnis von Eros eingeweiht wurde. Diotima zeigte ihm den Eros als *Daimon*, als Mittler zwischen Sterblichen und Unsterblichen. Bisher hatten wir vom Heiligen und dem Profanen und der Aufhebung der Trennungsillusion durch die Erkenntnis des ungeteilten Urgrunds gesprochen. Letztes Ziel des Eros nun soll die „Zeugung im Schönen" zur Hervorbringung von Unsterblichem sein.

Wie ist das gemeint? Eros erweckt den Menschen stufenweise zu Weisheit, Tugend und Glückseligkeit. Vorbedingung ist die Präsenz des Schönen. Begegnet ein Mensch dem Schönen, so erinnert sich die Seele an ihr wahres Wesen. Die Wirkung des Schönen beflügelt die Seele und erlaubt ihr, sich mehr und mehr zu erheben und zugleich vor der Ausstrahlung des Schönen zu „erschaudern". Wir sprachen bisher von Berührung, Ergriffenheit, vom „Regen des Segens", von Begeisterung, Verzauberung und Verzückung.

Aufsteigend richtet sich Eros zunächst an eine bestimmte sinnlich wahrgenommene Gestalt, an die Schönheit eines Körpers, dann an die Schönheit aller Körper, die Schönheit der materiellen Welt, an die Natur. Von dort gelangt er zur Wahrnehmung des Schönen in den Seelen, der inneren Schönheit, wie wir sagen würden. Sich weiterentwickelnd erkennt er die Schönheit der Gemeinschaft und dessen, was diese hervorzubringen vermag, die Künste und Wissenschaften. Schließlich entdeckt er die Idee des Schönen selbst und vollendet sich in der Schau der Idee des Schönen.

Auf diesem Weg stellt *Sexus*, das Fortpflanzungsstreben, das von der Schönheit eines Körpers angeregt wird, die niedrigste Stufe dar. Ihm übergeordnet ist der Wunsch, ethische und politische Tugenden zu erwerben, die zur Schönheit der Seele beitragen. Zur Erleuchtung gelangt die Erkenntnis erst in der Schau der Idee des Schönen, gleichbedeutend mit der Schau des Wahren und Guten, nachdem der Wahrnehmende sich von aller Bindung an sinnliche Wahrnehmung, Vorstellungen, Interpretationen und Bewertungen befreit hat, also leer geworden ist vom Konzeptuellen.

Eine Parallele finden wir in der Chakrenlehre und der damit verbundenen aufsteigenden Kraft *Kundalini*. Das Chakrensystem ist ein siebenstufiges Analogiesystem, das in der spirituellen Praxis und Medizin Indiens, Chinas und Tibets eine herausragende Rolle spielt, in ähnlicher Form aber auch von den Inka, Maya und Hopi bekannt ist. Die Anzahl der Stufen ist dabei recht unterschiedlich, aber auch sekundär. Wichtig ist die Idee der folgerichtigen Entwicklung.

Im Buddhismus wird die Sehnsucht nach Vollkommenheit erklärt als der allen Menschen gemeinsame Wunsch, Leiden zu vermeiden und Glück zu erlangen. Die höchste Form von Glück liegt in der Erleuchtung. Erkennt der Mensch die Wahrheit, erlangt er zugleich die Fähigkeit, sich aus dem Kreislauf des Leidens zu lösen, den er sonst aus Unwissenheit immer wieder von neuem selbst erzeugt.

Die sieben Chakren stellen die Hauptenergiezentren des Menschen dar und decken sich mit den Hauptnervengeflechten entlang der Wirbelsäule. Sie sind durch einen Energiekanal (sanskr.: *Sushumna*) miteinander verbunden, durch den die Kundalini, die beim unerwachten Menschen eingerollt wie eine Schlange im untersten Chakra „schläft“, aufsteigt, sobald sie erweckt wird. Kundalini – die Schlangenkraft, die schlafende Shakti und im Gegensatz zu Eros weiblich gedachte göttliche Energie – sitzt am Ende der Wirbelsäule im Wurzelchakra. Auch daran zeigt sich, dass diese Kraft nicht dem weiblichen Geschlecht zugeordnet werden darf, sondern auf die innere Kraft Bezug nimmt.

Ohne diese Kraft zu erwecken, ist kein überbewusster Zustand (sanskr.: *Samadhi*) möglich. Durch yogische Praktiken lässt sie sich aktivieren und steigt dann auf, wobei die transformierenden Hauptenergiezentren oder Chakren durchstoßen werden. Erreicht sie das oberste Chakra, auch Kronenchakra genannt, schmilzt sie in das kosmische Bewusstsein ein, und der Mensch erlangt höchste Glückseligkeit. Erst dort vereinigt sie sich in ihrer transformierten Form mit den kosmisch-spirituellen Kräften. Shakti vereinigt sich mit Shiva, der für Schöpfung und Neubeginn ebenso wie für Erhaltung und Zerstörung steht.

Die einfachste und vielleicht beste Methode, Kundalini/Eros auf sichere Weise zu erwecken, ist das verbundene Atmen, von dem bereits im ersten Teil des Buches die Rede war. Im Endeffekt zielt jede spirituelle Technik und jeder Versuch, das Bewusstsein zu erhöhen bzw. zu erweitern, auf die Erweckung der Kundalini bzw. des Eros ab, ob es dem Praktizierenden bewusst ist oder nicht.

Der Kundalini-Yogi oder Weisheitssucher nimmt die Erweckung der Energie durch gesteigerte Klarheit und Zentriertheit wahr. Der erhöhte Energiefluss äußert sich in der zunehmenden Fähigkeit, sich dem Leben zu stellen, Potenziale zu entfalten und sich dabei aus Opferdasein und Lebenskampf befreien, um ein erfülltes Leben in Freiheit zu führen. Der Praktizierende überwindet allmählich alle Formen von Trennung, Abspaltung und emotionale, mentale oder physische Abhängigkeiten. Er beginnt selbstverantwortlich und authentisch zu leben und nimmt seinen Platz im Ganzen ein, indem er seine Fähigkeiten in Gemeinschaft und Gesellschaft einbringt. An Stelle von Fehlern und Schwächen treten Herzensqualitäten, Verwirrtheit und Orientierungslosigkeit weichen einer unterscheidenden Weisheit. Immer besser gelingt es ihm loszulassen, was nicht lebensfördernd ist. Und immer öfter verlagert sich die Identifikation von dem, was er glaubte zu sein, auf das unsterbliche Wesen jenseits von Attributen und Bedingungen.

Insgesamt geht es um gesteigerte Wahrnehmung bis hin zum „reinen Gewahrsein"; um die Befreiung von energetischen Blockaden; um körperliche, seelische und geistige Gesundheit. Der Weg der Weisheit bringt die höchste Form des Glücks mit sich: Glückseligkeit, die nicht an Äußerlichkeiten gebunden und daher unvergänglich ist. Im Indischen wird dieser Zustand als *Sat-Chit-Ananda* (sanskr.: Sein-Bewusstsein-Glückseligkeit) bezeichnet. Auch hier erkennen wir die direkte Entsprechung zum Wahren und Guten und Schönen.

Eros ist der Lebenstrieb, die Kraft, die zum wirklichen Leben antreibt, nicht nur zum Überleben. Eros ist die Liebe zum Leben. Wird diese Liebe nicht gelebt und das Schöne nicht genügend gepflegt, verwandelt sich dieser Trieb in sein Gegenteil. Nach Sigmund Freud wird er zum *Thanatos*, dem Todestrieb, benannt nach dem Todesgott der griechischen Mythologie. Thanatos bildet den Gegenpol zu Eros. Er befindet sich „jenseits des Lustprinzips", strebt nach Erhaltung und Stillstand und führt konsequent zur Erstarrung. Eine solche Energie erleben wir zurzeit in der gesamten westlichen Zivilisation. Thanatos regiert. Es ist höchste Zeit, von der anderen, der erhebenden Kraft des Eros Gebrauch zu machen.

Lebendigkeit setzt voraus, dass wir das Schöne, die Muße in unser Leben aufnehmen. Das wahrhaft Erlösende an dieser Tatsache: Genießen wir das Leben in vollen Zügen, finden wir nicht nur Glück, sondern auch Erkenntnis. Mit bloßem Konsum wäre das niemals möglich. Das in der Weisheit verborgene Glück ist nicht von Dingen, Situationen oder anderen Menschen abhängig. Nein. Dieses Glück resultiert gerade aus der Freiheit von all diesen Äußerlichkeiten, daraus, nicht länger abhängig von ihnen zu sein.

Platon starb im Jahre 347 vor Christus. Sein Werk wirkt bis in die Gegenwart fort, ja, es erfährt derzeit, ebenso wie die Philosophie, ein regelrechtes Revival. Ohne dass er es zu seiner Zeit hätte ahnen können, schlug sein Ansatz einen fantastischen Bogen um die Weisheitslehren der Welt, und stellte doch ganz neue Weichen: An die Stelle der Götter ließ er die Ideen treten und öffnete damit das Tor zu einer neuen Ära. Viele Jahrhunderte später fasste seine Ideenlehre Fuß in verschiedenen philosophischen Strömungen, die man als „Idealismus" bezeichnet und die vor allem in Deutschland zur Blüte kamen – durch Vertreter wie Leibniz, Kant, Fichte, Schelling und Hegel. Auch spätere Begriffe wie „Gestalt" bis hin zu den „morphogenetischen Feldern" des zeitgenössischen britischen Biologen Rupert Sheldrake sind mit den platonischen „Ideen" verwandt.

Es ist unmöglich, die Wirkungsgeschichte des platonischen Denkens zu rekonstruieren. Doch deutet sich darin die Bewusstseinswende in Richtung *Ratio* an, die durch Platons Abkehr vom Mythos subtil eingeleitet und die sein bedeutendster Schüler und zugleich wichtigster Kritiker Aristoteles konkretisierte.

Bei Aristoteles geht es um die Abwendung vom Einheitsdenken, die Hinwendung zum Denken der Vielfalt und die Kehrtwende von der Welt der Ideen zu der Welt des Handelns und des *ethos,* der Sitten und Üblichkeiten. Aristoteles Philosophie ist in erster Linie eine praktische Philosophie, ihr Hauptgegenstand das gute und gerechte Handeln.

Darüber hinaus gilt Aristoteles als Begründer der Wissenschaft. Er ordnete die verschiedenen Disziplinen und das bis dato vorhandene Fachwissen systematisch in theoretisches und praktisches Wissen. Die Politik verwies er in den Bereich des Handelns und des praktischen Wissens und verknüpfte sie aufs engste mit der Ethik: „Denn wir fragen nicht, um zu wissen, was die Tugend sei, sondern damit wir tugendhaft werden."

An die Stelle der Herrschaft philosophischer Experten trat das gemeinsame politische Sich-Beraten, Entscheiden und Handeln gleichberechtigter Bürger, die zusammen eine politische Gemeinschaft bildeten. Demgemäß kam den Bürgern und ihrer Tugendhaftigkeit eine starke Bedeutung zu.

Hauptthema und Leitmotiv der Ethik ist nach Aristoteles das Glück, das im Tätigsein der Seele, in der Verwirklichung der höchsten Vorstellung „des Guten und des Besten" besteht. Glückseligkeit erlangt der Mensch, wenn er seine spezifisch menschlichen Anlagen – und von diesen wiederum die edelsten und vortrefflichsten – verwirklicht und entfaltet.

Aristoteles war davon überzeugt, das „Auge der Seele" wisse genau und unmissverständlich, was gut und was schlecht sei: „Also ist klar, dass man nicht klug sein kann, wenn man nicht tugendhaft ist." Ein tugendhaftes Leben bezieht sich jedoch nicht nur darauf zu erkennen, sondern auch aufs Handeln.

Freundschaft ist nach Aristoteles so eine Tugend, und ihre höchste Form gipfelt darin, dass man dem Freund um seiner selbst willen Gutes tut, statt aus Egoismus, Vergnügen oder Lust. Eine echte Freundschaft ist eine Freundschaft, die um das Gute weiß und danach strebt. Sie kommt zustande unter tugendhaften Menschen, die in Übereinstimmung mit sich selbst leben. Selbstliebe und Freundesliebe ergänzen einander, und die Fähigkeit zur Freundschaft führt wiederum zu einer erfüllenden politischen Gemeinschaft.

Die höchste Form von Glückseligkeit findet sich jedoch nicht im kontemplativen, sondern im politischen Leben. Für Aristoteles ist der Weise ein in höchstem Maße glücklicher Mensch, doch er lebt allein und braucht beim Nach-innen-gehen keine Freunde. Zudem bringt die Schau des Unveränderlichen auch gar nichts. Die Stadt braucht tugendhafte und kluge Männer und keine vergeistigten Denker. Sie braucht eine optimale Erziehung der Bürger und gute Gesetze, durch die der Mensch mit dem Guten belehrt und daran gewöhnt, ja gebunden werden soll. Ohne Gesetz, Recht und Moralität sei der Mensch „das ruchloseste und roheste und in Bezug auf

Geschlechts- und Gaumenlust das allergemeinste Geschöpf", schrieb Aristoteles in der *Politik,* seiner wichtigsten staatsphilosophischen Schrift, „schlechter als jedes Tier". Entsprechend sollten die Ämter in der Stadt nach Würdigkeit vergeben werden. Die beste Stadt sei eine Gemeinschaft, in der der Mensch seiner Natur entsprechend als *zoon politikon* – als politisches Lebewesen – leben kann. Dabei spiele die Frage nach der besten Verfassung eine gewichtige Rolle. Gute Verfassungen dienten dem Gemeinwohl, schlechte Verfassungen dem Vorteil der Herrschenden.

Obwohl sich die zentralen Aussagen seiner Ethik eigentlich nicht ohne metaphysischen Untergrund betrachten lassen, löste Aristoteles die Philosophie aus der Umarmung mit der Metapyhsik und begründete sie als eine eigenständige praktische Disziplin. Damit stellte er Weichen für die westliche Zivilisation und – ohne dies je beabsichtigt zu haben – für die ganz allmählich erfolgende Spaltung zwischen Innenwelt und Außenwelt.

Radikal einfach – Weisheit im Alltag

„Ich kenne seinen Namen nicht, darum nenne ich es Dao." Dieser Ausspruch wird Laotse zugeschrieben, der damit eine Philosophie des Einfachen und der Spontaneität ins Leben rief: den Daoismus. Das *Dao* (deutsch: Weg – Prinzip) zu erreichen galt ihm als das höchste Ziel des Menschen.

Laotse verlagert den Weg der Transformation direkt in den Alltag. Damit geht er noch einen Schritt weiter als Platon, der den Weg zur Weisheit in der philosophischen Bildung sah; und auch weiter als Aristoteles, der seiner Theorie den Einheitsgedanken opfern musste. Der Daoismus stellt eine direkte Verbindung zwischen der Welt und dem einzelnen Menschen her, indem er dazu anregt, persönliche Wandlungssituationen von der kosmischen Wandlungslogik her zu betrachten.

Wann Laotse genau lebte – man geht allgemein vom 6. Jhr. v. Chr. aus – ist nach wie vor umstritten. Der Legende nach lebte er im Königreich Zhou, dessen Untergang er mitverfolgte. Daraufhin ging er weg von dort. Als er die Grenze erreichte, bat ihn der Grenzwächter: „Bevor Ihr geht, hinterlasst uns doch bitte etwas Schriftliches." Laotse schrieb ein Buch in zwei Abschnitten, das von *Dao* und *De* – der intelligenten Kraft, die man für den Balanceakt zwischen Dao und Alltag braucht – handelt und rund 5.000 Schriftzeichen lang ist: das *Dao de king*. Andernorts heißt es, Laotse habe diesen Text für Politiker geschrieben.

Politik, Philosophie, Wissenschaft – von der Warte des Dao aus betrachtet liegen die Disziplinen nah beieinander. Wahrscheinlich war Laotse sogar der erste theoretische Physiker dieser Welt. Seine gesamte Energie widmete er der Beobachtung der Natur und dem Aufspüren der Interdependenzverhältnisse aller Phänomene.

5.000 Zeichen. Ein relativ kurzer Text, gerade aufgrund seiner essentiellen Einfachheit von einer gewaltigen Durchschlagkraft. Vorausgesetzt, man versteht ihn zu lesen, denn auch Laotse bediente sich der Symbolsprache und darf weder wörtlich übersetzt noch aus dem westlichen trennenden Welt- und Selbstbild heraus gedeutet werden. Die chinesische Kultur ist berühmt für ihren Reichtum an Bildern und Gleichnissen. Sie brachte das analoge Denken zur vollen Blüte – und damit auch das Thema der Unmöglichkeit, etwas festzuhalten.

Der Daoismus ist die einzige „Religion", die kein Heldenepos besitzt, deren Weltanschauung weder an mythische Figuren noch an Archetypen, noch an das beispielhafte Wirken historischer Persönlichkeiten wie im Falle von Buddha, Moses, Jesus oder Mohammed geknüpft ist. Jeglicher Personenkult ist ihr fremd. Ebenso jede Ideologie. Eine Überhöhung bestimmter Menschen wird damit automatisch verhindert. Wohl aus diesem Grund folgt sie der unspektakulärsten Philosophie, die es jemals gab. Eine Philosophie des Unbenennbaren und der Namenlosen. Einfach das. Vollkommen entspannt.

Im Kosmos gibt es nichts, was fest ist, lautet eine der Grundaussagen des Daoismus. Alles ist dem Wandel unterworfen. Dao ist das Prinzip der Wandlung und des Fließens, also auch das Prinzip der Lebenskraft. Seine Form ist jedoch nicht chaotisch, nein, seine Wandlungen sind zyklisch, sie folgen einem bestimmten Rhythmus.

Das Dao ist der Grund des Seins, die transzendente Ursache und enthält somit alles, auch den Gegensatz von Sein und Nicht-Sein. Das heißt: Es umfasst sowohl die dualistischen Bereiche der materiellen Welt als auch die transzendenten jenseits der Dualität. Es ist sowohl das Ganze – der Kosmos – als auch das dem Kosmos immanente Prinzip: das Eine. In diesem Sinne kann nichts über das Dao ausgesagt werden; jede Definition würde eine Begrenzung bedeuten. Den alten chinesischen Weisheitstexten haftet daher immer der Geschmack des Paradoxen an.

Das Dao bringt die Einheit hervor. Die Einheit bringt die Zweiheit hervor. Diese die Dreiheit und diese wiederum die manifestierte Welt der zehntausend Dinge, sprich: aller Dinge, denn die Zahl 10.000 symbolisiert das „Unendlich-Viele". Somit ist das Dao die Potenzialität aller Formen.

Es handelt sich dabei also nicht um einen omnipotenten Schöpfer, sondern um ein ewiges Wirk- oder Schöpfungsprinzip, dessen natürlicher Dynamik Werden, Sein und Vergehen unterliegen. Obwohl das Dao jeglichen Wandel und jegliche Ordnung verursacht, ist es selbst leer und ohne Aktivität. Es ordnet, ohne zu herrschen.

Die alltägliche Praxis besteht daraus, konsequent zu befolgen, was befolgt werden muss, will man das Leben nähren und die eigene, ursprüngliche Natur verwirklichen. Wie das Dao sich selbst ordnet, ohne zu herrschen, sollte auch der Mensch nicht eingreifen in das, was da ist und zum Wohle des Ganzen wirkt. Deshalb gilt es als weise, dem Dao zu folgen und Nicht-Handeln – *Wu Wei* – ebenso wie Nicht-Reden, Nicht-Wissen, Nicht-Lernen zu praktizieren. Denn, so Laotse:

Wer etwas tut, zerstört es, wer etwas festhält, verliert es.
Wer redet, weiß nichts, wer weiß, redet nichts.
Das Wissen ist nur ein Werkzeug des Streites.
Der heilige Mensch lernt, nicht zu lernen.

Der Weise erreicht die Harmonie mit dem Dao also weniger durch Verstand, Wissen, Willenskraft und bewusstes Handeln, als vielmehr durch den unmittelbaren intuitiven Einblick, dadurch, dass er den Lauf der Dinge erspürt und sich ihm anpasst.

Bei Laotse gerät das Mystische zur Alltagskompetenz. Die Errungenschaften von Kultur und Zivilisation erweisen sich dabei eher als hinderlich. Sie verstopfen die Wahrnehmungskanäle und legen dem natürlichen Fluß Steine in den Weg, weil sie Widerstand und Reibung erzeugen. Dies gilt es mit allen Mitteln zu vermeiden. Stattdessen kommt es darauf an, das Potenzial einer Situation möglichst deutlich zu erkennen und frühzeitig auf das Spiel der Kräfte zu reagieren, noch bevor die Mitspieler sie in die falsche Richtung bewegen können, noch bevor sich eine unerwünschte Auswirkung überhaupt manifestieren kann. Das geht nur, wenn man das Wirken des Dao kennt und sich seinem Rhythmus angleicht.

Der Weise tut, was getan werden muss, aber verausgabt sich nicht in blindem Aktivismus. Er vermeidet festzuhalten, was sich nicht festhalten lässt; zu besitzen, was sich nicht besitzen lässt; zu warten auf etwas, das nicht auf sich warten lässt. Er hat es weder nötig, dem Ruhm zu dienen, noch sich durch Wissen und Bildung über andere zu stellen. Die Wirksamkeit seiner Lebenshaltung ist von einer anderen Art. Sie resultiert aus seinem Vertrauen in das Dao, das es besser weiß als er selbst. Sie resultiert daraus, dass er sich auf den Strom verlässt, der ihn von selbst zum Ort seiner Bestimmung tragen wird – aus purer Folgerichtigkeit. Der Weise geht mit dem Wandel, indem er sich dem Dao öffnet und sich von dessen Rhythmus führen lässt. Das ist sein Weg. Das ist seine Methode. Dazu eine daoistische Weisheitsgeschichte:

Dschau-dschau fragte seinen Lehrer Nan-tjüan: „Was ist der wahre Weg?“

Nan-tjüan erwiderte: „Der alltägliche Weg ist der wahre Weg.“

Wiederum fragte Dschau-dschau: „Kann man den Weg lernen?“

Nan-tjüan sagte: „Je mehr du lernst, desto weiter kommst du vom Weg ab.“

Darauf fragte Dschau-dschau: „Wenn man dem Weg nicht durch Lernen näher kommen kann, wie kann man ihn erkennen?“

Nan-tjüan sprach: „Der Weg ist kein sichtbares Ding, er ist auch kein unsichtbares Ding. Er ist nichts Erkennbares und auch nichts Unerkennbares. Suche ihn nicht, lerne ihn nicht, nenne ihn nicht! Sei weit und offen wie der Himmel, und du bist auf dem Weg!“

Laotses Philosophie ist eine Philosophie des Sich-raus-Haltens aus dem „Amt", sprich: aus dem System; eine Philosophie des egolosen Eigensinns; eine Philosophie der demütigen Anarchie, in der sich der individuelle Wille dem universellen Willen, der egoistische Verstand dem kosmischen Bewusstsein unterordnet. Für ihn ist die „beste Regierung die, die nicht regiert".

Ganz anders der Konfuzianismus, die zweite große Strömung des klassischen China, eine Philosophie der gesellschaftlichen Ordnung und der Moral. Seine wichtigsten Vertreter sind Konfuzius (5. Jhr. v. Chr.) und Meister Menzius (4./3.Jhr. v. Chr.), der die Ausgestaltung der konfuzianischen Lehre vornahm.

Die Grundaussage des Konfuzianismus lautet, dass alle Veränderungen beim Einzelnen beginnen. Nur wer bei sich selbst anfängt und sein Innenleben pflegt, kann die Dinge in der Welt verändern. Doch muss der Mensch wissen, wie er nach innen findet, d.h., er muß es lernen. Aus diesem Grund sind Bildung und Kultur wichtig und wertvoll, ebenso wichtig wie eine moralische Regierung, in deren Mittelpunkt die Menschlichkeit steht – untermauert durch das Recht, verankert durch entsprechende Ämter und bestärkt durch den Ritus.

Während sich ethisches Verhalten im Daoismus unmittelbar aus dem spontanen Impuls des autonomen Individuums ergibt, das seiner eigenen Natur folgt, lautet die Devise bei Konfuzius: die Gesetze des Wandels zur aktiven Veränderung nutzen; das Schicksal selbst in die Hand nehmen; sich gesellschaftlich und sozial engagieren und die Welt bewusst gestalten. Dazu ein typisch konfuzianistisches Gleichnis:

Zu einem bekümmerten Menschen, der sich an ihn um Hilfe wandte, sagte der Meister:

„Willst du wirklich Heilung?"

„Wenn nicht, würde ich mir dann die Mühe machen, zu Euch zu kommen?"

„Oh ja, die meisten Menschen tun das."

„Wozu?"

„Nicht wegen der Heilung, die tut weh, sondern um Erleichterung zu finden."

Seinen Schülern sagte der Meister:

„Menschen, die Heilung wollen, vorausgesetzt, sie können sie ohne Schmerzen haben, gleichen denen, die für den Fortschritt eintreten, vorausgesetzt, sie können ihn ohne Veränderung bekommen."

Die Komplementarität der Gegensätze – Herzensethik

Das Eine oder die Vielheit? Geistige Freiheit oder Moral? Demokratie oder die Herrschaft der Richtigen? Regieren oder Nicht-Regieren? Sich raushalten oder sich engagieren? Wissen oder lieber nicht wissen? Diese Fragen haben seit je die Gemüter bewegt und immer wieder zu heißen Debatten in Religion, Gesellschaft und Politik geführt. Betrachten wir die geistigen Strömungen der Weltgeschichte, lässt sich unschwer feststellen, dass sich die Gegensätze entweder kontinuierlich abwechselten oder miteinander konkurrierten. Stets schwang das Pendel von einer Seite zur anderen, entweder – oder.

Im Gegensatz zu unserer heutigen westlichen Zivilisation, die außer Profit und Gewinnmaximierung kaum mehr Werte kennt, tritt in den verschiedenen geistigen Strömungen eine auffallende Gemeinsamkeit hervor: Nirgendwo lässt sich die Frage nach der politischen Ordnung von dem Guten und Gerechten, von der kosmischen Ordnung und den geistigen Prinzipien oder dem „Göttlichen" trennen – selbst wenn es durch unverhältnismäßige Gewichtungen immer wieder zu Pervertierungen und Machtmissbrauch kam.

Auch in den Religionen indischen Ursprungs wie dem Buddhismus, Hinduismus und Jainismus besteht eine direkte Verbindung zwischen dem ethischen Verhalten und dessen Auswirkungen auf das persönliche und gesellschaftliche Leben: Karma. Sie richten die ethischen Regeln an der universellen Gesetzmäßigkeit, dem Weltprinzip aus, das in diesem Kulturkreis *Dharma* genannt wird.

Buddha war in seiner Erleuchtungserfahrung unter dem Bodhi-Baum zur Erkenntnis gelangt, dass Welt und Leben, kosmischer Wandel und persönliche Transformation keine undurchschaubaren und unberechenbaren Angelegenheiten sind, sondern einem logischen Gesetz folgen: „Wenn dies ist, ist auch jenes. Wenn dies entsteht, entsteht auch jenes. Wenn dies nicht ist, wird auch jenes nicht sein. Wenn dies vergeht, wird auch jenes vergehen." Das will sagen: Alles, was entsteht, entsteht in Abhängigkeit von anderem und lässt sich nicht isoliert betrachten.

Symbol für den Kreislauf des abhängigen Entstehens, der gleichbedeutend ist mit dem Leidenskreislauf (sanskr.: *Samsara)*, ist das Lebensrad: Anders als erleuchtete Wesen begehen fühlende Wesen einen grundlegenden Fehler bei der Wahrnehmung der Phänomene. Zwar ist die subtilste Schicht geistiger Prozesse uranfänglich erleuchtet, der wahrnehmende Geist erkennt dies aber nicht. Daher nehmen fühlende Wesen die von Natur aus nichtdualen Phänomene als von sich selbst und voneinander getrennt wahr und gestehen ihnen irrigerweise eine eigenständige Existenz zu. So entsteht die Vorstellung eines unabhängig von anderen Phänomenen existierenden Selbst, das die Quelle von drei grundlegenden „Geistesgiften" darstellt: 1. Unwissenheit, 2. Anhaftung und 3. Abneigung. Sie vernebeln die ursprüngliche Weisheit, und aus den „unreinen" Verbindungen der drei Wurzelgifte entstehen weitere Geistesgifte, wie Verwirrung, Hass, Gier, Neid, Eifersucht oder Arroganz.

Wer aufgrund dieser Geistesgifte Leid verursachende Handlungen begeht, erschafft geistige Eindrücke (Ursache), die als Resultat wiederum leidvolle Erfahrungen in der Zukunft bewirken (Wirkung). Infolge dieser Wirkungen treten die Wesen in einen der verschiedenen Bewusstseinsbereiche ein, die im Lebensrad durch drei verschiedene Himmel, drei verschiedene Höllen und das menschliche Dasein versinnbildlicht werden.

Für den unerleuchteten Blick mag der Mensch ein hilfloses Opfer des Karma sein. Buddha hingegen erkannte in der Gesetzmäßigkeit zugleich die Chance zur Befreiung. Durch rechte Einsicht, rechtes Denken, rechte Rede und rechtes Handeln, durch rechten Lebensunterhalt, rechtes Streben, rechte Achtsamkeit und rechte Sammlung, die er im „achtfachen Pfad" aufzeigte, kann man die Entstehung von schlechtem Karma verhindern, die leidvolle Kette der Wiedergeburt durchbrechen und Freiheit – *Nirvana* – erlangen.

Im Gegensatz zu den westlichen Religionen fassen die asiatischen die Rückwirkung also als naturgesetzlich auf und nicht als Eingreifen einer göttlichen, richtenden, belohnenden und strafenden Instanz.

Im Licht der modernen Wissenschaften können wir mit Gewissheit sagen: Die Weltordnung bleibt hinsichtlich des moralischen oder unmoralischen Verhaltens von Individuen indifferent. Sie sympathisiert nicht, bevorzugt niemanden und bestraft nicht. Sie erfüllt einfach ihre Aufgabe: nämlich das Ganze ein Ganzes bleiben zu lassen.

Weil der Mensch aber untrennbar in dieses Ganze eingeflochten ist, weil ihn die Ordnung des Ganzen am Leben hält, und er durch sein Denken und Handeln in diesem Ganzen selbst schöpferisch tätig ist, fällt ihm durch seine Teilhabe die Verantwortung für seine Entscheidungen zu. Heute ist die Welt durch und durch vernetzt. Ein einziger politischer, ökonomischer oder ideologischer Fehlbeschluss kann die gesamte Erdbevölkerung in den Abgrund reißen. Niemand darf mehr die Augen vor der Tatsache verschließen, dass es ums Ganze geht. Der Einzelne muss erkennen, dass es an ihm selber liegt, die kreativen Möglichkeiten des Lebens zu nutzen, um sich entweder zu belohnen oder zu bestrafen, um zur kollektiven Rückkehr ins Paradies beizutragen oder das Krisen- und Katastrophenpotenzial weiter zu erhöhen. Dass Erlösung nur Auserwählten vorbehalten ist, das Paradies erst nach dem Tode erreicht werden kann und Gott sich an einem weit, weit entfernten Ort befindet – diese Illusion müssen wir ein für allemal verabschieden! Wir selbst erschaffen unsere Himmel und Höllen – durch mangelnde Einsicht in das Wesen der Phänomene ebenso wie durch mangelnde Schulung.

Dabei brauchen wir keine Angst mehr vor Gotteslästerung zu haben. Betrachtet man die westlichen Religionen in leuchtender Unschärfe und entschlüsselt ihre Symbolsprache, werden in ihnen die gleichen prinzipiellen Aussagen transparent. Es ist lediglich eine Frage der „Übersetzung".

Wenn wir uns nach der gesellschaftspolitischen Umsetzung dieser Erkenntnisse fragen, so geht es zunächst einmal darum, die universelle Weisheit überhaupt anzuerkennen und zu vermitteln. Darin läge die Aufgabe der Kultur und ihres Bildungsangebots.

Im Anschluss daran muss dieses Wissen durch einen entsprechenden Lebensstil zur Entfaltung gebracht werden. Dies ist Angelegenheit des *ethos*. Doch mit Ethik ist keine Gesetzesmoral gemeint, denn eines ist unbestreitbar: „Alle dogmatischen Religionen sind letztlich Zufluchtsstätten für das Ego geworden", (Roland Ropers). Die wahre Ethik kommt von innen – sie geht mit dem Leben und findet auf jede Frage eine originale Antwort. Eine solche Ethik kann nicht durch äußere Vorschriften verordnet werden, denn sie liegt jenseits der Kategorien von Gut und Böse. Sie will von jedem selbst entdeckt und individuell zum Ausdruck gebracht werden.

Wie das Individuum sollte auch die Gesellschaft frei sein und sich auf ihre eigene Weise entwickeln. Alleinige Richtschnur ist die Führung des Dao, in der christlichen Religion „der heilige Geist". „Heilig" ist, wie auch das Wort „heil", ein Synonym für „ganz". Gemeint ist der ganzheitliche Geist, der Geist des Ganzen, die Logik der Interdependenz und des Wissens darum, dass sich alles wechselseitig beeinflusst.

Dieser Geist erlaubt eine neue Art der Freiheit: ungezähmte Weisheit, die Freiheit jenseits der Wahlfreiheit. In ihm vereinigen sich die polaren Aspekte – Freiheit und Moral, persönliche Geschichte und Dao, Geschehen-Lassen und Engagement, Innen und Außen, das Männliche und das Weibliche. In ihm hebt sich die Frage nach dem Entweder-oder auf. Die Komplementarität der Gegensätze kommt zum Tragen und bringt die Erkenntnis: Alle wilden Herzen – Platon, Aristoteles, Laotse und Konfuzius, Buddha und Jesus – haben jeweils bestimmte Aspekte ein- und desselben Geistes bzw. Prozesses betont und damit die notwendigen Antworten auf die Erfordernisse ihrer Zeit gegeben. Heute können wir hinter diesen Klangfarben eine universelle Symphonie vernehmen.

An dieser Stelle erübrigt sich auch die Unterscheidung in einen rechten oder linken, dunklen oder hellen, schwarzen oder weißen Weg.

Stattdessen dreht sich die Welt nur noch um einen einzigen Prozess. Der falsche Kurs wird im „Lauf der Dinge" automatisch einer Korrektur unterzogen.

Das Buch der Wandlungen – Vom Wesen des Prozesshaften

Wesentlich älter als Daoismus und Konfuzianismus ist das *I-Ging* – bei uns als Weissagungsbuch, verbunden mit einem Münzorakel, bekannt –, aus dem beide Richtungen schöpfen und in dem sich beide vereinen. Es zeigt die Potenzialität des Lebens in all ihren Facetten, ermöglicht einen Einblick in die Vielfalt der Wandlungssituationen des Lebens und zeigt, wie man weise mit ihnen umgehen kann.

Die Ursprünge des I-Ging werden auf das 12. Jahrhundert vor Christus datiert. Es gilt nicht nur als der älteste chinesische Weisheitstext, sondern als der älteste der Menschheitsgeschichte. Er enthält die gesamte Kosmologie des alten China. Die damit verbundene Orakeltechnik geht auf das Schildkrötenorakel zurück, bei dem der Panzer einer Schildkröte im Feuer erhitzt und aus den entstehenden Mustern von Rissen Interpretationen gewonnen wurden.

Die Grundideen des I-Ging lauten: Ausgewogenheit der Gegenteile und Akzeptanz der Veränderung. Weder geht es darum, den Veränderungen hinterherzulaufen, noch darum, gegen sie anzukämpfen. Das Ziel ist vielmehr, sich am Wandel zu orientieren und ihn zu überdauern. Die Hauptaussagen lassen sich folgendermaßen zusammenfassen:

- Immer ist das Bewusstsein der Gefahr nötig, um sich auf den Wandel innerlich und äußerlich vorzubereiten.
- Angesichts der Möglichkeit des Scheiterns übt der Edle Selbstkritik.

- Stets gilt es, dem Wandel der Zeit zu folgen und sich selbst angemessen zu verändern.
- Dabei ist eine Position der Mitte wichtig, ein Maßhalten, eine dauerhafte Haltung, die Ausgleich zwischen den Extremen sucht.
- Entscheidend ist die Beharrlichkeit.

Anhand von 64 Hexagrammen (Sechs-Strich-Zeichen), die aus nur zwei Linienarten (jeweils sechs durchgehende oder unterbrochene Linien) bestehen, stellt das Buch typische Lebenssituationen und Wandlungsabläufe dar, durch entsprechende Interpretationen erklärt. Der mythologische Symbolismus wurde vollständig durch abstrakte Symbole und Zahlenmystik ersetzt.

Abb. 4: – 23. I-Ging-Hexagramm

Je nach Ergebnis des Orakels entsteht durch die Wandlung eines der sechs Striche ein neues Zeichen und damit eine neue Lebenssituation. Auch das I-Ging zeigt folglich nicht Zustände, sondern Prozesse auf. Es macht transparent, wie aus den beiden ursächlichen Gestaltungsprinzipien *Yin* und *Yang* alle Dinge entstehen, dass der Welt der Vielfalt eine Einheit zugrunde liegt und es daher eine „Dauer im Wechsel" gibt, wie Goethe es nannte, als er das Wesen der Natur beschrieb: „Sie schafft ewig neue Gestalten; was da ist, war noch nie, was war, kommt nicht wieder – alles ist neu und doch immer das Alte." Die unterbrochene Linie steht dabei für den weiblichen Aspekt *Yin*: Zusammenziehen, Dunkelheit, Nacht, Tod, Wasser, Fließen; die durchgehende Linie für den maskulinen Aspekt *Yang:* Ausdehnung, Durchdringung.

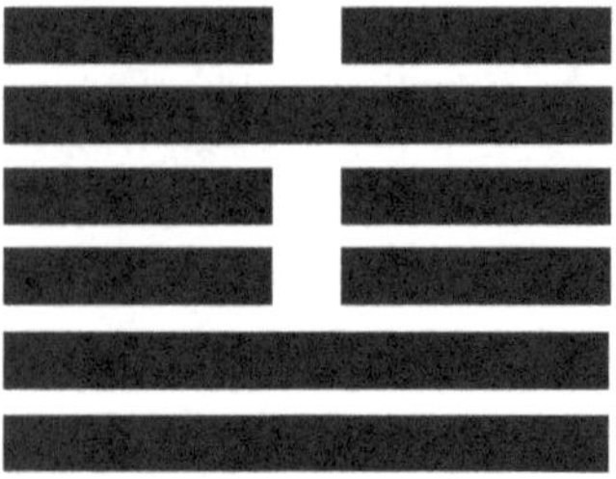

Abb. 5: – 60. I-Ging-Hexagramm

Da jedes der 64 Zeichen durch Wandel einer oder mehrerer Linien in alle anderen übergehen kann, gibt es 4.096 (64 x 64) verschiedene implizite Übergänge oder Möglichkeiten, wie eine Situation umschlagen kann. Und da jede Wandlung in zwei Richtungen erfolgen kann, kommt die Zahl der Wandlungen auf 8.192. Eine Zahl, die schon nahe an dem Begriff Unendlichkeit liegt, der mit dem bereits erwähnten chinesischen Zahlzeichen für 10.000 wiedergegeben wird. „Die zehntausend Dinge" stehen für die ganze Welt. Bei den Voraussagen mit allen denkbaren Möglichkeiten wandelnder Linien ergibt sich eine Wahrscheinlichkeit von 1:16,7 Mio., genau dieselbe Weissagung zu erhalten.

Durch Kombination zweier Linien, die man durch die 0 und die 1 ersetzen könnte, lassen sich also sämtliche Informationsmuster darstellen und übersetzen. Fühlen wir uns da nicht vehement an Welt zwischen 0 und 1 erinnert, an die Bit-Sprache, die in kurzer Zeit dem gesamten Globus eine neue Form der Kommunikation und Wissensvermittlung ermöglichte und ihm damit ein neues Gesicht gab? Hier verbinden sich älteste Weisheit und jüngste Wissenschaften.

Der Überlieferung nach erschufen die Weisen des Altertums die 64 Bilder des I-Ging durch Beobachtung der Erscheinungsformen, um „alle möglichen Zustände auf Erden" auszuschöpfen. Wer das I-Ging kenne, heißt es, kenne das Wirken der Götter – und könne sich mit ihrem Wirken verbünden. Jahrtausende der Beschäftigung mit der Innenwelt von Mensch und Kosmos sowie ihrer Beziehung zur Außenwelt liegen in dieser Schrift verborgen.

1924 wurde die deutsche Übersetzung des Sinologen Richard Wilhelm vollendet, die einen immensen Einfluss auf Denker wie Jean Gebser, Literaten wie Hermann Hesse, auf Künstler und Wissenschaftler jeder Couleur haben sollte. „Wenn man sich in eine der Zeichenkombinationen vertieft", schrieb Herrmann Hesse in seiner Besprechung des I-Ging, „so ist das kein Lesen, und es ist auch kein Denken, sondern es ist wie das Blicken in fließendes Wasser oder in ziehende Wolken. Dort steht alles geschrieben, was gedacht und was gelebt werden kann." Wildes Denken eben. Und C.G. Jung äußerte sich begeistert: „Die Hexagramme des I-Ging sind die Matrix aller denkbaren Prozesse."

Allerdings war die Weissagung nur eine der Anwendungs- und Interpretationsmöglichkeiten des I-Ging, das allem voran eine philosophische und ethisch-moralische Bedeutung hatte. Es galt als Lehrbuch der Weisheit, als Kompendium der Klugheit und bildete das geistige Fundament der chinesischen Alchemie und Heilkunde.

Innere Alchemie – Löse und verbinde!

Das griechische *chymeia* bedeutet „Schmelzung" und ist nicht nur Ursprung des Wortes Chemie, sondern auch Wortstamm des Begriffs Alchemie. Die Alchemie hat ihre Anfänge im Ägypten und Griechenland der Spätantike um 300 nach Christus und wurzelt in den sog. hermetischen Gesetzen:

- Das All ist Geist, das Universum ist geistig.
- Wie oben, so unten. Wie unten, so oben.
- Nichts ist in Ruhe, alles bewegt sich, alles ist in Schwingung.
- Alles ist zweifach, alles hat zwei Pole.
- Alles fließt aus und ein, alles hat seine Gezeiten.
- Jede Ursache hat eine Wirkung; jede Wirkung ihre Ursache.
- Geschlecht ist in allem, alles hat männliche und weibliche Prinzipien, Geschlecht offenbart sich auf allen Ebenen.

Die hermetischen Gesetze gehen auf die sagenumwobene *Tabula Smaragdina* und das *Corpus Hermeticum* zurück, als deren Verfasser der ebenso legendäre Hermes Trismegistos gilt. Die historische Herkunft des „dreimal Größten", wie er auch genannt wird, ist umstritten. Vermutungen zufolge soll es sich um einen ägyptischen König aus dem 3. Jahrtausend vor Christus handeln, doch wird er auch mit *Thot,* dem ägyptischen Gott der Weisheit, assoziiert. Entdeckt wurde die *Tabula Smaragdina*, die smaragdene Tafel, so heißt es, im 1. Jahrhundert nach Christus von Apollonius von Tyana. Aber auch dabei handelt es sich wahrscheinlich nur um einen Teil des Gesamt-Mythos.

In den alchemistischen Werkstätten wurden nicht nur die geistigen Prinzipien, sondern explizit der Weg der Transformation auf die Materie übertragen. Es ging nicht nur um die „Transmutation der Psyche", sondern auch um die „Transmutation der Materie", um daraus universell gültige Praktiken abzuleiten – Lebenspraktiken, aber auch soziale, medizinische und wissenschaftliche Methoden.

Zur wichtigsten Methode wurde das *Solve et coagula* – Löse und verbinde –, das dem „Stirb und werde" entspricht. Höchstes Ziel war es, den „Stein der Weisen" zu finden und – auf der materiellen Ebene – Gold zu machen. Durch Zerstückeln, Schmelzen, Verbrennen und erneutes Zusammenfügen der gereinigten Elemente sollte die Umwandlung niederer Stoffe oder Metalle in das edelste, unsterbliche Metall bzw. in eine Universalsubstanz (*Lapis*) oder in die Universalmedizin erfolgen. *Solve et coagula* – löse und verbinde. Löse alles Unreine, Unedle, damit es frei werde, die kosmische Ordnung aufzunehmen. Verbinde dann wieder, was getrennt worden war, und du wirst einen edleren Stoff erhalten – ein stufenweise erfolgender Veredelungsprozess.

Unter Paracelsus (1493–1541) mündete die Alchemie in die Suche nach der universellen Medizin: „Lerne erkennen, was die Alchemie ist, dass sie nur das ist, was das Unreine durch das Feuer zum Reinen macht. Obwohl nicht alle Feuer brennen, ist es doch nur Feuer und bleibt Feuer." Feuer ist für Paracelsus Symbol der reinigenden und heilenden Verwandlung. Für ihn umfasst Heilkunst alle Lebensbereiche, indem sich der Mensch den kosmischen Wirkprinzipien öffnet. Sie ruht nach seiner Ansicht auf vier Säulen, nämlich der Philosophie, der Astrologie, der Alchemie und der *Virtus*: Unter Philosophie versteht er die Liebe zur Schöpfung und das Wissen über die Geheimnisse der Natur; die Astrologie erklärt die Kräfte des Kosmos und deren Wirkung auf alles Irdische; die Alchemie lehrt die Herstellung der Arzneimittel durch Veredelung der Ausgangsstoffe und Verstärkung des Geistartigen in der Arznei, das die eigentliche Heilwirkung hervorruft; und mit *Virtus* meint er die Ausrichtung auf ein „richtiges", d.h. tugendhaftes Leben.

Paracelsus sah die vordringliche Aufgabe der Alchemie nicht in der Herstellung von Gold, sondern in der Herstellung von Arzneimitteln. Um sich von dem immer stärker werdenden Goldrausch abzugrenzen, wählte er die Bezeichnung *Spagyrik* (griech.: *spao* – trennen; *ageiro* – vereinigen, zusammenführen). In der Folge entwickelte sich die Spagyrik als der medizinische Bereich der Alchemie.

Die Alchemie mit ihrem Grundgedanken der analogen Übertragung geistiger Prinzipien auf die materielle Wirklichkeit hat sich nicht nur im Abendland entwickelt. Es gab eine chinesische, tibetische und indische Alchemie. Auch die traditionellen Medizinsysteme – die TCM (Traditionelle Chinesische Medizin), der *Ayurveda (*sanskr.: das Wissen vom Leben) und der *Sowa Rigpa (tibet.:* das Wissen vom Heilen*)* – sind aus diesem Grundgedanken hervorgegangen.

Der symbolische Prozess – Selbstverwirklichung

Das Wissen um den universellen Transformationsprozess liegt auch dem Tarot und anderen Weissagungs- und Orakelmethoden zugrunde. Die großen Arkana vollziehen den ständigen kosmischen Erneuerungsprozesses nach, der auf der menschlichen Ebene der archetypischen Heldenreise entspricht, dem Weg zur eigenen Vervollkommnung, der Entwicklung zu einem Menschen, der sich sowohl seiner äußeren als auch seiner inneren Kräfte bewusst wird und diese auch einzusetzen vermag.

Carl Gustav Jung sah im Tarot, im I-Ging, im Chakrensystem und der chinesischen Chi-Lehre eine exakte Parallele zu dem inneren Traumerleben moderner Menschen. Er war der Überzeugung, hier einen universellen „symbolischen Prozess" entdeckt zu haben, den er in *Die Archetypen und das kollektive Unbewusste* wie folgt definierte:

„Der symbolische Prozess ist ein Erleben im Bild und des Bildes. Sein Fortgang stellt in der Regel [...] einen Rhythmus dar von Negation und Position, von Verlust und Gewinn, von Hell und Dunkel. Sein Anfang ist fast stets charakterisiert durch eine Sackgasse oder sonstige unmögliche Situation; sein Ziel ist, allgemein ausgedrückt, Erleuchtung oder höhere Bewusstheit, wobei die Ausgangssituation auf einer höheren Ebene überwunden wird. Der Prozess kann sich, zeitlich zusammengedrängt, in einem einzigen Traum oder in einem kurzen Erlebnismoment darstellen, oder aber sich über Monate und Jahre erstrecken, je nach der Art der Ausgangssituation des Individuums, das im Prozess begriffen ist, und des zu erreichenden Ziels."

Der symbolische Prozess des Bilderlebens und der Weg zur persönlichen Ganzheit, den Jung „Individuation" (lat.: *individuare* – sich unteilbar, untrennbar machen) nannte, verfügen nach seinen Erkenntnissen über ein- und derselbe Struktur: Den Anstoß, sich auf den Weg zu machen, geben meist persönliche Probleme, scheinbar unlösbare Aufgaben, existenzielle Krisen oder notwendige Reifungsprozesse. Um diese Konflikte zu bewältigen, geht es darum, sich über die Normen und Werte anderer – der Eltern, der Gesellschaft, der Religion oder der Kultur – hinwegzusetzen und zu eigenen, authentischen Werten zu finden. Dabei ist es unumgänglich, die Erwartungen anderer zu enttäuschen, Verbote zu übertreten und Anpassungsmuster zu überwinden. Gelingt es jedoch, das jeweils Eigene vom Übernommenen zu unterscheiden, verbessert sich die innere Struktur des Menschen.

Im Individuationsprozess erkennt der Mensch Schritt für Schritt seine individuellen Anlagen, Fähigkeiten und Möglichkeiten, die er in der Folge zu leben beginnt. Auf diese Weise entwickelt er sich zu dem, „was er wirklich ist", zu einem einzigartigen Individuum. Es kommt zur „Verselbstung" oder „Selbstverwirklichung". Das Selbst ist das Zentrum der Persönlichkeit, das alle gegenläufigen Teile der Persönlichkeit zusammenfasst und vereinigt.

Individuation ist Jungs Verständnis zufolge ein lebenslanger, nicht endender Prozess, bei dem zwar eine stetige Annäherung an die Ganzheit des Selbst stattfindet, ein endgültiges Ziel jedoch nicht erreicht werden kann. Immer wieder sei der Mensch gefordert, sich aktiv und bewusst den neu auftauchenden Problemen zu stellen und seine Entscheidungen vor sich selbst zu verantworten. Individuation bedeutet, sich nicht danach zu richten, „was man sollte" oder „was im allgemeinen richtig wäre", sondern in sich hineinzuhorchen, um herauszufinden, was meine innere Ganzheit, mein Selbst, hier und jetzt, in dieser Situation bewirken will. In Anlehnung an C. G. Jung formulierte der französische Philosoph Gilbert Simondon: „Ein Individuum ist ein Prozess, der nicht aufhört zu werden, was er ist."

Die Auseinandersetzung mit dem Schatten bzw. dessen Integration stellt einen wichtigen und unabdingbaren Schritt auf dem Weg zur Vervollkommnung der Persönlichkeit dar. Der Schatten ist die dunkle Seite der Persönlichkeit und steht für die unterdrückten und ins Unbewusste verdrängten negativen Eigenschaften eines Menschen. Solange keine Auseinandersetzung des Ich mit dem Schatten stattgefunden hat, wird dieser häufig auf Personen oder Objekte außerhalb des Ich projiziert. Zu Beginn der Lebensmitte steht darüber hinaus die Integration des anderen Geschlechts im Vordergrund, für den Mann die *Anima* und für die Frau den *Animus*.

Jungs Arbeit hinterließ tiefe Spuren in zahlreichen Disziplinen und Lebensbereichen, nicht nur in der Psychologie, auch in Literatur und Kunst, in der Philosophie und der Soziologie. Kulturphilosophisch und soziologisch orientierte Ansätze, die von Jungs Individuationstheorie beeinflusst waren, versuchten zu zeigen, dass Individuation nicht nur einen individuellen, sondern immer auch einen kollektiven Prozess bedeutet. Heute ist man sich darüber einig, dass Individuation nicht als isolierter Prozess eines Einzelnen betrachtet werden kann. Die Entwicklung des Einzelnen steht in wechselseitigem Austausch mit dem gesellschaftlichen, kulturellen und natürlichen Umfeld. Wer sich selbst verändert, verändert die Welt. Selbstrealisation ist Weltrealisation.

Doch kehren wir noch einmal zurück zum Tarot. Wagen wir eine letzte „wilde" Kombination: Würde man die Terminologie C.G. Jungs verwenden, könnte man also sagen: Das Tarot ist so angelegt, dass alle Tarot-Karten Teil dieses einen symbolischen Prozesses der Individuation sind. Aus diesem Grund stehen sie auch alle unmittelbar miteinander in Verbindung. In jedem Teil spiegelt sich sozusagen der ganze Prozess wider. Es gibt viele Erklärungsmodelle, warum die Karten, werden sie richtig interpretiert, tatsächlich auf die jeweilige Situation des Fragenden zutreffen.

Ich bin überzeugt davon, dass die Erklärung dafür in der mandalischen Struktur und Wirkung des Tarot zu finden ist. Denn ich selbst habe in meinem Buch *Herzensqualitäten – Die Intelligenz der Liebe* anhand der inneren Alchemie ein Mandala von 33 Herzensqualitäten kreiert. Daher weiß ich um ihre Logik, ihr Kombinationspotenzial und ihren Bezug zum Persönlichen.

Herzensqualitäten – Tore zum Innenraum

Wenn ich Herzensqualitäten sage, meine ich Eigenschaften, die früher als Tugenden bezeichnet wurden; Paraceslus hatte von *Virtus* gesprochen: verbindende Eigenschaften, die uns befähigen, das Leben, uns selbst und die anderen liebevoll anzunehmen, aus Leid zu lernen, unter allen Umständen zu wachsen, Negatives in Positives und Schmerz in Freude zu verwandeln; Eigenschaften, die dem Leben taugen, denn „Tugend" kommt von „taugen". Für mich sind Herzensqualitäten die Facetten der Liebe, Tore zum Innenraum und gleichzeitig Ausdruck der inneren Werte, sichtbar gewordene Ethik. Da alle Qualitäten Aspekte des Einen – der Liebe – darstellen, sind in jeder einzelnen alle anderen als Information enthalten. In ihrer Gesamtheit bilden sie ein dynamisches Mandala, das im universellen Rhythmus des Werdens und Vergehens pulsiert. Wer sie lebt, lässt sie lebendig werden. Zwar ist die Liebe von Anbeginn vorhanden, doch will sie erkannt und gelebt werden, um sein zu können.

In der Praxis heißt das: Wann immer wir eine Herzensqualität aktivieren, bewirken wir damit die direkte Anbindung an unseren innersten Wesenskern. Gleichzeitig stehen die Herzensqualitäten in einem folgerichtigen Zusammenhang: Ein Tor führt auf gesetzmäßige Weise zum nächsten, um den Zugang zu immer neuen Fähigkeiten und Bewusstseinsräumen zu eröffnen. Gemeinsam stellen sie die typischen Stationen der Heldenreise dar.

So beginnt der Weg mit der Qualität der Bereitschaft, ihn überhaupt zu gehen. Von dort gelangen wir zur Lebensbejahung. Es folgen Wahrhaftigkeit, Mut, Willenskraft, Akzeptanz, Selbstachtung und Selbsterkenntnis. Dann bewegen wir uns in Richtung Verantwortung, Vergebung, Integrität weiter. Offenheit, Disziplin, Gehorsam und Demut brauchen wir, um die Schwelle zum Transpersonalen zu überschreiten. Aufmerksamkeit, Achtsamkeit, Konzentration, Balance und Geduld, wenn der Weg zurückführt in die Alltagswelt, wo Kommunikation, Freundschaft, Mitgefühl, Toleranz, Wertschätzung und Humor geübt werden wollen. Dadurch leisten wir einen wertvollen Beitrag zum Frieden. Hingabe, Bedingungslosigkeit und Freiheit werden jetzt erst möglich. Das letzte Tor führt zur Dankbarkeit, in einen Zustand jenseits von Absicht und Wollen, in den alle vorhergehenden Tugenden integriert werden und der gleichzeitig das Tor zu einem neuen Zyklus öffnet.

Es ist ein Weg, der niemals aufhört, denn die Dankbarkeit stellt nur den Übergang zu einer neuen Form der Bereitschaft dar. Motiviert durch die Kraft des Eros oder der Kundalini, folgt dieser Weg einer natürlichen Wachstumsspirale.

Rational sind diese Zusammenhänge kaum zu beschreiben, ebenso wenig lassen sie sich wissenschaftlich beweisen. Die innere Gesetzmäßigkeit der Herzensqualitäten wird nur über ihre Auswirkungen erfahrbar. Folglich können sie nur wild gedacht werden und bedürfen der Symbolsprache. Um das Undenkbare denken zu können, habe ich von der Zahlensymbolik oder Numerologie Gebrauch gemacht. So reflektieren die 33 Eigenschaften den inneren Charakter der Zahlen, denen sie zugeordnet sind. Zudem steht die 3 für persönliche Ganzheit, die 33 für kollektive Ganzheit oder „Familie“.

Die 33 Herzensqualitäten

Tore zu geistiger Freiheit & Liebe

1. Ebene:
Befreiung von geistigen Begrenzungen

1 Bereitschaft
2 Bejahung
3 Wahrhaftigkeit
4 Mut
5 Willenskraft
6 Akzeptanz
7 Selbstachtung
8 Selbsterkenntnis
9 Verantwortung
10 Vergebung
11 Integrität

1. Zyklos:
Einfaltung nach innen =
ERKENNTNIS

2. Ebene:
Verbindung von Herz und Verstand

12 Klarheit
13 Vertrauen
14 Offenheit
15 Disziplin
16 Gehorsam
17 Demut

Geistige Transformation

18 Aufmerksamkeit
19 Achtsamkeit
20 Konzentration
21 Balance
22 Geduld

3. Ebene:
Soziale Intelligenz und kosmisches Bewusstsein

23 Klarheit
24 Vertrauen
25 Offenheit
26 Disziplin
27 Gehorsam
28 Demut
29 Aufmerksamkeit
30 Achtsamkeit
31 Konzentration
32 Balance
33 Geduld

2. Zyklos:
Einfaltung nach außen =
HINGABE

Was nun bewirken diese Eigenschaften? Durch gelebte Tugenden schwingen wir uns in die kosmische Ordnung ein und durchschreiten dabei drei Ebenen der Befreiung, Bewusstwerdung und Verwirklichung:

Die erste Ebene, bestehend aus den ersten 11 Eigenschaften, befähigt, mit dem Herzen zu hören. Wir entwickeln Intuition, wildes Denken. Wer die erste Ebene gemeistert hat, identifiziert sich nicht mehr mit Vorstellungen, Überzeugungen und Konditionierungen und hat sich von dem Hang zu projizieren befreit. Dadurch schafft er keine Feindbilder und unfreien Bindungen mehr. Er folgt seiner inneren Stimme, ist wahrhaftig und lebensbejahend und setzt seine Willenskraft dafür ein, die volle Verantwortung für das eigene Leben zu übernehmen. Er kennt sich selbst, seine Stärken und Schwächen, und scheut sich nicht, sein Licht leuchten zu lassen.

Auf der zweiten Ebene, die bis zur 22. Qualität führt, gehen Herz und Verstand eine unlösbare Verbindung ein. Man entwickelt, was Buddhisten „unterscheidende Weisheit" nennen, indem man kontinuierlich versucht, den persönlichen Willen mit dem Geist des Ganzen (*Dharma, Dao*) – der Liebe – in Einklang zu bringen. Wer diese Ebene gemeistert hat, ist mit seinem Wesenskern verbunden und erfährt tiefes Urvertrauen.

Auf der dritten Ebene entwickelt sich – Hand in Hand mit dem kosmischen Bewusstsein – die soziale Intelligenz. Das intuitiv Erfasste und intellektuell Überprüfte wird konsequent verwirklicht. Man erreicht dadurch nicht nur die eigenen Ziele, man dient überdies einer Sache, die größer ist als man selbst. Ein solches Dienen ist längst kein Opfer mehr, es hat nichts mit Verzicht zu tun, sondern entsteht aus einem immensen inneren Überfluss heraus. Man befindet sich an der Quelle und wird ununterbrochen von ihr gespeist.

Genau in der Mitte (17) befindet sich die Demut. An dieser Stelle findet der Sprung ans andere Ufer statt: Aus Erkenntnis wird Hingabe. Sobald sich unser kleines Ich dem kosmischen Bewusstsein anvertraut: „Dein Wille geschehe", gibt es sich im Gegenzug uns hin. Wir erkennen das unterschiedslose Wesen des Einen-Ganzen.

Herzensqualitäten sind die Werte, nach denen wir uns alle sehnen und immer gesehnt haben – die Aspekte einer natürlichen Ethik, die nicht mehr von außen aufgezwungen wird; die, ganz im Gegenteil, aus dem gemeinsamen Herzen der Menschheit erwächst. Sie sind unmittelbarer Ausdruck von Menschlichkeit und bilden die Grundlage für ein friedliches, von gegenseitiger Achtung geprägtes Miteinander. Ob als „Ideen" oder in realisierter Form, sie stehen für die Stationen eines Weges auf des Messers Schneide, der uns lehrt, alles Überflüssige, alle konstruierten Ängste, alle selbst auferlegten Begrenzungen, Konditionierungen und Widerstände loszulassen und sich immerfort auf das Eine – das Wahre, Gute und Schöne – auszurichten. Um letztlich alles Negative und Zerstörerische zu verwandeln. *Solve et coagula* – Löse und verbinde. So lange, bis nur noch Allverbundenheit übrig bleibt. Liebe.

Der Stein der Weisen

In Ladakh scheint in klaren Nächten der Himmel zum Greifen nah. Tausende und abertausende von Sternen brillieren in der Weite der Welten. Hier und da, gar nicht selten, schickt der Himmel eine Sternschnuppe und fordert mich auf, mir etwas zu wünschen. Was für ein schöner Gedanke, aus der unendlichen Vielfalt der Möglichkeiten eine auswählen zu dürfen; sogar diejenige, die mir in diesem Moment als die schönste erscheint. Nicht nur, dass mich die Sternschnuppen an meine Wünsche erinnern, sie zeigen mir auch, wie vergänglich diese Wünsche sind und dass es nur selten auf deren konkrete Erfüllung ankommt.

Ist diese tiefe innere Sehnsucht des Menschen wirklich auf bestimmte Ziele hin angelegt? Oder geht es um die Sehnsucht an sich, die – darf sie lebendig bleiben – mich selbst lebendig hält?

Ist sie nicht wunderschön, diese Sehnsucht? Öffnet sie nicht das Tor zu einer Welt der ungeahnten Möglichkeiten, zum Tagträumen, zum Spinnen am unendlichen Faden der Fantasie? Gleichen solche Momente nicht einer Sternschnuppe, wenn sich – absichtslos und unvorhergesehen – ein Geistesblitz einstellt, der mir die Antwort auf eine Frage oder das fehlende Stück in einem Gedankenpuzzle schenkt?

Aber woher kommt der Geistesblitz? Er kommt aus dem unendlichen Raum dazwischen, jener kosmischen Größe, die nichts ist und doch alle Möglichkeiten in sich birgt; aus dem Raum zwischen den Gedankenfragmenten, der leer ist und einem doch das jeweils Richtige, manchmal das einzig Richtige zuspielt, wenn man nur offen dafür ist. In solchen Momenten überkommt mich ein alles durchdringendes Glücksgefühl. Staunend stehe ich da wie das Sterntaler-Kind, halte mein Gewand auf und lasse mich beschenken. Und weiß im gleichen Augenblick: Kein materieller Reichtum dieser Welt kann diese Momente ersetzen.

Aus solchen Momenten werden Erfindungen geboren, die die Welt verändern; Kunstwerke, die das große Staunen auch im Betrachter zu wecken vermögen. Diese Momente sind die Quelle der Poesie, des Wahren, Guten und Schönen. Ja, sie sind das Wahre, Gute und Schöne selbst, denn in ihnen gibt es keine Trennung. Dort, wo Trennung gewesen zu sein schien, erhebt sich der ungeteilte und unteilbare Bewusstseinraum unmittelbarer Lebendigkeit.

Die Alchemisten haben ihn nicht gefunden – den Stein der Weisen. Erst heute, nach vielen weiteren „Schmelzungen" können wir sagen: Der Stein der Weisen ist die Liebe. Die universelle, bedingungslose, ungezähmte Liebe, frei von allen Konditionierungen; *unconditional love*, die sich endlos neu hervorbringen möchte und hervorgebracht werden will, weil sie selbst das Schöpferische ist. In den Begriffen der Alchemie gesprochen: „Das große Werk" besteht in der Herstellung des Steins der Weisen und nicht in dem Stein selbst.

Wer immer ihn in materieller Form, in Gold oder, wie die Wissenschaft, in der reinen Materie vermutete, suchte vergeblich. Die Jagd scheiterte an der Überzeugung, das Endgültige sei etwas Unveränderliches, etwas, das sich erreichen, festhalten und dann für immer besitzen lässt. Sie scheiterte an der Lebendigkeit selbst, die zu ständiger Wandlung und Neuschöpfung drängt.

Liebe bzw. Allverbundenheit ist das Wesen alles Seienden, folglich auch das Wesen des Menschen. Liebe ist die Kraft, welche die Welt und uns selbst im Innersten zusammenhält und dabei das Universum bewegt. Liebe ist der immaterielle, prä-lebendige und genuin schöpferische Urgrund alles Seienden. Gleichzeitig ist sie der lebendige Impuls, der danach drängt, Beziehung zu schaffen. Dieser Impuls ist stärker als jedes Hindernis. Wie ein mächtiger Strom bahnt er sich seinen Weg, nur seinem inneren Wesen gehorchend: neue – freie! – Verbindungen herzustellen. Dabei lösen sich alle Arten von Widerständen, Blockaden, Verwicklungen, Knoten – unfreie Bindungen also – auf. Diese Kraft überwindet alle Gegensätze und führt zur Einheit. Und umgekehrt: Aus der Einheit kommend führt sie, neue Verknüpfungen schaffend, in die Vielfalt. Das heißt, sie führt sowohl zu Integration als auch zu natürlicher Differenzierung. Natürliche Differenzierung ist kein destruktives Durchschneiden, sondern das Hervorgehen des Vielen aus dem Einen, wie wir es überall in der Natur finden: gebären, vermehren, wachsen, sich ausdehnen.

Einheit und Vielfalt, Geist und Materie sind – und werden – auf diese Weise unlösbar vereint: zwei komplementäre Aspekte, die zusammengehören, die zusammenfinden wollen, um dann wieder voneinander wegzustreben, damit sie sich von neuem begegnen und auf immer andere Weise miteinander spielen können. Wie *Yin* und *Yang*, Innen und Außen, das Männliche und das Weibliche, Intuition und Intellekt, rechte und linke Gehirnhälfte, Oben und Unten ...

Das Ganze ist ein emsiges Flickwerk, ein unaufhörliches Löcherstopfen, ein Reparieren von Verklemmungen und Risse-Kitten, damit keine unüberbrückbaren Abgründe entstehen, damit das Ganze tatsächlich ein Ganzes bleiben kann. Auf der Ebene des Komplementären (lat.: *complementum* – Ergänzung; Erfüllung) findet die Hochzeit des Polaren statt: Unzertrennlichkeit, hohe Zeit, Blüte, höchstes Glück.

Das umwälzend Neue unserer Zeit liegt in der Erkenntnis, dass nun auch die Wissenschaften, die uns jahrhundertelang glauben machten, die inneren Welten hätten mit der Realität nichts zu tun, zu denselben Einsichten gelangen. Die Revolution findet dort statt, wo sich Wissenschaft und Transzendenz, Innenansicht und Außenansicht, Mythos und Erkenntnis begegnen. An dieser Nahtstelle kristallisiert sich, wie eingangs dargestellt, ein bahnbrechendes Wirklichkeitsverständnis heraus. „Das Universum ist nicht auf Materie aufgebaut", lautet die große Erkenntnis des 20. Jahrhunderts, „der Urgrund ist beziehungs- und prozesshaft, geistig." Sogar namhafte Wissenschaftler wie Hans-Peter Dürr scheuen sich nicht, dieses geistige Wirkfeld tatsächlich auch als Liebe zu bezeichnen, einfach deshalb, weil es kein treffenderes Wortsymbol dafür gibt. *Cosmos (*griech.: Welt; Weltordnung*)* ist Liebe.

In den frühen 70er Jahren hatte der Quantenpyhsiker David Bohm (1917–1992) eine Intuition, die sich vollständig mit den Grundaussagen der Weisheitstraditionen deckt und die ihn dazu bewegte, sich eine Ebene tiefer, unter die mechanistischen Formulierungen und Standardinterpretation der damaligen Quanten- und Relativitätstheorie in den Bereich des Metaphysischen zu wagen. Bohm bezeichnet die Einheit und Verbundenheit, die der dualistischen Erscheinungswelt zugrunde liegt, als „implizite Ordnung", die sich fortgesetzt entfalten will, wodurch sie im sinnlich wahrnehmbaren Universum „explizit" wird. Auf diese Weise bilden Geist und Materie eine „ungeteilte Ganzheit", die sich in ständiger Bewegung, in einem *Universal flux* befindet, der erschafft, erhält und letztlich wieder auflöst. Sowohl in der Natur als auch in menschlichen Aktivitäten ist diese Bewegung gestaltend wirksam, sie trägt und transportiert die implizite Ordnung. Ihre Gesetze seien deswegen, so Bohm, nicht nur in der Physik, sondern auch in allen anderen Disziplinen und Lebensbereichen gültig und anwendbar. Daher gab ihr Bohm den Namen „Holomovement", zu Deutsch: „Die Eine Bewegung".

„Stirb und werde" ist das Organisationsmuster, das allen lebenden Systemen gemeinsam ist. Eine so nahe liegende Erkenntnis! Gleichzeitig sind wir unendlich weit entfernt von ihr. So lange nämlich, wie wir dieses Sterben für das Ende des Lebens halten. Aber dieses Sterben ist nicht Tod als Ende des Lebens, wie wir ihn zu verstehen konditioniert sind. Dieses Sterben ist ein wesentlicher Teil des Lebens selbst, Voraussetzung für Lebendigkeit und Wachstum.

„Stirb" und „Werde" gehören unabdingbar zusammen. Sie bilden die beiden Aspekte des universellen Prozesses, der für Selbstregulation, Selbsttranszendenz, Kreativität und Selbsterhaltung sorgt. Echte Erkenntnis, wirkliches Leben und gesunde Kommunikation haben die gleiche Struktur und bedingen sich gegenseitig. Das Ganze ist dynamische Allverbundenheit. Seine Dynamik ist jedoch nicht einfach nur Bewegung. Diese Bewegung hat eine Ausrichtung. Sie ist auf das Eine und das Verbinden ausgerichtet. Der Kosmos denkt wild. Er liebt, und wir alle sind in diese Liebe eingebunden, in dieser Liebe miteinander vereint.

Liebe ist die Analogie der Analogien, das Symbol der Symbole, die Erkenntnis der Erkenntnisse, die Wissenschaft der Wissenschaften. Liebe ist Gott, Dao, Dharma, Brahman und Atman. Aus diesem einfachen Grund suchen wir alle nach ihr, bewusst oder unbewusst, wir alle, ohne Ausnahme. Sie ist die Sehnsucht nach Ganzheit, nach dem verlorenen Paradies. Und gleichzeitig ist sie die Antwort darauf.

Der mythologische Symbolismus ist die Sprache der Seele. Tausende von Jahren wurde diese Sprache durch Mythos, Kult und Kunst lebendig gehalten und wurzelt als das Gedächtnis der Evolution tief in unserer Psyche. Über Sprach-, Kultur- und Religionsgrenzen hinaus lässt sie das typisch Menschliche mit seinen Licht- und Schattenseiten erkennen und demonstriert den Weg durch das Labyrinth des Lebens. Auf die gleiche Weise erlaubt diese Sprache den Einblick in das Wesen der Kosmos und transportiert das Wissen darüber, wie das Persönliche mit dem Überpersönlichen in Einklang gebracht werden kann, um sich seelisch, körperlich, geistig, sozial und kulturell gesund zu halten. Sie ist und vermittelt pures Orientierungswissen.

Stirb und werde. Und das nicht nur einmal. Nein, immer wieder heißt es loslassen, Abschied nehmen von Altem, unbrauchbar Gewordenem, Feindlichem, Blockierendem. Immer von neuem dürfen wir auferstehen – verwandelt, geheilt, ein Stückchen einsichtiger, weiser – und ausgestattet mit einem neuen Ring des Bewusstseins.

Diese Bewegung hat kein Ziel. Sie selbst ist das Ziel: Lieben. Lieben heißt dem Leben dienen, den „rechten" oder „weißen" Weg gehen. Dabei ist es völlig gleichgültig, welcher Konfession, Kultur oder Nation ich angehöre. Wenn ich liebe, schwinge ich mich in den kosmischen Rhythmus ein und partizipiere an der ordnenden Weisheit des Ganzen. Der Weg ist das Ziel, aus genau diesem Grund. Dieser Weg hat weder einen Anfang noch ein Ende, nur eine Richtung, einen Rhythmus. Er ist die Eine Bewegung. Er ist das Prinzip Religio. Er ist der universelle Lebenscode.

Symbol dieses strukturellen Codes ist die Lemniskate. Sie steht für Unendlichkeit, Beständigkeit, Sicherheit; für die Verbindung der Gegensätze in einem Prozess des Wandels, der seinem eigenen Impuls folgt. Wird dieser Impuls gehemmt, kommt es zur Stagnation; wird die Richtung nicht eingehalten, kommt es zu Verzerrungen; wird die Verbindung unterbrochen, kommt es zur Spaltung. Bedenken wir aber, dass es nicht einfach die liegende Acht ist. Es ist eine Acht in wachsenden Ringen. Sie symbolisiert beständige Erneuerung nach innen und außen, oben und unten. Innere Führung. Schöpfung. Kreativität. Involution und Evolution.

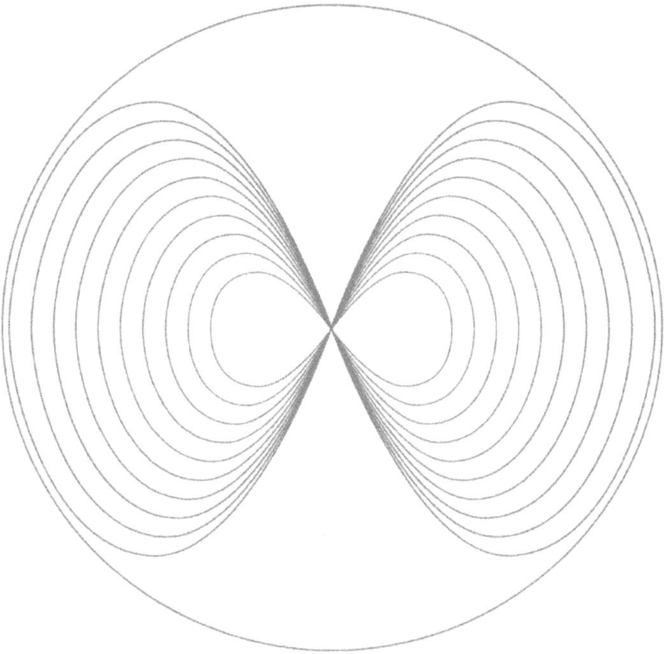

Abb. 6: Liegende Acht

Ich lebe mein Leben in wachsenden Ringen,
die sich über die Dinge ziehn.
Ich werde den letzten vielleicht nicht vollbringen,
aber versuchen will ich ihn.
Ich kreise um Gott, um den uralten Turm,
und ich kreise jahrtausendelang;
und ich weiß noch nicht: bin ich ein Falke, ein Sturm
oder ein großer Gesang.

Rainer Maria Rilke

3. TEIL

VISION EINER KULTUR DES HERZENS – DEN RISS IN UNSEREM DASEIN KITTEN

Als ich mich zu lieben begann,
da erkannte ich, dass mich mein Denken
armselig und krank machen kann.
Als ich jedoch meine Herzenskräfte anforderte,
bekam der Verstand einen wichtigen Partner.
Diese Verbindung nenne ich heute HERZENSWEISHEIT.

Wir brauchen uns nicht weiter vor
Auseinandersetzungen, Konflikten und Problemen
mit uns selbst und anderen zu fürchten,
denn sogar Sterne knallen manchmal aufeinander,
und es entstehen neue Welten.
Heute weiß ich: DAS IST DAS LEBEN!

Charlie Chaplin an seinem 70. Geburtstag

Borderline – An der Schwelle zur nächsten Epoche

Hinter den festgefahrenen Entitäten
wird man die Flüssigkeit des Lebens wiederfinden,
an die die Kohärenz gebunden ist.

François Jullien

Im Kulturvergleich, der heute hinter den Kulissen der öffentlichen Wissensvermittlung stattfindet, fallen Weltbilder in sich zusammen wie Kartenhäuser. Überall sind Traditionen in Veränderung begriffen, selbst dort, wo man es gar nicht vermutet. Auf meinen Reisen beobachte ich, wie sich mit teilweise rasender Geschwindigkeit nicht nur das äußere Bild ganzer Kulturen wandelt, sondern auch Mentalität, Gesellschaft, Werte, Beziehungsstrukturen. Immer mehr globale Millionenstädte entstehen, Wahrzeichen des Fortschritts, der internationalen Vernetzung und der Technik. Mit den Megastädten wachsen aber auch die Slums. Sie sind die düstere Seite der Entwicklung, vor allem in der südlichen Hemisphäre. In den ländlichen Gebieten verfallen Handwerk und ursprüngliche Dorfstrukturen und werden von Hightech-Landwirtschaft und Großgrundbesitz überlagert. Landflucht ist die logische Folge. Die Schere zwischen Arm und Reich klafft immer weiter auseinander, und trotz zunehmender Bildung nimmt die soziale Ungleichheit bedrohlich zu. Die Städte, bislang Symbol und Chance für ein besseres Leben, entwickeln sich zu einer Armutsfalle, während die Dörfer ihren Charme verlieren, der höchstens noch für Touristen aufrechterhalten wird.

Die etablierten Religionen und die verkopfte Monokultur der Zivilisation stoßen hart an ihre Grenzen. Rücksichtslosigkeit, Blindheit, Ausbeutung der Ressourcen und Zerstörung der Umwelt haben ein

Ausmaß angenommen, dass sich das Ganze zu wehren beginnt. Wir befinden uns inmitten einer globalen Katharsis, im Niemandsland, an der *Borderline* zwischen Alt und Neu.

Borderline bedeutet „Grenzlinie" bzw. „grenzwertig". Die *American Psychiatric Association* erfasst unter diesem Begriff eine Identitäts- und Persönlichkeitsstörung – an der Grenze zwischen seelischer Gesundheit und Geisteskrankheit –, gekennzeichnet durch ein Hin-und-hergerissen-Sein, einen Kampf zwischen Selbstüberschätzung und Unzulänglichkeit, Gigantismus und Depression, Idealisierung und Entwertung, mit einem ausgeprägten Schwarz-Weiß-Denken und typischen Entweder-oder-Mustern. Dahinter steht ein chronisches Gefühl der Leere, das ausgefüllt wird mit intensiven, aber unbeständigen Beziehungen, Konsum, allen möglichen Kicks, die immer stärker werden, sowie Ehrgeiz und übermäßigen Anstrengungen, nicht verlassen zu werden.

Störungen des Selbstbildes, der Ziele und Präferenzen sind die Folge, aber auch Ängste und Phobien. Die Psychologie spricht von einer „spezifischen Ich-Schwäche" oder der „Brüchigkeit des Ich". In der Magie und der Esoterik finden Borderliner die Möglichkeit, persönliche Defizite zu kompensieren und sich außergewöhnliche Fähigkeiten einzubilden.

Die Krise, die wir derzeit erleben, könnte man durchaus als eine kollektive Identitätsstörung beschreiben. Die Schatten und Neurosen einer ganzen Ära drängen an die Oberfläche, wie die Dämonen, mit denen sich der Held auf seiner Reise auseinanderzusetzen hat, um wieder ganz werden zu können.

Die Wurzeln des Borderline-Syndroms liegen in emotionaler Vernachlässigung; in traumatischen Beziehungserfahrungen oder Erschütterungen, die der Betroffene nicht bewältigen konnte; im häufigen Wechsel von Bezugspersonen; in Trennungssituationen, die er nicht verarbeiten konnte. Kurz, wenn wesentliche seelisch-geistige Bedürfnisse nicht geachtet wurden und Orientierung fehlte; wenn er nicht genug Liebe oder die falsche Art von Liebe empfing.

Die Ursache ist letztlich ein Mangel an gelebter Liebe. Ein Mangel an Maßnahmen zur Bewältigung von Krisen und Übergängen, wie man sie einst kannte (Initiations- und Übergangsrituale, die Visionssuchen ...). Ein Mangel an Mythen und Märchen und an Geschichten, mit denen man sich identifizieren kann, die helfen, die Angst zu integrieren und sich zu reorientieren.

Unsere modernen Mythenerzähler sind die Medien. Fernsehen und Computerspiele sprechen eine Bildsprache, die Gewalt, Sex und Konsum verherrlicht, und verbreiten Geschichten, die nicht zu Ende gedacht sind. Sie lassen uns mit geweckten Bedürfnissen im Regen stehen, ohne auf die Moral von der Geschicht' zu setzen, das heißt ohne unser inneres Wissen zu berühren.

Die täglichen Nachrichten bestehen aus *Bad news*, die eine globale Angst schüren, aber keinen Ausweg anbieten. Da sie mit dem Anschein der Objektivität serviert werden, wird der Konsument nicht zu einer persönlichen Stellungnahme bewegt. Er glaubt, am Weltgeschehen teilzunehmen, während er in Wirklichkeit völlig unbeteiligt bleibt. Tatsächlich liegt er Chips knabbernd vor einem technischen Gerät und wartet auf den nächsten Krimi, während andere über individuelle Schicksale entscheiden und das Leben an ihm vorbeirauscht – und damit die Chance, etwas zu verändern.

Für mich ist das Borderline-Syndrom im wahrsten Sinne des Wortes eine Schwellenkrankheit: das Resultat der verlorenen Weisheit, des verloren gegangenen Wissens um Rückverbindung; der verzweifelte Ruf des Inneren, den wir in der Üppigkeit und Betriebsamkeit des Alltags nur noch verzerrt und verwirrt wahrnehmen können. In der industrialisierten, „hochentwickelten" Welt hungern wir nach Sinn, Geborgenheit, Wärme, nach dem Innenleben, von dem wir schmerzlich abgetrennt sind. Viele nehmen den Riss in ihrem Dasein nicht einmal mehr wahr, weil sie das wilde Denken verlernt haben. Findet die kollektive Umkehr nicht bald statt, laufen wir Gefahr, dass sich die Borderline-Symptome vehement potenzieren.

Wie an jedem Übergang ist auch hier die Angst als der Hüter der Schwelle, als Höllenhund postiert. Sie lässt niemanden durch, der nicht zu lieben versteht, der nicht gelernt hat, die Dämonen zu überlisten, der nicht wagt, mit dem Leben zu gehen und sich einzusetzen für das, was dem Leben dient.

Diese psychische Instanz lässt sich nicht bluffen. Unerbittlich sitzt sie uns im Nacken und fordert uns auf, die unerledigten Aufgaben anzugehen. Erst wenn die heilige Pflicht erfüllt ist, lockert sie den Griff. Die dämonische Maske fällt, und man erblickt sich selbst in seiner sturen Weigerung, den Kontroll- und Machthunger des kleinen Ich loszulassen und sich dem Prozess des Neuwerdens hinzugeben, der unser bewusstes Mitwirken braucht, damit sich Innen- und Außenwelt aus dem Chaos wieder in die Harmonie einschwingen können.

Der Hüter der Schwelle verlangt eine Entscheidung: Liebe oder Trennung, Leben oder Tod, Wachstum oder Stagnation. Wer sich nicht für das Wohl des Ganzen entscheidet, den befördert er recht unsanft in die dem Paradies entgegen gesetzte Richtung. Schließlich und endlich lässt uns der Hüter der Schwelle erkennen, dass wir selbst das gesamte Szenario sind: nicht nur Kulisse und Bühne der verschiedenen Akte, sondern auch Darsteller aller Rollen, Autor, Regisseur und Produzent.

Dazu ein weiteres „wildes" Beispiel: In Tibet gibt es zwei Formen der Bestattung: die Feuer- und die Luftbestattung. Bei der Luftbestattung wird der Körper des Verstorbenen an einem speziellen Ort zerstückelt und den Geiern zum Fraß überlassen. An diesem Ort des Grauens, so heißt es, tummeln sich die Geister der drei Höllen. Für den Tibeter ist dieser Platz die Hölle selbst. Dort praktizieren die Yogis aus der Tradition der *Machig Labdrön,* einer buddhistischen Yogini des 11. Jahrhunderts, das *Chöd*-Ritual. Zu einem genau berechneten Zeitpunkt begibt sich der Yogi, ausgestattet mit seiner Handtrommel und einer Flöte aus Menschenknochen, zum Totenacker. Mitten unter den Leichenteilen, umgeben vom Geruch der Verwesung, bereitet er sein Lager. Nicht, dass er die Geister mit seinen Instrumenten verscheuchen möchte, vielmehr ruft er sie mit seiner lieblichen Musik herbei; vor allem die Hungergeister, die, ähnlich unseren Vampiren, von der Energie anderer leben.

Der Yogi stellt sich seinen Ängsten. Ja, er bietet sich sogar selbst zur Nahrung an. Durch diesen Akt der Großherzigkeit verwandeln sich die gefährlichen Geister in freundlich gesinnte. Weil sie verstanden, bedingungslos angenommen und von ihrer Gier erlöst wurden, sind sie keine Feinde mehr, sondern entwickeln sich zu treuen Helfern.

Der Erkenntnis-Effekt dieser magischen Praxis ist ein mehrfacher: Der Yogi bezeugt seine Fähigkeit, sich selbst den schrecklichsten Ängsten zu stellen. Er erfährt, dass er negative Kräfte durch liebendes Mitgefühl verwandeln kann – zum Nutzen zahlloser Wesen. Der eigentliche Sinn des *Chöd* liegt jedoch in der lebensverändernden Erkenntnis: Mein eigenes Bewusstsein hat die Ursachen dafür hervorgebracht, dass bestimmte Personen oder Umstände mir in einer bestimmten Weise erscheinen. Mein eigenes Karma hat hervorgebracht, dass ich mich in einer bestimmten Weise verhalte. Meine eigene innere Disposition führt dazu, dass ich ein bestimmtes Verhalten in einer bestimmten Weise bewerte. Die Wahrnehmung des Anderen ist nie unabhängig von mir selbst. Ich allein bin die Quelle – die Quelle meiner Ängste und Probleme, aber auch die Quelle der Veränderung. Alle Arten von Projektionen werden durchschaut und erübrigen sich.

Eine tibetische Weisheit, die von Hans-Peter Dürr oft zitiert wird, lautet: „Ein Baum, der fällt, macht mehr Krach, als ein Wald, der wächst." Die Medien lenken unsere Wahrnehmung auf die fallenden Bäume, doch trotz all des Negativen und der Zerstörung wirkt und webt das Leben weiter. „Leben, das leben will, inmitten von Leben, das leben will", wie Albert Schweitzer es ausdrückte. Dort, wo es bröckelt, erhaschen wir einen intuitiven Einblick in die Metaebene der Selbstregulation – der Homöostase – oder besser: der Homöodynamik, wie es die beiden chilenischen Evolutionsbiologen Humberto Maturana und Francisco J. Varela nennen. Mit Stase assoziieren wir Stillstand, etwas Statisches, doch diese Ordnung ist voller Leben und Dynamik. Sie ist das Leben selbst. Die Liebe.

Damit steht uns zum ersten Mal in der Geschichte ein gemeinsamer Bezugspunkt zur Verfügung, eine Art universelles Leitmotiv – der

Schlüssel zum Paradies –, den wir immer in der Hand hielten, aber jetzt erst gebrauchen lernen. Das Tor zum Paradies muss nicht länger Mythos bleiben. Durch die Zusammenschau von Geistestraditionen und Wissenschaften können wir erstmals kollektiv zum Wesentlichen durchdringen: zum Zentrum der Standpunkte, zur Mitte des Erdachten und durch Gedanken Erschaffenen, zum Kern von Logos und Kosmos, zum Zentrum des Selbst, das jeder in seinem Inneren erspüren kann, weil Es dort unaufhörlich nach ihm ruft; Es, an das sich der Mensch bewusst herantasten kann. Erstmals nehmen wir Einblick in den gemeinsamen Kern unseres geistigen Weltkulturerbes – ein historisches Novum von außerordentlicher Tragweite. Die universelle Wahrheit wird für alle sichtbar.

Dieser Einblick kommt einem Quantensprung gleich. Er kann zur sanften Revolution unseres Mensch-Seins führen, denn er enthüllt nicht nur den wahren Ursprung von Krankheiten und sozialen Missständen, er befähigt den Einzelnen auch zur Rückverbindung mit dem integrativen und kreativen Aspekt seiner inneren Natur.

Aus dieser Zusammenschau kann ein neues kollektives Bewusstsein entstehen. Ein Bewusstsein, das nichts Gekünsteltes, Konzeptionelles mehr an sich hätte. „Keine Doktrin, die irgendein Denker uns beibringt, sondern ein einfaches Denken, das in den Menschen entstehen wird, weil es selbstverständlich ist. Das, was in unserem Willen zum Leben gegeben ist, dies wird [...] erkannt. Die tiefe Beziehung, in der wir durch unseren Willen zum Leben zur Welt stehen." Schon Albert Schweitzer hatte diese Vision.

Würde es uns gelingen, die gemeinsame Essenz der Weltkulturen anzuerkennen und uns mit dem tiefsten Menschheitstraum zu verbinden, öffnete sich nicht nur ein neues Verständnis unseres geistigen Erbes; es fände sich nicht nur ein roter Faden durch die Religionen und Philosophien dieser Welt – es entstünde der ideale Konsens für eine globale Sichtweise.

Der ungemein gute Geschmack dabei: Das Neue läuft zwar auf Einheit, keineswegs aber auf Vereinheitlichung oder Konformität hinaus. Pluralität und Vielfalt, die Wertschätzung des Einzigartigen und Individuellen könnten sich entfalten – auf der tragfähigen Basis einer gemeinsamen Wesensidentität.

Es ist der wachsende Wald, der das Leben fortführt – unsichtbar und unauffällig, aber kontinuierlich und beständig. „Dass das Wachsende, das Aufbauende langsamer gehen muss als das Abbauende, Zerstörerische, ist kein Zufall", schreibt Dürr in *Warum es ums Ganze geht*. „Echte Wertschöpfung braucht Zeit, gerade deshalb entgeht sie leicht unserer Wahrnehmung. Das ist für mich die Quelle der Hoffnung, dass Frieden möglich ist. Denn Frieden bedeutet ja einfach, dieses Paradigma des Lebendigen auf der Ebene der menschlichen Gesellschaft weiterzuführen. [...] Die Quantenphysik sagt uns, dass die Wirklichkeit ein großer geistiger Zusammenhang und unsere Welt voller Möglichkeiten ist. Darin steckt ungeheuer viel Ermutigung und Optimismus. Wir leben in einer noch viel größeren Welt, als wir gemeinhin annehmen. Und wir können diese Welt gestalten!"

Unsere gegenwärtigen politischen und wirtschaftlichen Sachzwänge sind keine Naturgesetze. Nein, sie sind vom Menschen gemacht. Und alles „Menschengemachte" lässt sich verändern.

Der Mensch und seine Kulturnatur

Der Mensch ist sowohl ein Naturwesen als auch ein Kulturwesen. Er vereint beides in sich und besitzt die Fähigkeit, Natur und Kultur kreativ zu verbinden.

Im Allgemeinen versteht man unter Natur alles, was nicht vom Menschen geschaffen ist, während Kultur auf das vom Menschen Geschaffene Bezug nimmt. Man könnte auch sagen: Natur bringt den Menschen hervor (lat.: *natura*, von *nasci* – entstehen; geboren werden). Der Mensch bringt die Kultur hervor.

Natur ist das Wesenhafte, das, was allen Menschen gemein ist. Kultur dagegen zeichnet sich für die einzigartigen Ausprägungen und den unverwechselbaren Ausdruck verantwortlich. Es liegt in seiner Kulturnatur, dass der Mensch zum aktiven Mitschöpfer des Ganzen werden kann. Diese beiden Bereiche sind durch das trennende Weltbild so weit voneinander wegbewegt worden, dass im Endeffekt Kultur nur noch als das Gegenteil von Natur übrig blieb, mit dem vermeintlichen Auftrag, diese zu beherrschen. Eine künstliche Spaltung mit verheerenden Folgen. Die Trennung von Natur und Kultur ist eine alleinige Leistung der menschlichen Kultur. Daher ist die menschliche Kultur auch für deren Wiedervereinigung verantwortlich – und folglich für die Rettung des natürlichen Lebensraums. Kultur, das heißt: WIR. Angesprochen ist jeder Einzelne. Doch was für das Individuum gilt, betrifft in gleichem Maße Politik, Gesellschaft, Recht, Wissenschaft, Ethik, Kunst, Technik, Bildung und Medizin – es betrifft alle kulturtragenden Bereiche.

Für diese Wiedervereinigung brauchen wir das wilde Denken, denn nur das Wilde hat den richtigen Dreh raus: indem es zuerst der Natur Rechnung trägt, dann erst gestalterisch tätig wird und sich im Übrigen an nichts beteiligt, was dem Leben schadet. Alles andere sind gewaltsame Eingriffe.

Schon Einstein, leidenschaftlicher Befürworter der Politik Gandhis, in deren Mittelpunkt der Gedanke der Gewaltlosigkeit (*ahimsa*) und der gewaltlosen Revolution stand, bekannte sich zu der Überzeugung, dass nur eine solche Ausrichtung von Nutzen sein kann, während alles andere zum Schaden gereicht: „Ich glaube, dass von allen Politikern unserer Zeit Gandhis Ansichten die am meisten erleuchteten waren. In seinem Geist sollten wir die Dinge angehen: nicht Gewalt anwenden, wenn wir für unseren eigenen Zweck kämpfen, und uns grundsätzlich an nichts beteiligen, was wir für schädlich halten."

Einfach nicht mitmachen, wo es uns möglich ist. Das können wir alle, wenn wir nur wollen. Nein sagen zu Umweltverschmutzung, unkontrolliertem Energieverbrauch, zur Wegwerfgesellschaft mit ihrem unbedachten Konsum. Unserem Streben eine neue Richtung, einen neuen Sinn, eine neue Schönheit geben.

Wie der Kulturphilosoph Ernst Cassirer (1874–1945) in den 20er Jahren des letzten Jahrhunderts zeigte, steht der Mensch in einem körperlichen Verhältnis zur Welt. Seine Kulturtätigkeit ist stets ein Gestalten, Formen und Bilden von Dingen, eine aktive und kreative Orientierung in der Welt, nichts rein Theoretisches. Damit sein Formen und Gestalten aber nicht gleich wieder zerrinnt, schafft er Symbole. Durch Symbole wird das Geschaffene zum Träger einer allgemeinen geistigen Bedeutung. Mit der Formgebung geht gleichzeitig eine Sinngebung einher, weil erst Formen Bezüge und Strukturen in der Welt erkennen lassen.

Symbolische Formen sind somit Grundformen des Verstehens, die universell und intersubjektiv gültig sind und mit denen der Mensch seine Wirklichkeit gestaltet. Für Cassirer ist Kultur die Art und Weise, wie der Mensch durch Symbole Sinn erzeugt. Symbole entstehen also stets in Verbindung mit Sinnlichkeit, sie beinhalten aber einen Sinn, der darüber hinausweist.

Denken wir an die Symbole der heutigen Zeit, so fallen uns vor allem Marken und Markennamen ein. Sie haben die Ästhetik ersetzt, deren ursprüngliche Aufgabe es war, unsichtbare geistige Strukturen in der äußeren Welt sichtbar zu machen und den Menschen auf diese Weise zu Rückverbindung und Sinnfindung anzuregen.

Schönheit ist der Glanz der Wahrheit. Wir sollten sie zurückerobern und bleibende Schönheit schaffen. Dinge von dauerhaftem Wert werden mit der Zeit immer besser. Je mehr man sie benutzt, desto mehr Charakter bekommen sie, umso mehr verschmelzen sie mit der Persönlichkeit ihres Besitzers zu einer Einheit. Das ist doch letztlich Stil und nicht eine durch Marken geschaffene und durch Werbung aufgezwungene Uniformität.

Der menschliche Geist kann sich nach Cassirer nicht selbst ergreifen, etwa durch Reflexion. Zur Selbsterkenntnis bedarf es des Umwegs über die sinnvolle schöpferische Tätigkeit. Da sich in der Gestaltung und Symbolisierung eine Objektivierung vollzieht, bringen diese Prozesse den Menschen in Distanz zu seinen Emotionen, Wünschen, Anschauungen und ermöglichen ihm so, sich ihnen gegenüber frei zu verhalten. Cassirer verstand Kultur als den Prozess der fortschreitenden Selbstbefreiung des Menschen.

Wir spiegeln uns in der äußeren Welt und erfahren so eine Rückwirkung auf uns selbst. Das ist der Grund, warum wir uns in der Natur als natürlich erfahren, warum wir in einer ästhetischen Umgebung das Ästhetische in uns selbst spüren. Dann nämlich werden wir über unser momentanes Empfinden hinausgehoben, fühlen uns energetisiert, aufgeladen, erfüllt – und sind uns selbst genug.

Cassirers Anspruch war, eine Grundlage für jede künftige Kulturphilosophie zu schaffen, eine Basis, auf der wir die Sphäre der menschlichen Tätigkeit – der Kultur – verstehen können: „Sprache, Mythos, Religion, Kunst, Wissenschaft, Geschichte sind die Bestandteile, die verschiedenen Sektoren dieser Sphäre. Eine ‚Philosophie des Menschen' wäre daher eine Philosophie, die uns Einblick in die Grundstruktur jeder dieser verschiedenen Tätigkeiten gibt und uns zugleich in die Lage versetzt, sie als ein organisches Ganzes zu verstehen."

Cassirers Kulturphilosophie lässt darauf schließen, dass das wilde Denken, dem Rationalen vorrangig, die Aufgabe hat, Kultur zu schaffen. Es mündet erst danach in die Objektivierung, um sich von dort aus wieder auf sich selbst zu beziehen. Einfalten, entfalten, einfalten ...

Folglich können wir die Fäden seiner Philosophie weiterspinnen und sagen: Die ideale Grundstruktur der Kultur-Sphäre mit ihren verschiedenen Tätigkeitsbereichen ist die Liebe, das Symbol für Verbundenheit und die Fähigkeit des bewussten Verbindens, und zwar sowohl auf der kognitiven Ebene als auch auf der Ebene des körperlichen Bezugs. In der gelebten Liebe synchronisieren sich Natur und Kultur und finden zu ihrem vollkommenen Zusammenspiel, zu harmonischer Kohärenz.

Lieben heißt zur Ungeschiedenheit des Lebens zurückfinden. „Ungeschiedenheit ist kostbar", wusste man im alten China. Diese Ungeschiedenheit wäre das wertvollste Kulturgut; in ihr vereinen sich die gesamten Schätze von Natur und Kultur und bieten sich dem Menschen zum spielerischen Gestalten an. In dieser Ungeschiedenheit würde Kultur ihre eigentliche Bestimmung erfahren, die darin besteht:

1. die Herausforderungen der Natur und des Lebens zu bewältigen;
2. körperliche, seelische und geistige Grundbedürfnisse zu befriedigen;
3. Sinn und Ordnung zu ermöglichen und den Dingen ihren Platz im Ganzen zuzuweisen;
4. eine universelle ethische Richtschnur zur Verfügung zu stellen;
5. das kulturelle Erbe der Menschheit zu bewahren, zu verfeinern und ständig zu erneuern;
6. das Wahre, Gute und Schöne zu pflegen, um – immer wieder von neuem – die universelle Wahrheit des Einen-Ganzen zu entfachen, die jeder letztendlich in sich selbst trägt;
7. und damit die kreative Selbstverwirklichung des Einzelnen zu ermöglichen.

Selbstrealisation ist Weltrealisation. Das Resultat wäre ein gesundes und schönes Lebensumfeld, ein sozialer Raum der Verbundenheit und der Hingabe, eine Atmosphäre, die ordnend und harmonisierend wirkt, in der sich jeder geborgen fühlt und sich entfalten kann.

Die innere Gestalt des Ganzen könnte in der äußeren – gestalteten – Welt und in den Umgangsformen des Miteinanders zur Blüte kommen. Der Zweck der Natur wäre erfüllt, menschliche Schöpfung und kosmische Schöpfung einsgerichtet. Der Schöpfer Mensch, die Schöpfung und der Akt des Erschaffens ließen sich immer wieder neu synchronisieren, um einen schnellen und ungehinderten Zugang zu Intuition, Inspiration und Lebensenergie zu erhalten.

Das grenzenlose Potenzial der Wirklichkeit könnte sich wie ein Lotus entfalten, um eine neue kulturelle Blüte hervorzubringen. Sogar die ursprüngliche Bedeutung des Wortes Kultur, „sich drehen, sich wenden", würde sich darin erfüllen. Kultur wäre eine kontinuierliche *Metanoia* im Sinn einer Wende zum Wesentlichen.

Der kategorische Imperativ: Liebe und tu, was du willst!

Die Bestimmung des Menschen als kulturschaffendes Wesen vollzieht sich auch nach Immanuel Kant in seinem Verhältnis zur Natur. Für Kant sind Mensch und Kultur Endzweck der Natur. Damit verbunden ist die moralische Fähigkeit des Menschen zum kategorischem Imperativ: „Handle nur nach derjenigen Maxime, durch die du zugleich wollen kannst, dass sie ein allgemeines Gesetz werde." Ein solches allgemeines Gesetz anzuerkennen wäre Kultur. Ohne diesen moralischen Leitsatz vermag der Mensch sich bloß technisch fortzuentwickeln, was zur Zivilisation führt. Kant war der Erste, der zwischen Kultur und Zivilisation unterschied:

Wir sind im hohen Grade durch Kunst
und Wissenschaft cultivirt.
Aber uns für schon moralisirt zu halten,
daran fehlt noch sehr viel.
Denn die Idee der Moralität gehört noch zur Cultur;
der Gebrauch dieser Idee aber,
welcher nur auf das Sittenähnliche in der Ehrliebe
und der äußeren Anständigkeit hinausläuft,
macht blos die Civilisirung aus.

Zivilisation bedeutete für Kant, dass die Menschen sich zwar zu einem artigen Miteinander erziehen, sich Manieren zulegen und ihren Alltag bequem und praktisch einzurichten wissen, und vielleicht auch, dass sie durch Wissenschaft und Technik Fahrzeuge, Krankenhäuser und Kühlschränke hervorbringen. All dies reicht jedoch noch lange nicht dafür aus, dass sie auch Kultur haben, wenngleich es der Kultur dienen könnte. Denn als Bedingung für Kultur gilt Kant die „Idee der Moralität“ (der kategorische Imperativ), d.h., dass die Menschen ihre Handlungen bewusst auf das Gute ausrichten. Das Wilde hält es ganz mit Kant. Es strebt weniger nach Zivilisation und Angepasstheit als nach einer ursprünglichen, kreativen, ungezähmten und grenzenlosen Herzenskultur, weil nur das seiner wahren Natur entspricht. Daher mündet das Wilde, nachdem es sich von allen Vorstellungen, Modellen und Konzepten befreit hat, in die Anerkennung eines neuen kategorischen Imperativs, der da lautet: Liebe und tu, was du willst.

„Liebe und tu, was du willst“ – diesen, meinen Lieblingssatz hinterließ uns der Kirchenvater Augustinus. Sein Vermächtnis beinhaltet die einzigen beiden Gebote, die zu guter Letzt noch übrig bleiben, an denen jedoch kein Weg vorbeiführt, die sozusagen unumgänglich und in letzter Konsequenz gar nicht zwei, sondern eins sind: Folge deinem Herzen – und zwar kompromisslos!

„Liebe und tu, was du willst“, lauten die beiden Imperative des wilden Herzens. Der erste – Liebe! – dürfte inzwischen klar geworden sein. Lieben heißt: dem Leben dienen. Liebe ist ein Synonym für Leben, also kann sie nichts wollen, was dem Leben und dem Lebendigen schadet. Das hat nichts damit zu tun, es anderen recht zu machen oder gesellschaftliche Erwartungen zu erfüllen. Im Gegenteil, den Mut zum Nein aufzubringen, ist die erste Lektion, die wir von der Liebe lernen. Auch fromm ist sie nicht, wie man gemeinhin glaubt. Sie ist wild. Und eben diese Wildheit erlaubt uns das Nein: zu allem, was uns von uns selbst und dem Rest der Welt trennt. Alles, was nicht Liebe ist, erzeugt Verwirrung, Blockaden, Knoten, die sich störend auf den Fluß der Kräfte, auf den Drang des Ganzen nach freien Bindungen auswirken. Egal ob im Denken, Fühlen, Verhalten oder Handeln – Blockaden wirken stets trennend. Diese künstliche Trennung hat nichts mit natürlichen Auflösungs- und Erneuerungsprozessen zu tun. Sie ist nicht von der Natur vorgesehen, sondern eine vom Menschen selbst erschaffene Auswirkung seines mangelnden Einblicks in das Wesen von Sein, Bewusstsein und Existenz.

Im Mut zur Demut, in der Hingabe an das Spiel des „Zwei-in-Einem", liegt die Auflösung des Paradoxons – wenn unser eigener Wille mit dem Willen des Ganzen deckungsgleich ist. In diesem Spiel gehen Logos und Ethos Hand in Hand. Daher will uns Liebe ganz: mit Haut und Haaren, Fleisch und Blut, Körper, Seele und Geist, Wissen und Verstand, mit dem gesamten Spektrum unseres Bewusstseins, unseren Anlagen, Fähigkeiten und Fertigkeiten, unseren Gefühlen, Worten und Werken. Ja, vor allem mit unseren Werken, denn im Tun beweisen wir unsere Anteilnahme an der Wirklichkeit. Im Tun erlösen wir unsere Gedanken, entlassen sie in die Manifestation, treten bewusst mit der Welt in Beziehung und werden frei für das Neue.

Liebe lässt sich nur erfahren, wenn sie wirklich und wahrhaftig gelebt wird. Dann erst zeigt sie sich in all ihren Facetten. Dann erst versteht man ihr Gesetz – die unendliche Kunstfertigkeit, durch die der gesamte Kosmos nicht nur zusammengehalten wird, sondern auch ständig in Bewegung bleibt. Erdenken kann man die Liebe nicht, und solange man sie nur erträumt, wird sie von unseren Projektionen im Keim erstickt. Liebe liegt jenseits aller Vorstellungen, einfach deshalb, weil sie stets unter anderen Vorzeichen erscheint. Daher will sie uns unmittelbar, hier und jetzt, und daher braucht sie uns ganz. Sie will unser Wesen, unser So-Sein, unser Leben. Uns, genau uns. Bedingungslos.

Wer diese Zusammenhänge erkennt oder intuitiv erahnt, für den versteht es sich „von selbst", dass die Wirklichkeit nur dann erfüllend, glücklich, positiv, konstruktiv und auch nachhaltig sein wird, wenn sie mit der universellen Wahrheit in Einklang steht; jener Wahrheit, die nicht mehr und nicht weniger besagt, als dass alles miteinander in Beziehung steht und sich gegenseitig bedingt. Für ihn wird es zu einer ethischen Notwendigkeit, den Bedingungen der Liebe bedingungslos zu folgen. Für ihn sind Freiheit und echte Bindung ein und dasselbe. Die Ethik der Liebe hat nichts gemein mit einer von außen oktroyierten Gesetzesmoral. Sie entspringt dem wilden Herzen, dem mystischen Herzen der Menschheit, jenem Ort, an dem wir alle gleich sind – dem ICH BIN. Um bedingungslos bleiben zu können, bedarf es der Freiheit. Um sich in Freiheit entfalten zu können, muss man sich selbst treu bleiben. So lautet die Spielregel – das kostbarste Gut des Menschen, seine Richtschnur, die Wurzel seiner Identität, Autonomie und Würde.

Aber auch der zweite Imperativ „Tu, was du willst!" ist ernst zu nehmen. Zunächst steht dahinter ein Dürfen, eine Befreiung aus den Muss-Mustern unserer Kultur. Im Wesentlichen aber liegt darin eine weitere unumgängliche Aufgabe. Denn wenn wir nicht wirklich lieben, was wir tun, und wissen, dass unsere Arbeit gut, richtig und sinnvoll ist, dann lieben wir den wichtigsten Teil unseres Lebens nicht. Das Absolute tritt in den Alltag des individuellen Daseins, wenn ein Mensch bereit ist, den Ruf des Lebens zu hören und seinem Herzen zu folgen. „Ach, in meinem wilden Herzen nächtigt obdachlos die Unvergänglichkeit" – es war dieser Satz von Rainer Maria Rilke, der den Ausschlag für den Titel dieses Buches gab.

Das neue Wissen hat enorme Konsequenzen für unsere kollektive und individuelle Identität. Die Naturwissenschaft sieht sich mit der Tatsache konfrontiert, dass, will sie den Kosmos in seinen Tiefen wirklich verstehen, sie der Transzendenz und der geistigen Ordnung Raum geben muss; dass, will sie die schöpferische Teilhabe des Individuums nicht unberücksichtigt lassen, sie Phänomene wie Bewusstsein, Intuition und *Religio* (Rückverbindung) einbeziehen muss.

Im Gegenzug werden die Religionen dazu angeregt, ihre Strukturen zu durchleuchten und hinter der Vielfalt ihrer Ausdrucksformen eine gemeinsame Einheit zu sehen. Alle Religionen beschreiben symbolisch etwas, was rational nur bedingt möglich ist: die Rückverbindung mit der transzendenten Wirklichkeit und der schöpferischen Kraft. Haben wir bisher geglaubt, jede Religion hätte einen eigenen Gott und einen eigenen Weg, so rückt nun die fundamentale Einsicht näher: Alle Wege führen nach Rom. Sie unterscheiden sich nur in ihren kulturellen Ausgangspunkten, in der Gewichtung der einzelnen Reisestationen und in den äußeren Praktiken.

Die organisierten Religionen der letzten 3.000 Jahre neigten dazu, meist ganz im Widerspruch zu den ursprünglichen Ideen, das Leben abzuschneiden. Körper, Sinne und vor allem die Sexualität, das „Fleischliche", wurden als Hindernis betrachtet. Auf diese Weise entstanden die Aufstiegslehren oder besser gesagt „Ausstiegslehren", die leider nur allzu oft zur Verneinung des Lebens, zur Herabminderung seines Wertes und zur Flucht vor seinen Herausforderungen führten.

Der Weg des Helden jedoch geht zurück in die normale Welt. Dieses Zurück ist die zweite Hälfte des Weges und genauso wesentlich wie die erste. Das Wahre, Gute und Schöne wird in der Welt nur manifest, wenn der Mensch das lebt. „Der Mensch selbst ist das Kunstwerk", hat Joseph Beuys gesagt. „Der Mensch selbst ist die Ästhetik." Die Fixierung auf Dogmen, Doktrinen und allein selig machende Versprechungen, Absolutheitsansprüche, Gesetzesmoral, institutionalisierte Machtstrukturen – all das weicht von alleine auf, wenn wir beginnen, unser Herz in die Hand zu nehmen.

Tun wir das, erinnert sich auch die Gesellschaft daran, dass der Mensch ein soziales Wesen ist. In der Re-Orientierung auf das Wir kann eine völlig neue Ausrichtung stattfinden: auf das allen Gemeinsame, typisch Menschliche, Wesenhafte, das gemeinsame Band, das über sämtliche Unterschiede hinweg verbindet, vereint, versöhnt und befriedet. Während sich im Außen eine globale Gesellschaft formiert, entdeckt der Mensch seine geistige Heimat, in der er nicht länger Opfer der Umstände ist, sondern seine Aufgabe erkennt: sich an der Gestaltung der Welt zu beteiligen und das Beste daraus zu machen, indem der Vorteil des einen auch zum Vorteil des anderen wird.

Es wäre dies, in Hans-Peter Dürrs Worten, ein „Plus-Summen-Spiel" für alle Beteiligten, das nicht mehr ausschließlich von der Spitze her gelenkt werden muss, bei dem sich vielmehr jeder mit seinen Kompetenzen und Ideen einbringen kann. Auf diese Weise entstehen Win-win-Situationen, die nicht nur beglückend, sondern auch nachhaltig sind, weil sie unaufhörlich konstruktiv weiterwirken.

Wie schon die Philosophen des Altertums aufzeigten, kann die Gesellschaft nur gesunden, wenn sie sich wieder nach dem Vorbild der universellen Ordnungsstruktur organisiert und sich dadurch wandlungsfähig hält. Künstlich geformte hierarchische Gebilde entbehren der natürlichen Prozesshaftigkeit; sie neigen dazu, an ihren Festhaltemechanismen zu erstarren.

Das Bestreben, die schöpferischen Prinzipien rhythmisch zu bestärken, ehemals Aufgabe des Rituals, wird einen wichtigen Stellenwert bekommen, nicht aus einem prärationalen, sondern aus einem transrationalen Bewusstsein heraus. Rituale wecken nicht nur die Erinnerung an die universelle Ordnung, sie erzeugen *communitas*, machen die Kraft der Gemeinschaft spürbar und feiern das Zusammenleben. All das ist immens wichtig für das menschliche Miteinander, viel wichtiger als Gesetze, Verordnungen, Paragraphen und Bürokratie. Wenn sich Kommunikation in gegenseitigem Respekt, in Empathie und Wertschätzung abspielen kann und der Funke der „Be-Geisterung" nicht erlischt, renkt sich Chaos automatisch wieder in die grundlegende Ordnung ein. Aus Kommunikation entsteht Kommunion.

Es wird die Menschen nicht mehr lange zufrieden stellen, nur eine Nummer im Getriebe oder ein Fall zu sein, dass Paragraphen mehr zählen als die persönliche Geschichte und jemand nur gewürdigt wird, wenn er Profit einbringt. Der neue Mensch möchte in seiner Ganzheit wahrgenommen werden und ist bereit, anderen mit derselben Achtsamkeit zu begegnen. Denn er weiß: Wenn Gemeinschaft verdorrt, schwindet auch das Menschliche.

Die Rückeroberung des analogen Denkens wird sich deshalb früher oder später in einer Bildungsreform niederschlagen. Die westliche Kultur missachtete und ignorierte bisher weitgehend das intuitive, subjektive, ganzheitliche, zeitlose Erfassen. Pädagogik und Didaktik sind vorwiegend auf die Förderung der sprachlichen, rationalen, linken Gehirnhälfte und auf den sicheren Umgang mit Wörtern, Zahlen und Verfügungswissen ausgerichtet. Zudem belohnt unsere Kultur meist nur die von der linken Hemisphäre gesteuerten Fähigkeiten. Die kreative rechte Gehirnhälfte blieb buchstäblich ungenutzt und ungefördert, vielleicht auch, weil sie nicht leicht zu überprüfen und unter Kontrolle zu bringen ist. Sie ist – bildlich gesprochen – eben wild.

Intuitives, schöpferisches Denken, Flexibilität und Veränderungskompetenz werden in einer Welt des beständigen Wandels unumgänglich sein und die Förderung der rechten und vor allem das ganzheitliche Zusammenspiel beider Gehirnhälften daher in den Vordergrund rücken. Schon durch die äußeren Umstände sind wir dazu gezwungen, neben der Logik die Intuition als einen ihr gleichwertigen Partner zu benutzen und das kognitive Erfassen der Welt mit einer kraftvollen persönlichen Vision zu verbinden. Nur auf diese Weise gewinnen wir eine umfassende, balancierte und präzise Sicht der Realität, weil wir auch Stimmungen, Möglichkeiten und Prozesse wahrnehmen – den herrschenden Zeitgeist, die Dynamik der Evolution, Konsequenzen und Zukunftsdimensionen.

„Alle alles ganz zu lehren", war schon der Grundsatz von Johann Amos Comenius (1592–1670), des Begründers der Didaktik. Das Künstlerische, Philosophische, Visionäre im Menschen wird an allgemeiner Bedeutung gewinnen, weil es die Kraft der positiven Einflussnahme mit sich bringt. Die Atmosphäre in den Schulen wird entspannter sein, Verfügungswissen sich zugunsten „eines Lebenswissens" reduzieren. Schüler werden die Gelegenheit bekommen, sich selbst zu entdecken und zu entfalten, und lernen, ihre persönliche Berufung zum Beruf zu machen. Die ungnädige Bewertung einzelner Leistungen wird der Wertschätzung des ganzen Menschen weichen. Jeder Einzelne wird als einzigartiges Wesen mit einzigartigem Potenzial betrachtet werden, zu dessen Geburtsrecht Würde, Glück und freie Entfaltung gehören. Lernen wird im Kontext von Lebenskunst, Freude, Ästhetik, Gesundheit, universeller Weisheit und der Achtsamkeit für den Planeten Erde stattfinden. Gerechtigkeit und menschliche Lebensbedingungen werden für alle selbstverständlich sein.

Und schließlich wird es zur Rückverbindung mit dem Weiblichen im Menschen kommen – mit dem *Yin*, der kollektiven Anima; mit den Qualitäten des Formlosen und des Fließens, der Rezeptivität und Ungezwungenheit; mit dem Unfassbaren, dem Mysterium. Verhärtete männliche Werte wie Durchsetzungsvermögen,

Selbstbehauptung, aggressiver Fortschritt, Kontrolle, Leistung, Wettbewerb werden eine Auflockerung erfahren.

Das Weibliche verspürt weniger den Drang, etwas zu gründen, Bestehendes zu festigen oder sichtbare Spuren zu hinterlassen, um sich unsterblich zu machen. Es ist von Natur aus mit der Schöpferkraft und dem Ewigen, Unwandelbaren, Zyklischen und Prozesshaften verbunden. Es sucht Beziehung und stellt Beziehung her, somit ist es Brücke, Schwelle und Verbindung zum Ursprung. Es nimmt sich selbst nicht so wichtig. Je weiter man nach innen kommt, desto bedeutungsloser wird die eigene Wichtigkeit.

Rückeroberung des Weiblichen bedeutet jedoch keineswegs, das Männliche zu ersetzen. Das Neue will nicht einmal auf Gleichberechtigung hinaus – ein Wort, das noch immer Verkrampfung und Entweder-oder impliziert. Das Neue will den androgynen Ausgleich der Kräfte, die Bewegung, den Flow, die Hochzeit – ungeteilte Ganzheit. Es will seine „ursprüngliche Naturbeschaffenheit" wiederfinden, wie es Platon in seinem *Gastmahl* am Mythos der Kugelmenschen darstellt:

Eines Tages wurde es den Göttern im Olymp langweilig und sie beschlossen, ein Ebenbild von sich zu schaffen, um etwas Abwechslung in die Ewigkeit zu bringen. Von all den Eigenschaften, die jeder einzelne besaß, nahmen sie nur das Beste: Die Gerechtigkeit der Athene, die Güte von Hera, die Liebe der Aphrodite, die Größe des Zeus und so fort. Das Resultat waren ebendiese Kugelmenschen, ausgestattet mit vier Armen, vier Beinen und einem Kopf mit zwei Gesichtern, die jeweils in die entgegengesetzte Richtung blickten und so das Ganze überschauen konnten.

Doch bald merkten die Götter, dass der Kugelmensch zu vollkommen war. Er machte keine Fehler, wie die Götter es bisweilen taten, er stritt auch nie, wie das die Götter des Öfteren taten. Besorgt darüber, diese Kreation könnte ihre eigenen Schöpfer überflügeln, trafen sie erneut zusammen. Göttervater Zeus zerschnitt jeden Kugelmenschen in zwei Hälften. Seitdem haben beide eine Sehnsucht danach, sich mit dem jeweils anderen Teil wiederzuvereinen. Und so führt das Streben nach dem Ganzen den Namen Liebe.

Wenn jemand aber auf seine wirkliche andere Hälfte trifft, dann wird er von wunderbarer Freundschaft, Vertraulichkeit und Freude ergriffen, und beide Teile wollen keinen Augenblick mehr voneinander lassen.

Sollte jemand diesen neu gewonnenen Zustand der Ganzheit allerdings verraten wollen, wird er von Zeus mit einer weiteren, noch schlimmeren Zweiteilung bestraft werden: „Und es steht daher zu fürchten, wenn wir uns nicht gesittet betragen gegen die Götter, dass wir dann von neuem zerspaltet werden und so von Ansehen herumlaufen müssen, wie die auf den Grabsteinen ausgehauenen Reliefs: mitten durch die Nase durchgesägt wie halbierte Marken."

Der Mensch der Zukunft ist ein ganzer Mensch mit einer androgynen Innerlichkeit, der fähig ist, sein Inneres aufzusuchen, sich rückzuverbinden und mit dem, was er dort drinnen gefunden hat, hinauszugehen in die Welt, um sich aktiv einzubringen.

Frauen sind für das Innenleben zuständig, Männer für das Außen verantwortlich: Solche Überzeugungen dürfen der Vergangenheit angehören – und mit ihnen die Gender-Problematik. So verschieden, wie wir glauben, sind die Geschlechter gar nicht. Die körperlichen Unterschiede allein bedingen noch lange nicht, dass sich die Gegensätze durch alle Ebenen unseres Seins und Bewusstseins ziehen müssen.

Dem neuen Verständnis zufolge hat das andere Geschlecht nicht mehr die Aufgabe, den Mangel zu füllen, sondern die jeweils andere Seite zu spiegeln. Dieses gegenseitige Spiegeln lässt keine Abhängigkeiten entstehen, sondern geschieht in Freiheit und steckt voller Überraschungen: „Schau, ich zeige dir, was auch du in dir trägst." Mit jeder Qualität im anderen erkennt man eine Fähigkeit in sich selbst.

Ein Erneuerungsprozess für die Liebe

Das Ende all unserer Forschungen
wird darin bestehen, dort anzukommen,
wo wir gestartet sind, und diesen Ort
zum ersten Mal zu erkennen.

David Steindl-Rast

Jeder hat den Zustand der Liebe schon erlebt. Wenn wir lieben, sind wir mit uns selbst im Reinen, und alles ist in Ordnung, so wie es ist. Wir könnten uns selbst und die ganze Welt umarmen, wir schwimmen in einem Ozean von Glückseligkeit und spüren intuitiv das Richtige. Alles scheint uns in diesem Zustand zu gelingen. Wir zeigen uns, wie wir sind, und fühlen uns gut dabei. Wir folgen der inneren Stimme, geben uns dem Augenblick hin und erschaffen den nächsten Augenblick aus der visionären Kraft unserer Träume. Wir atmen das Leben, und umgekehrt scheint das Leben uns zu atmen. Liebe ist begleitet von einem intensiven Gefühl des „Ich bin" und einer tiefen Akzeptanz des „Es ist".

Ebenso haben wir alle schon die Erfahrung gemacht, dass dieser Zustand sich auch wieder verflüchtigt, manchmal sogar sehr schnell. Im Licht des neuen Bewusstseins brauchen wir jedoch nicht mehr darauf zu warten bis die Liebe von außen kommt. Die Tür zum Paradies befindet sich in uns selbst, wir können sie jederzeit öffnen, selbst wenn sie uns wieder einmal verschlossen scheint.

Mittlerweile bin ich – wie bereits gesagt – davon überzeugt, dass die Ursache von Krankheiten und sozialen Missständen in einem Mangel an gelebter Liebe liegt; und umgekehrt, dass Liebe das Universalmittel gegen allen Arten von Konflikten, Problemen und Dysfunktionen ist. Ja, ich möchte sogar noch weiter gehen und hinzufügen: Ich halte die Liebe für die einzige Möglichkeit, den Riss in unserem Dasein zu kitten und sowohl Befreiung als auch beständiges Glück zu erlangen.

Noch ist dieses Wort tabu, vor allem dort, wo es zukünftig von ausschlaggebender Bedeutung sein wird: in der Medizin, im Bildungswesen, in Gesellschaft und Politik, im interkulturellen Bereich, wo man fürchtet, als sentimental und weltfremd eingestuft oder nicht ernst genommen zu werden, wenn man es in den Mund nimmt. In patriarchalischen Systemen trifft das vor allem auf Männer zu; spirituelle Kreise sind davon nicht ausgenommen. Um sich nicht zu „outen", wird die Liebe umschrieben mit „Bewusstsein", „Wertschätzung", „Empathie", „Mitgefühl".

Allein, diese Begriffe treffen nicht das Ganze. Ihre analoge Kraft reicht nicht aus, bis zum Kern vorzudringen. Sie implizieren nicht notwendigerweise den ethischen Imperativ, der sich in der Liebe verbirgt, oder den Zusammenhang mit Selbst- und Weltrealisation. Solche Worte vermögen nur Teilaspekte dieses Phänomens widerzuspiegeln und decken niemals das volle Spektrum ab. Auch neue Begriffe dafür zu schaffen ist unmöglich, es wären abstrakte, vom Menschen erdachte Konzepte. Liebe aber ist kein Konzept. Liebe ist ein archetypischer Prozess, etwas, das nicht vom Menschen erfunden wurde, sondern aus den Tiefen unserer Seele aufsteigt.

Verständlich ist die Abneigung allerdings. Kein anderes Wort wurde derart missbraucht. Wie viele Morde und Gewalttaten passierten schon im Namen der Liebe und der Religion! Die Liebe zu einem bestimmten Gott war und ist noch immer Ursache für Kriege und Terror.

Liebe wird assoziiert mit Sex, Partnerschaft oder Elternschaft; mit Brauchen und Habenwollen oder Sichaufopfern; mit Erwartungen, die erfüllt werden sollen, und damit, möglichst auf die eigenen Ansprüche zu verzichten. Dahinter steht das Tauschgeschäft mit Aufmerksamkeit und Zuneigung, dessen Quelle der Mangel und nicht der Überfluss ist, ein Denk- und Verhaltensmuster, das tief in uns verankert ist. Wir alle haben die Wunden des Missbrauchs gespürt, die uns aus falsch verstandener Liebe zugefügt wurden und die wir selbst zugefügt haben.

„Stirb und werde", das gilt also auch für unsere Vorstellung von der Liebe. Die neue Auffassung von Wirklichkeit impliziert bereits ein neues Liebesverständnis. Einer sanften Revolution steht nichts mehr im Wege – außer vielleicht wir selbst tun das. Wir verspüren nicht nur Angst vor dem Wort, sondern vor der Liebe selbst; wir fürchten uns davor, das Herz zu öffnen, nackt dazustehen, verletzlich zu sein, sich ihr anzuvertrauen, ja hinzugeben. Ich meine damit die Angst, sich mit dem eigenen Schatten auseinanderzusetzen, sich mit Haut und Haaren einzubringen und die Verantwortung für das eigene Leben zu übernehmen. Hinzu gesellt sich die Angst vor der Macht der Liebe. Diese Macht ist gewaltig. Hat sie dich einmal ergriffen, lässt sie dich nicht mehr los. Wir fliehen vor ihr und werden dennoch unwiderstehlich von ihr angezogen.

Ich habe lange nach einem anderen Begriff gesucht. Ich konnte keinen finden.

Dessen ungeachtet legt die Liebe gar keinen Wert darauf, dass man über sie spricht. Das ist vielleicht der einzige, aber doch gravierende Unterschied zwischen ihr und Gott bzw. dem, was der Mensch aus Gott gemacht hat. Die Liebe will erschaffen – und zwar das Wahre, Gute und Schöne. Sie will gelebt, inkarniert, „durchs eigene Fleisch gezogen werden", wie ich es gerne nenne. Sie will leben und leben lassen – und spricht dabei für sich selbst.

Selbst unbewegt, ist sie die große Bewegerin – Auflösung, Leerheit, Formwerdung und Form *in* sich und *durch* sich vereinend, Zustand und Prozess zugleich. Liebe ist die implizite Ordnung, die den Kosmos organisiert und gleichzeitig die Dynamik erhält, die ihn bewegt. Sie ist der kosmische Rhythmus, den das gesamte Universum tanzt, der Rhythmus des Werdens, des Loslassens und Neu-Entstehens. Sie ist Kommunikation in ihrer reinsten Form: Kommunion, die Grundlage von Harmonie und Ganzheit. Sie verbindet den Weg nach Innen, zur Einheit mit dem Streben nach einer gesunden Vielheit oder Ganzheit. Somit ist sie die Matrix aller Therapien, nicht nur, was den Menschen betrifft, sondern auch, was Gesellschaft, Kultur und die gesamte Welt angeht. In letzter Konsequenz ist Liebe eine Lebenspraxis, besser gesagt eine Lebenshaltung – ein Ja zum Leben und ein Ja zu uns selbst, zu unseren Mitmenschen, zur Natur und auch zu der Tatsache, dass das irdische Dasein vergänglich ist. Indem wir uns dazu bekennen, erlangen wir Selbstvertrauen, Selbstachtung und Würde; indem wir den Zustand des Getrenntseins überwinden, beseitigen wir die Wurzeln von Ängsten und Traumata. Alte Energieblockaden verschwinden, und neue können gar nicht erst entstehen. In der Ganzheit empfangen wir die Harmoniesignale der kosmischen Ordnung. Wir selbst werden zur Quelle von Wahrheit, Heilung und Harmonie.

„Amo ergo sum – ich liebe, also bin ich", müsste das Credo der neuen Weltkultur lauten. Dieses „Amo" transzendiert das „Cogito ergo sum – ich denke, also bin" der westlichen Zivilisation, die uns zum Gefängnis geworden ist.

„Unsere Aufgabe ist es, uns aus diesem Gefängnis zu befreien, indem wir die Reichweite unserer Liebe so ausdehnen, dass wir alle lebenden Kreaturen und die gesamte Natur in ihrer Schönheit umarmen", dieser Satz von Albert Einstein war ein Appell an eine Zukunft, die jetzt Gestalt annehmen kann – und muss. Der Mensch der Zukunft wird ein Liebender sein oder er wird nicht mehr sein. Dies entspricht auch der Evolutionslogik des Buddhismus. Der Buddha der Zukunft, *Maitreya*, der große kommende Weltlehrer, ist die universale Liebe, Güte, Freundschaft und Freundlichkeit. Keine Person mehr, sondern ein Geschehen, ein Werden, ein Prozess.

Liebe und Mitgefühl in alle Bereiche des Lebens einzubetten und zu kultivieren – das wird der Zivilisation wieder eine Seele geben und ihr neuen Atem einhauchen. Das wird unser akademisches Wissen lebendiger machen und Lernen zur Erfahrung werden lassen. Das wird Brücken schlagen zwischen Disziplinen, Kulturepochen, Menschen und Völkern. Das ist die sanfteste Revolution, die es jemals gab.

Bewusst-Sein heißt Lieben

Das neue Liebesverständnis schafft eine völlig neue Art, sich selbst und der Welt zu begegnen. Bewusstsein wird zum lebendigen und kontinuierlichen Prozess der Partizipation am Einen-Ganzen, geprägt von wachsender Erfüllung, Lebensfreude, Kreativität, Kooperation, Freiheit und Erleuchtung.

Bewusstsein wird in der Philosophie definiert als die Beziehung zwischen einem erkennenden Ich als Subjekt und einem Bewusstseinsinhalt als erkanntem Objekt. Da das wilde Denken mandalisch arbeitet und die Beziehung zum Absoluten herstellt, verfügt der Mensch über die Fähigkeit, sich im Spiegel des Urgrunds selbst zu erkennen.

Wildes Bewusstsein führt daher immer und unter allen Umständen zum universellen, kosmischen Bewusstsein und ist somit die einzig wahre Form des Bewusstseins. Alles andere kann eigentlich gar nicht als Bewusstsein bezeichnet werden, wie schon der Philosoph Ludwig Feuerbach (1804–1872) konstatierte: „Bewusstsein im strengen und eigentlichen Sinne und Bewusstsein des Unendlichen ist untrennbar; beschränktes Bewusstsein ist kein Bewusstsein; das Bewusstsein ist wesentlich allumfassender, unendlicher Natur."

Bewusst-Sein heißt Lieben. Aus diesem Grund ist die Sehnsucht nach Liebe so fest im Menschen verankert – als Motor für all sein Denken, Fühlen, Empfinden und Handeln. Aus diesem Grund fühlt er sich richtig und stark, wenn er sich geliebt weiß. Aus diesem Grund ist die Welt für ihn in Ordnung, sobald er liebt. Die Qualität der Liebe ist wahrnehmbar und spürbar und daher wegweisend. Liebe fühlt sich göttlich an, alles andere dagegen miserabel. Glückseligkeit ist die Antwort des Urgrunds auf die Liebe – unvergleichlich tiefer, dauerhafter, nährender und erfüllender als jenes andere Glück, das sich für kurze Zeit einschleicht, wenn wir das Verlangen nach etwas befriedigen. Im Gegensatz zum Glück des Habens, das sich schnell erschöpft, nimmt das Glück des Liebens ständig zu. Nicht zuletzt deshalb, weil es geteilt wird, sich durch das Teilen vermehrt und von allen Seiten zurückkommt.

Was für das Bewusstsein gilt, lässt sich eins zu eins auf einen weiteren Kernbegriff der Moderne übertragen: die Identität.

Identität (lat.: *idem* – derselbe, der Gleiche) bedeutet – auf den Menschen bezogen – die Eigentümlichkeit seines Wesens, sein Selbst. Unter dem Blickwinkel des trennenden Paradigmas betrachtet, versteht man darunter das, was ein Individuum von anderen unterscheidet: die Summe und die spezifische Kombination seiner Merkmale, die seine eindeutige Identifizierung erlaubt.

Die neue Wirklichkeitsauffassung legt ein viel dynamischeres Selbstverständnis nahe. Wenn wir heute von Selbst oder Identität sprechen, ist das kein „Ding" mehr, auch nicht die Addition seiner Teile, sondern der Prozess des Seins und des kontinuierlichen Werdens. Identität kann man folglich nicht besitzen wie ein Auto. Sie ist auch kein Merkmal wie die Augenfarbe und auch nicht einseitig oder gleichbleibend. Sie impliziert Veränderung und Bewegung.

Im wilden Verständnis ist Identität die Liebesbeziehung, die ich zu mir selbst und durch mich selbst zur Welt eingehe. Identität ist somit unabdingbar an die Selbstliebe geknüpft: an die umfassende und bedingungslose Annahme meiner selbst.

Eine solche Beziehung hat nichts mit Eigennutz, Egoismus, Selbstsucht oder Narzissmus zu tun, sie setzt sich im Gegenteil eindeutig davon ab. Bekanntermaßen kann nur, wer sich selbst achtet, auch anderen Menschen respektvoll begegnen. Das oberste biblische Gebot „Liebe deinen Nächsten wie dich selbst" bezieht sich auf die Selbstliebe, alle anderen Auslegungen sind Interpretationen des alten Weltbildes.

Wer sich selbst achtet, weiß: Ich bin wertvoll – ebenso wie meine Mitmenschen, wie alle Wesen. Ein solcher Mensch fühlt sich wohl in seiner Haut und kann sich jederzeit wertschätzend im Spiegel betrachten. Er behandelt andere, wie er selbst behandelt werden möchte, und lässt es umgekehrt nicht zu, dass andere ihn schlecht behandeln.

Menschen mit echter Selbstliebe verspüren nicht das Bedürfnis, sich künstlich in den Vordergrund zu spielen. Sie erwarten von niemandem, dass er sich für sie verbiegt. Sie sind autonom und erreichen ihre Ziele aus eigener Kraft, weil sie den richtigen Weg gehen, nämlich ihren eigenen, den nur sie gehen können. Weil sie das Leben und sich selbst achten, können sie Schattenseiten leichter verzeihen und wesentlich großzügiger mit dem alltäglichen Auf und Ab umgehen. Den Herausforderungen des Lebens begegnen sie nicht aus der Sicht des Opfers, als würden die Umstände sie in die Knie zwingen wollen, sondern als Chance, neue Fähigkeiten zu entwickeln. Alles bedeutet Schulung für sie. Sie sind seelische und geistige Samurai, die es begrüßen, immer komplexere Prüfungen zu meistern.

Eine solche Einstellung verhindert Unglücklichsein, Langeweile und Trübsinn an der Wurzel. Eine solche Einstellung entzieht einer negativen Sichtweise schlicht und einfach den Boden. Stattdessen setzt sie einen konstruktiven Kreislauf in Gang, der auch im Außen Positives bewirkt und deshalb günstige Umstände anzieht. Vergessen wir nicht: Glück ist ansteckend, Lebendigkeit ist ansteckend. Der Funke der Begeisterung springt sehr schnell über.

Selbstliebe ist das Pflichtprogramm des neuen Menschen, Heilmittel für das gesamt-kulturelle Borderline-Syndrom mit seinen selbstzerstörerischen Tendenzen.

Leider ist die gängige Selbsteinschätzung des modernen Menschen noch weit von gesunder Selbstliebe entfernt: „Ich bin nicht gut genug" – der ganze Fluch der Zivilisation spiegelt sich in diesem Denkmuster. Nie hat er das Gefühl, genug getan, genug geleistet zu haben, obwohl er sich ohne Unterlass anstrengt. Stets ist ein anderer noch besser, noch stärker, noch lauter – und wenn es die Medienhelden sind. Längst ist aus den Superlativen das Ultimative geworden, das künstliche Maßstäbe setzt, die nichts mit der Wirklichkeit zu tun haben und denen man niemals gerecht werden kann. Bei all dem Mithalten-Wollen und Sich-beweisen-Müssen geht das wirkliche Leben den Bach runter und mit ihm die Zufriedenheit, das Glück.

Das oppositionelle Denken bewertet, vergleicht und ist viel zu kritisch. Es ist ungnädig. Kritik und Zweifel aber erzeugen Abwehr und Widerstand, die wiederum energetische Blockaden bilden und verhindern, dass auf uns zufließt, was auf uns zukommen will.

Zum Teufel mit dem ewigen Vergleichen, Beurteilen und Abwerten! Das wilde Herz braucht diese Mechanismen nicht mehr. Wer kann in einer globalen Welt, in der die verschiedensten Wertesysteme zusammentreffen, überhaupt noch beurteilen, was zu tun und was zu lassen ist? Wir sind heute an einem Punkt angelangt, wo niemand mehr von außen sagen kann, was gut oder nicht gut, richtig oder falsch ist – weder Lebenspartner noch Freunde, weder Eltern noch Therapeuten. Allein das wache, liebende Bewusstsein ist in der Lage, anhand der momentanen Umstände, Einflüsse und Aussichten eine Beurteilung im Sinne unterscheidender Weisheit zu treffen. Es geht um die simple Tatsache, dass eine funktionalisierte, rationalisierte und auf äußerste Effizienz angelegte Umgebung uns nicht mehr inspiriert und daher nicht mehr an das „Wesentliche" anzubinden vermag. Sie kann es nicht. Sie löst keine Erinnerung aus. Nicht nur unsere innere Welt, auch die äußere ist arm geworden an symbolischem Ausdruck und hat die Kraft zu inspirieren verloren. Der Anspruch der zivilisierten Welt auf Machen, Haben, Gewinnen und Perfektion bildet einen geschlossenen Kreis, der den meisten Menschen zum Hamsterrad geworden ist und Bedingungslosigkeit nahezu unmöglich macht.

Das neue Selbst- und Menschenverständnis räumt Fehlern und Schwächen, Unvollkommenheiten und Unzulänglichkeiten wieder einen Platz ein, ebenso wie dem Chaos. Die – vollkommene – Ordnung des Ganzen impliziert Unvollkommenheit, Chaos und Vergehen. Genau dieses „Stirb und werde" ist es, was zu Leben, Erfüllung und Glück ansteckt. Ohne die abwechslungsreiche Landschaft von Bergen und Tälern, ohne Licht und Schatten wären wir nur „trübe Gäste auf einer dunklen Erde", wie Goethe es formulierte. Mögen uns die Täler mit ihren Schatten nicht gerade willkommen sein, so sind sie doch ein unabdingbarer Teil des natürlichen Lebensprozesses.

Chaos ist nichts anderes als die auflösende Qualität der kosmischen Bewegung. Chaos, im Hinduismus dargestellt durch den Gott Shiva

– verstanden als Zerstörer –, verhindert Stillstand und Stagnation. Gleichzeitig verkörpert Shiva alles, was mit Schöpfung und Neubeginn zu tun hat.

Wenn ich mich dem Ganzen zugehörig fühle und den Rhythmus des Seins als mein eigenes Wesen akzeptiere, ist für mich alles gut. Selbst wenn mir das Schlimmste zustößt, kann ich darin noch einen Sinn sehen. Auf das Chaos folgt die Ordnung. Auf der anderen Seite des Tals wartet der nächste Gipfel.

Sich selbst lieben heißt auch „sein Leben nähren", wie man im alten China sagte – körperlich, seelisch und geistig. Die eigenen Bedürfnisse, Wünsche und Neigungen ernst nehmen und sie nach Möglichkeit erfüllen, denn die Dinge, die wir gern tun, sind der Grund, warum wir hier sind. Den Körper als den Tempel der Seele und des Geistes ehren und pflegen. Auf die Gesundheit achten. Schönheit in alle Lebensbereiche bringen. Sich von allem Schönen berühren und beflügeln lassen. Genießen. Das Leben feiern, tanzen, lachen, sich an der Natur erfreuen, an Musik, am Körperlichen. Verrückt sein. Aber auch: sich Ruhe gönnen, Stille, in der man sich selbst hören kann; ins Nichts lauschen. Muße.

Das Nähren beginnt mit der Wertschätzung dessen, was einem bereits gegeben ist. Jeder Mensch besitzt ein ganz spezielles Bündel von Talenten, Fähigkeiten, Qualitäten und Fertigkeiten, jeder hat das Potenzial, eine Persönlichkeit zu sein und Charisma zu entwickeln. Früher tendierte man zu der Annahme, Ausstrahlung sei angeboren oder eine spezielle Gabe. Das Formen der Persönlichkeit war äußeren Instanzen wie Schule und Erziehung überlassen. Aus diesem Grund entdeckten nur die wenigsten die Quelle für sich.

Sein Leben nähren bedeutet: das Beste aus dem Leben machen, sich das Beste geben, dessen man fähig ist. Wir sollten es uns gestatten, unsere Träume zu leben und nicht weniger als unsere höchsten Vorstellungen zu verwirklichen. Hier und jetzt. Dabei geht es weniger darum, das Ziel zu erreichen, als in den Fluß der Einen Bewegung zu kommen. Denn dort, wo es mich zu etwas hinzieht, liebe ich bereits. Da beginne ich, mich in Beziehung zu setzen. Da entsteht

Magnetismus, eine Kraft, die wirkt, ohne dass ich etwas dafür tun müsste, die vielmehr ihrer eigenen Gesetzmäßigkeit folgt; lebendiger Eros, die ungezähmte schöpferische Energie, die jeden, von dem sie Besitz ergreift, dazu veranlasst, das zu tun, was sein soll. Wer dieser Kraft folgt, wird an seinen Platz im Ganzen geführt. Wo es schön ist und leicht auf meine Art, da läuft meine Schale voll.

Die höchsten Vorstellungen erzeugen den stärksten Sog, sie motivieren am meisten. Vorausgesetzt, man haftet nicht einer Vorstellung an. Vorausgesetzt, aus dem Wünschen wird nicht Gier; vorausgesetzt, ich bleibe gleichmütig, wenn das Schicksal es anders will. Schopenhauers Spruch „Ein Mensch kann zwar tun, was er will, aber nicht wollen, was er will", trifft genau ins Schwarze. Niemand ist gegen Versuchungen gefeit, daher gilt es stets aufzupassen, sie kommen mit Sicherheit. Allerdings lohnt es nicht, alles Streben aufzugeben, wie früher auf dem spirituellen Weg gehandhabt, denn damit würden wir auch unsere Vitalität und Lebensfreude beschneiden; damit wären wir vielleicht frei von Begierde, aber zugleich unerfüllt und leidenschaftslos.

Es hängt von mir und meinen Entscheidungen ab, ob sich Leidenschaft zu einer konstruktiven oder einer verzehrenden Kraft entwickelt. Richtig gelenkt, ist sie das Feuer der Lebendigkeit, in welchem sich auch das leicht lähmend wirkende Verantwortungsgefühl angesichts der Aufgaben, die getan werden müssen, auflockert. Im Licht dieses Feuers lassen sich die Härten des Lebens leichter ertragen. Es brennt die Abneigungen weg, die angesichts der Unvermeidlichkeiten auftauchen.

Es geht darum, die Gegensätze zu überwinden oder den goldenen Mittelweg zu finden, um das ständige Ausgleichen beider Seiten, um Balance-Halten, wie auf einer Schaukel. Bekommt eine Seite zu viel Gewicht, braucht die andere wieder etwas mehr Aufmerksamkeit. „Denn Weisheit ist letztlich nichts anderes als das Maß unseres Geistes, wodurch dieser im Gleichgewicht gehalten wird, damit er weder ins Übermaß ausschweife noch in die Unzulänglichkeit falle", führt Augustinus in seiner Schrift *Über das Glück aus.*

Schlussendlich bedeutet „das eigene Leben nähren“: zuerst das eigene Gefäß füllen, damit man aus freien Stücken, mit offenen Händen, aus der Fülle heraus geben kann. Alles andere wäre kein authentisches, bedingungsloses Geben. Es wäre ein Geben, um es anderen recht zu machen, um gut dazustehen oder ein positives Image zur Schau zu stellen; ein Geben, das an einen Zweck gebunden ist. Am eindrücklichsten formulierte dies Bernard von Clairvaux (1090–1153), einer der bedeutendsten Mönche des Zisterzienserordens:

Wenn du vernünftig bist, erweise dich als Schale,
nicht als Kanal, der fast gleichzeitig empfängt und weitergibt,
während jene wartet, bis sie gefüllt ist.
Auf diese Weise gibt sie das, was bei ihr überfließt,
ohne eigenen Schaden weiter, denn sie weiß,
dass der verflucht ist, der seinen Teil verringert ...

Wir haben heutzutage viele Kanäle in der Kirche,
aber sehr wenige Schalen.
Diejenigen, durch die uns die himmlischen Ströme zufließen,
haben eine so große Liebe, dass sie lieber ausgießen wollen,
als dass ihnen eingegossen wird,
dass sie lieber sprechen, als hören,
dass sie bereit sind zu lehren, was sie nicht gelernt haben,
und sich als Vorsteher über die anderen aufspielen,
während sie sich selbst nicht regieren können ...

Lerne auch du, nur aus der Fülle auszugießen,
und habe nicht den Wunsch, freigebiger als Gott zu sein.
Die Schale ahmt die Quelle nach,
nicht überströmender zu sein als die Quelle ...
Du tue das Gleiche!
Zuerst anfüllen und dann ausgießen.
Die gütige und kluge Liebe ist gewohnt überzuströmen,
nicht auszuströmen ...

Ich möchte nicht reich werden, wenn du dabei leer wirst.
Wenn du nämlich mit dir selber schlecht umgehst,
wem bist du dann gut?

Wenn du kannst, hilf mir aus deiner Fülle;
wenn nicht, schone dich.

Geben, was überströmt, bedeutet Schenken, es macht beide Seiten glücklich. Es ist wie Singen, Tanzen, Musikmachen – oder wie ein Lächeln. In allen Weisheitstraditionen waren diese Künste wesentlicher Bestandteil. Das kommt daher, dass das liebende Herz einfach singen will. Das Singen, Tanzen und Lachen bricht aus ihm heraus. Singt oder musiziert ein Künstler, weil er singen muss, weil er dafür bezahlt wird oder weil er beeindrucken will, wird der Funke nicht überspringen. Kunst ohne (Selbst-)Liebe ist keine Kunst.

Ein Zuviel an Selbstliebe gibt es nicht. Ist die eigene Schale gefüllt, läuft die Liebe über und strömt hinaus in die Welt – zu den anderen, dorthin, wo sie unmittelbar – am naheliegensten – gebraucht wird. Das ist Nächstenliebe. Wer beginnt, sich selbst zu lieben, trägt automatisch zur Heilung der Welt bei.

Wenn ich das Wesen des Ganzen kenne, habe ich den Geschmack meines eigenen Wesens auf der Zunge. Dann schmecke ich das Menschliche und weiß, dass ich diesem Wesen vertrauen kann, egal, was passiert. Dieses Wesen ist gut.

Ich brauche nicht dem Ego zu trauen, nein, das besser nicht. Aber dem, was darunter liegt, kann ich glauben. Dem kann ich folgen. Ja, dem muss ich sogar folgen, will ich mich nicht selbst verraten.

Schau mit deinen eigenen Augen, horche mit deinen eignen Ohren, fordert mich die innere Stimme auf. Sprich in deinen eigenen Worten, ohne es jemanden recht machen zu wollen. Trau dich, anders zu denken, spontan und eigen zu sein, wenn es darauf ankommt; forsch, wenn es sein muss. Erlaube es dir, eigene Ansichten und eine eigene Meinung zu haben. Sei du selbst. Mit der klaren Absicht zu lieben kann dir nichts passieren.

Die meisten Menschen ahnen nicht, wie machtvoll die Absicht des reinen Herzens ist und dass sie gewaltige Auswirkungen auf Gesundheit, Glück und Erfolg haben kann. Selbstvertrauen erweckt auch bei den Mitmenschen Vertrauen. Der Mut und die Fähigkeit, sich zu zeigen, sich zu stellen, sein Licht leuchten zu lassen und sein Bestes einzubringen, lassen Hoffnung entstehen. Jemand, der sich selbst achtet, kritisiert und bevormundet nicht, der hegt keine Erwartungen und stellt keine Forderungen. Druck und Zwang auszuüben ist ihm fremd. Er sieht auch keinen Sinn darin, andere für ihre Geisteshaltung zurechtzuweisen. Selbst gut gemeinte Ratschläge sind für ihn Schläge – Übergriffe, Grenzüberschreitungen. Menschen, die sich ihr Eigen-Sein zugestehen, können auch anderen ihre Eigenheiten lassen.

Für das wilde Herz ist die Würde des Menschen und aller fühlenden Wesen unantastbar. Es macht keinen Unterschied zwischen sich selbst und den anderen, sondern ist grundsätzlich auf der Suche nach der lichtvollen Seite, die, bekommt sie liebevolle Zuwendung, sofort lebendig wird. Das wilde Herz tanzt mit dem ganzen Universum, immer seiner inneren Ausrichtung folgend: Wahrheit, Liebe, Freude, für alle gut. Denn es weiß, wenn die Liebe auftaucht, bin ich – und mit mir alle Beteiligten – angeschlossen an die kosmische Ordnung, an ihre Kraft und Intelligenz. „I may not have ‚externet', but I truly have ‚internet'", sagte Raimon Panikkar am Tag, bevor er starb, „und in diesem Netzwerk der Liebe sind wir alle eins." Die wahre Identität tritt zu Tage, wenn ich mich ganz bei mir und zugleich verbunden mit allem fühle.

Wir alle wissen aus Erfahrung: Es ist weder selbstverständlich noch einfach, sich selbst rundum anzunehmen, liebevoll und aufmerksam mit sich zu sein, auf die innere Stimme zu hören und ihr zu folgen. Mit anderen ist das viel leichter. Sich selbst zu lieben ist die höchste Kunst des Liebens, sie kommt dem Kunststück gleich, seinen Feind zu lieben. Dennoch: Haben wir es einmal geschafft, unser Ego zu überwinden und eine Ebene tiefer zu gehen, gelingt es uns auch, im Gegner den ganzen Menschen zu sehen und nicht nur den abgelehnten Teilaspekt, auf den man sich vorher fixierte.

Wir wissen auch, dass Selbstliebe nicht immer gleich intensiv ist. Sie verändert sich laufend, und mit ihr unsere Identität. Wenn wir etwas anderes empfinden als Liebe, sind wir nicht ganz bei uns. Was für uns gilt, trifft im selben Maße auf andere zu. Aus diesem Grund kann man alle Meinungen über andere und über sich selbst getrost über Bord werfen. Wir sind viel mehr als nur eine Momentaufnahme, ein Foto oder unser momentanes Image.

Selbstliebe ist die Voraussetzung für Unabhängigkeit und damit für echte, freie Beziehungen. Wer sich selbst liebt, hat das Lebenselixir gefunden. Ein solcher Mensch ist Held oder Heldin geworden.

Selbstliebe führt unweigerlich zur Selbstrealisation, was bedeutet: zu dem werden, der ich bin und immer sein wollte. Vollenden, was in mir angelegt ist. Ganz Mensch sein. Die totale Erfahrung des Lebens machen. Im Verlauf der Selbstrealisation erleben wir eine profunde Lebensklärung, die es uns erlaubt, immer tiefer in die inneren Räume vorzudringen und gleichzeitig die Welt da draußen zu umarmen – bis wir das Ganze in uns selbst erkennen und das Selbst in allem wahrnehmen.

Aus der Perspektive des wilden Denkens gehören Persönlichkeitsfindung, Selbstrealisation oder Bewusstseinsentwicklung zu einem Prozess, der gewissen Gesetzen folgt und gleichzeitig höchst individuell ist, der gelebt und erfahren werden will. Wissen allein genügt nicht. Persönlichkeit, Identität, Selbst und Sein haben nichts mit Äußerlichkeiten zu tun. Man kann sich Identität nicht umhängen wie ein Schmückstück oder einen tollen Mantel. All das findet ausschließlich in unserem Inneren statt und nur, indem man den Weg auch wirklich geht, statt bloß darüber zu reden.

Eine echte Beziehung zu sich selbst und durch sich zur Welt will sich voller Freude entfalten, einbringen und die eigenen Fähigkeiten nutzen. Sie schließt Passivität aus, doch ist ihre typische Aktivität nicht als bloße „Arbeit", als Muss zu verstehen. Es ist ein Dürfen: die Erlaubnis und das Versprechen an sich selbst, das zu leben, was durch mich sein und werden will. Meinem wilden Herzen Ausdruck zu verleihen. Ohne Wenn und Aber. Das ist Identität.

Bewusstsein, Selbst, Sein, Wesen, Seele, Präsenz, Identität sind austauschbare Begriffe – Analogien für die persönliche Anbindung des Menschen an den Atem des Universums. Sämtliche philosophischen Gebäude um diese Themen und Begriffe erübrigen sich an dieser Stelle. Das Ganze ist einfach, radikal einfach sogar und erklärt sich von selbst. Entweder wir lieben und erleben die Anbindung an die kosmische Ordnung oder die Tür fällt zu. Doch wie gut ist es, zu wissen: Wir können sie jederzeit wieder öffnen.

Das Einfachste ist immer radikal und daher geheimnisvoll, weil es mit dem Richtigen, dem Naheliegenden und dem Selbstverständlichen zu tun hat. Das Einfache ist nicht primitiv; vielmehr ist es ein Produkt des Bewusstwerdens und Entstehens – die reife Frucht eines meist langen Prozesses; der höchste Ausdruck des Schönen.

Nur das Einfache hat die Voraussetzung, zeitlos und Allgemeingut zu werden, weil es keine Personen als Urheber kennt; es entsteht, ist plötzlich da, und keiner weiß woher. Es ist Ziel und Resultat zugleich. Das Einfache muss werden, man kann es finden; auch wenn es sich nicht herbeizwingen lässt.

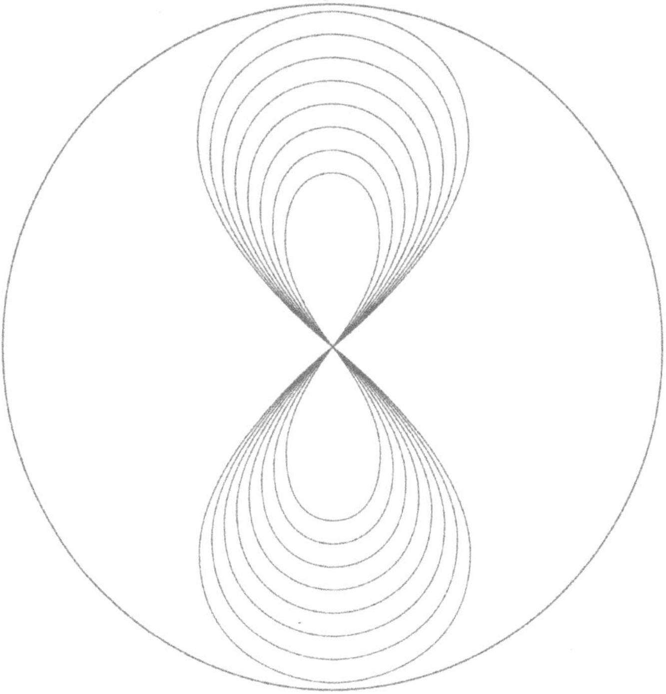

Abb. 7: Stehende Acht

Auf der Welle des Lebens reiten

Wir müssen nicht erst sterben,
um ins Himmelreich zu kommen.
Tatsächlich genügt es,
vollkommen lebendig zu sein.

Thich Nhat Hanh

Ein guter Koch benötigt keine Rezeptbücher mehr, sein Geschmackssinn kennt die Zutaten für ein Gericht: Er weiß, welche Gewürze zusammenpassen und welche sich in ihrer Wirkung aufheben. Er hat ein intuitives Gespür dafür, wie und womit er den Eigengeschmack einer Speise hervorheben kann, und ihm ist klar, dass der Essgenuss umso größer ist, je subtiler sich das Zusammenspiel all dieser Facetten gestaltet.

Nichts schult Feingefühl und Sensitivität besser als die Liebe, die mit seismographischer Genauigkeit jede noch so kleine Unstimmigkeit meldet. Ihre Führung ist so subtil, sanft, freundlich und genau, dass man sich ihr blind anvertrauen kann.

Im „prä-wilden" Bewusstsein brauchen wir noch äußere Wegweiser bzw. Schubladen für Gut und Böse, um ausmachen zu können, was dem Leben dient und was nicht. An ihre Stelle treten nun das wilde Denken und bedingungsloses Lieben. Den direkten Zugang zur echten tieferen Erfahrung von Selbst, Welt und Menschheit – zur Selbstrealisation – bilden folglich nicht mehr Meditation oder andere spirituelle Methoden, sondern gelebte Liebe.

Liebe ist unmittelbar, sie benötigt keine Techniken, sondern weiß selbst am besten, was hier und jetzt angemessen ist. Noch einmal: Der zivilisierte Mensch überschätzt Wissen und Techniken oder Methoden bei weitem. In einem von Aufgaben ohnehin schon überfrachteten Alltag fällt deren Anwendung meist unter den Tisch.

Methoden verschlingen Zeit und erfordern oft einen bestimmten Ort. Lieben kann man immer und überall.

Lieben ist mehr als eine Technik oder eine Methode, mehr als ein Weg. Lieben ist eine Lebenshaltung und eine Lebenspraxis, die uns auf der Welle des Lebens reiten lässt, am Punkt höchster Synchronisation, wo Meer, Welle und Wellenreiter eins sind.

Die Einheit von Welle, Meer und Reiter – wie ist sie zu schaffen? Eine uralte Erleuchtungsfrage, ein Koan. Nein, die Welle muss nicht zum Meer oder der Reiter zur Welle werden, das ist ein Ding der Unmöglichkeit. Welle, Meer und Wellenreiter werden in der Bewegung eins, weil die drei Aspekte nur im Prozess der Bewegung wesensgleich sind und doch jeder Aspekt bleiben kann, was er ist.

Mit dieser Sichtweise verlassen wir das dingfeste Fundament des alten, materiellen Weltbildes und begeben uns auf ein neues – fließendes oder schwebendes – Terrain, das deshalb erst einmal als ungewohnte „Instabilität" (Dürr) erfahren wird. Sich auf den Wandel einlassen, mit ihm gehen und dabei selbst in den *Flow* kommen – das wird die neue Annäherung an die Welt und das Leben sein. So sieht es auch Peter Sloterdijk: „Das heißt, wir setzen beim Zerbrechlichsten und beim Gemeinsamen an, wir beginnen jetzt im gehauchten Raum, in einer dünnwandigen Struktur, die schon durch ihre fragile Form und durchsichtige Erscheinung zu verstehen gibt, dass wir uns nicht auf einer Grundlage aufstützen oder Sicherheit suchen bei einem Fundament [...], sondern dass wir uns auf den Vorschlag einlassen, bei einer schwebenden Bewegung mitzugehen, wie ein Kind, das Seifenblasen aus einer Schlaufe in die Luft bläst, und mit Begeisterung seinen eigenen Kunstwerken hinterherblickt, bis die bunten Dinger zerplatzen."

Als ich um die 30 war, verordnete ich mir ein dreimonatiges Experiment: eine Weltreise, jedoch ohne einen Plan im Kopf zu haben ohne bestimmte Ziele anzusteuern. Ich wollte mich auch nicht einfach treiben lassen, sondern die Führung komplett der inneren Stimme anvertrauen und mich der Erfahrung des Augenblicks überlassen. Ich wollte echte von eingebildeten Ängsten unterscheiden lernen, meine Intuition, meinen gesunden Menschenverstand auf die Probe stellen und herausfinden, von welchen kulturellen Denkmustern ich geprägt bin. Außerdem interessierte es mich brennend, ob Freiheit wirklich „gefährlich" ist. Nun, ich würde mir nicht wünschen, dass meine Tochter auf eine ähnliche Idee käme, aber ich muss gestehen: Es war die abenteuerlichste und schönste Reise, die ich jemals unternommen habe. Im Hafen von Barcelona heuerte ich auf einem Schiff an, in Mexico City beherbergte mich eine großherzige Alte, die eine Garküche in den Slums betrieb. Kurze Zeit später befand ich mich auf einer luxuriösen Finca irgendwo in Belize. Wo ich auch hinkam, fand ich eine Bleibe und wurde freundlich aufgenommen, meist von Menschen, mit denen ich normalerweise nie in Kontakt gekommen wäre. Der Wechsel von Arm zu Reich war fließend, genau so fließend wie der Wechsel von Millionenstädten in den Busch. Meine Weiblichkeit musste ich des Öfteren verstecken, das war die einzige Seite, wo die Freiheit tatsächlich gefährlich werden konnte.

Leben, das leben will, inmitten von Leben, das leben will. Sobald man auf das allen Gemeinsame vertraut und sich in den Fluss des Lebens sinken lässt, verwandelt sich das Gefühl des Getrennt-Seins in einen lebendigen Strom, der durch alles und alle Beteiligten fließt. Bald kam mir niemand mehr fremd vor. Egal wer mir begegnete, ich schien jeden Menschen schon immer zu kennen, und gleichzeitig blieb jeder ein großes Geheimnis – so, wie man sich selbst immer Geheimnis bleibt. In diesen drei Monaten stellten sich bedeutende Weichen für mein späteres Leben – innere und äußere. Ich erkannte, dass man mit all den Aktivitäten, die man sich normalerweise aufbürdet, ohne Gefallen an ihnen zu finden, eigentlich nur erfolgreich verhindert, das Eigene aus den Tiefen der Seele emporsteigen zu lassen. Ich lernte, dass Loslassen sich lohnt und man dem Leben die Chance geben muss, auf einen zuzukommen.

„All dieses viele Tun und Machen ist so sinnlos, wie in der Wüste herumzulaufen. All die vielen Anstrengen verhärten nur mein Wesen, meine Natur. All dieses viele Denken und Abwägen schafft nur noch mehr Verwirrung. Und was die meisten Menschen für spirituelle Lehren halten, schafft nur die Ursache für weitere Fesseln", heißt es in der *Herzessenz der Großen Meister,* einer Unterweisungsschrift des Dzogchen-Lehrers S.H. Dudjom Rinpoche. „All die vielen Dinge, die es zu tun gibt, führen zu keinem einzigen Resultat. All die vielen Gedanken sind sinnlos. All das Ansammeln der vielen Dinge, die wir brauchen, kommt nie zu einem Ende."

Der übliche Aktivismus, den wir für normal und sogar für erstrebenswert halten, weil er in der westlichen Kultur mit gesellschaftlicher Anerkennung belohnt wird, schüttet die Quelle zu, lässt die Inspiration versiegen, stoppt den *Flow* und die Entfaltung der flüssigen Liebesintelligenz. Man kommt aus dem Machen nicht mehr heraus, während das Leben an einem vorbeiläuft, und trotz zunehmenden Wohlstands wird man immer ärmer an Lebendigkeit.

Am Punkt bewusster und akzeptierter Instabilität jedoch ist der Mensch völlig offen. Er nimmt „die ganze Welt wahr, ist in Kommunikation mit dem gesamten Universum, spürt Kräfte, die von kleinsten Veränderungen herrühren. [...] Kleinste Ursachen haben in dieser Instabilität unproportional große Folgen", hörte ich zwei Jahrzehnte später von Hans-Peter Dürr, als er zu Gast in meiner Ausbildungsreihe war.

Instabilität – dieser Begriff wird von Dürr für jene „Schwebepunkte" verwendet, die typisch für alles Lebendige sind, im Gegensatz zu unbelebten Systemen, die aufgrund ihrer Trägheit in einem nahezu stabilen Gleichgewichtszustand verharren. An jedem Schwebepunkt will etwas Neues hinzukommen, etwas, das vorher nicht da war; es ist der Lernprozess des Lebendigen.

Der instabile Punkt ist eine Stelle höchster Sensibilität und größter Freiheit. Je näher sich ein Mensch an diese Stelle heranwagt, umso kreativer ist er. „Das Kreative erfordert diesen Schwebezustand, der uns in diesen Augenblicken sensibilisiert und befähigt, am Gedächtnis der Welt anzukoppeln. Unsere Sensibilität gibt uns die Möglichkeit, Informationen aufzunehmen, die im Hintergrund, allerdings meist kodiert, gespeichert sind", so Dürr. Um den Lebenscode zu entziffern, brauchen wir das wilde Bewusstsein.

Wie das Begreifen-Wollen der Wissensstruktur den Fluss der Intuition behindert, so stört auch forciertes Handeln oft nur den Lauf der Dinge. Leicht kann es dabei zu einer Verkrampfung und folglich zu einer Blockierung des natürlichen Fließgleichgewichtes kommen. So sieht es die chinesische Kunst des Nicht-Handelns, *Wu-wei,* die, wie schon gesagt, nichts mit Passivität zu tun. Gehandelt wird dort, wo es nötig ist, dennoch gilt es, übermäßige Kontrolle zu vermeiden und die Ergebnisse nicht zu erzwingen.

Leistung, Druck, Stress, Konkurrenz, Wettbewerb sind Begriffe, die zum patriarchalischen, materialistisch-mechanistischen, von der Ratio dominierten Weltbild gehören. Wer unter solchen Prämissen handelt, folgt reinem Zweck-Denken. Diesem Handeln geht voraus, dass ein Konzept auf eine Situation projiziert wurde, durch dessen Raster sich die Umstände dann so hinbiegen lassen, damit das angestrebte Ziel erreicht wird. Insofern ist die Wirkung einer solchen Handlung auf ein bestimmtes Ereignis beschränkt, sie erschöpft sich, sobald der Zweck erfüllt ist. Sie ist lokal und zeitlich begrenzt. Wie alles, was trennenden und spaltenden Charakter hat, verebbt sie sehr schnell.

Gewaltfreies Handeln dagegen, so könnte man *Wu-wei* auch übersetzen, ist umfassend, dauerhaft und stetig fortschreitend, weil es nicht allein auf ein Ereignis oder ein Subjekt bezogen ist, sondern auf den Prozess selbst und die mit ihm zusammenhängenden Prinzipien. Seine Wirkung durchdringt das ganze System. Stets wird dabei die Gesamtsituation umgewandelt. Die Wirkung ergibt sich sozusagen von selbst, als Konsequenz, ohne dass man auf die Situation Druck ausüben, sich verausgaben, sich behaupten oder wetteifern müsste, und zwar meist besser, als man es berechnen oder sich vorstellen könnte. Ein solches Handeln kommt einer Verwandlung gleich, es bewirkt echte Transformation.

Im neuen Bewusstsein erweist sich erfolgreiche Lebens- und Wirklichkeitsgestaltung nicht länger als Resultat eines angewandten Modells und eines durchgeführten Plans, als Folge von Verfügungswissen also, sondern als Folge der optimalen Anpassung an die Eine Bewegung. Statt die Dinge kontrollieren, perfektionieren und dirigieren zu müssen, kann man ihnen nun getrost ihre eigene innere Entwicklung lassen. Die quälenden Zweifel der Ratio können sich in den Armen tiefen Urvertrauens und weltgroßer Geborgenheit auflösen.

Achtsamkeit, Hingabe und Leidenschaft bringen Erfolge auf andere Weise hervor als der Wunsch nach Gewinnen, Siegen und Rekorde-Brechen. An die Stelle der Anstrengung des Machens tritt das Spielerische. Fließen, fließen, fließen ...

Dieses Fließen ist offen, lebendig und immer neu. Es ist eine Einladung zum Abenteuer Leben. „Hier ist die Rose, hier tanze", wollte Hegel Äsops Prinzip „*Hic Rhodos, hic salta* – hier ist Rhodos, hier spring" neu formuliert wissen. Aus dem Sprung ins Nichts, den die spirituellen Traditionen auf dem Weg der Selbstrealisation verlangten und der bisher verbunden war mit Askese und Selbstaufgabe, wird ein Tanz, der aus sich selbst heraus entstehen will – stimmiges Sein, das sich in harmonisches Werden ergießt.

Sich auf den Wandel und die eigene Kreativität einzulassen heißt zunächst also, mit einer bestimmten Ungewissheit fertig zu werden, nicht gleich wissen können, was da kommt. Auf Nummer sicher gehen kann man hier nicht. Eine Garantie für ein bestimmtes Ergebnis zu erhalten, ist unmöglich. Man muss sogar darauf gefasst sein, dass unter Umständen etwas völlig anderes herauskommt.

Das Problem ist, dass die meisten Menschen den Instabilitätspunkt als unangenehm, ja oft als zutiefst bedrohlich empfinden. Loslassen und sich öffnen – dieser Zustand will ausgehalten werden, andernfalls kann man ihn nicht bewusst nutzen. Nur wer das weiß und schon einige Male erfahren hat, dass Chaos und Instabilität ein Teil des schöpferischen Prozesses sind, kann ihm vertrauensvoll begegnen.

Im Flow der Einen Bewegung

Sich selbst lieben, sich durch die Kraft des Schönen zu Lebens- und Erkenntnisneugier anregen lassen, loslassen, was nichts mit einem selbst zu tun hat, was nicht gut tut oder nicht lebensfördernd ist, sich dafür aber erlauben, dem Herzen zu folgen – das öffnet das Tor zur Einen Bewegung. Wer loslässt, meint vielleicht zuerst zu fallen. Aber man fällt nicht, wie befürchtet, ins Nichts, man taucht in die dahinterliegende Dimension der fließenden Ordnung und in deren fluide Intelligenz ein, den *Flow*.

Den Begriff *Flow* führte der tschechische Psychologe Mihaly Csikszentmihalyi ein. Er bezeichnete damit einen Zustand, bei dem der Antrieb, etwas zu tun, von innen heraus entsteht. Charakteristisch ist das Gefühl, in einer Tätigkeit aufzugehen. Wenn wir uns im Flow befinden, sind unser Fühlen, Wollen, Handeln und Denken in völliger Übereinstimmung. Wir müssen uns nicht zwingen, unsere Konzentration auf die Beschäftigung zu lenken. Alle äußeren Überlegungen und Ablenkungen sind ausgeklammert. Die Welt um uns herum scheint zu verschwinden. Wir vergessen die Zeit und sogar uns selbst, samt unseren Sorgen. In dieser Selbstvergessenheit geht das Handeln mühelos, leicht und lustvoll vonstatten, es ist ein harmonisches Erleben. Stunden vergehen wie Minuten, die Zeit verfliegt.

Das ist ein Zustand vollkommener Synchronizität und Kohärenz. Handlung und Bewusstsein verschmelzen. Aufmerksamkeit, Motivation und Umgebung treffen in produktiver Harmonie zusammen. Man ist eins mit dem, was man tut, ganz bei sich – und verbunden mit dem, was gerade geschieht. Man hat keinen Gedanken, man ist der Gedanke. Man macht keine Musik, man ist die Musik. Man ist angebunden an die Quelle.

Menschen im Flow benötigen keinen äußeren Anreiz, um einer Tätigkeit nachzugehen. Sie handeln aus freien Stücken, weil sie es so wollen – ohne Druck, ohne Kontrolle und ohne in erster Linie an den materiellen Vorteil zu denken. Um ihrer Leidenschaft nachgehen zu können, nehmen sie sogar alle möglichen Hindernisse in Kauf, investieren Zeit und Geld und sind durch nichts und niemanden von ihrem Vorhaben abzubringen. Sie handeln um ihrer selbst und der Sache willen. Solche Menschen sind Künstler. Lebenskünstler.

Auch wissenschaftlich wurde der Flow-Zustand schon untersucht. Er entspricht der sogenannten kardialen Kohärenz, einer optimalen Synchronisation von Herzschlag, Atmung und Blutdruck. In diesem Zustand besteht völlige Harmonie zwischen dem limbischen System, das die Emotionen steuert, und dem kortikalen System, dem Sitz für Bewusstsein und Verstand. Der Flow entspricht einem Zustand optimaler Anpassung und Resonanz der inneren und der äußeren Welt. Quantitativ erfassen und beschreiben lässt er sich über die Messung der Herzratenvariabilität (HRV), der Fähigkeit eines Organismus, die Frequenz des Herzrhythmus zu verändern, und über das Vorhandensein bestimmter Glückshormone wie Dopamin, Serotonin und Endorphine.

Im Flow findet die Hochzeit von Innen und Außen, von Intuition und Intellekt statt – und zwar im Tun. Flow ist Tun im Sein. Wu-wei. Spiel. Aktives Bewusst-Sein. Lieben – jetzt. Und etwas grundsätzlich anderes als Spaß oder ein Kick, eine kurzzeitige, künstlich aufgeputschte Erregung. Flow ist pure Kreativität, Lebensenergie, Eros. Das Hochgefühl, das dabei entsteht, hält lange an, weil es zusätzlich genährt wird durch die Aussicht auf das Vervollkommnen und das Erfolgserlebnis, das jedoch etwas grundsätzlich anderes ist, als Perfektion beweisen zu müssen. Es kommt zustande durch das Wissen, auf dem richtigen Weg zu sein.

Wer sich voll und ganz mit etwas beschäftigt, identifiziert sich damit, und solange er sich damit identifiziert, ist er restlos glücklich. Dieses Glück liegt nicht in der Sache verborgen, sondern in der Liebesbeziehung, die zu dieser Sache entsteht. Dieses Glück steigt aus dem eigenen Selbst empor, wenn es auf etwas konzentriert ist, in dem man aufgeht. „Glück“ kommt von dem mittelhochdeutschen „gelücke“ und bedeutet, die „Art, wie etwas endet, wie etwas gut ausgeht“. Glück ist der günstige Ausgang eines Ereignisses, die natürliche Folge, wenn man die richtige Richtung eingeschlagen hat: Verbinden statt trennen. Dieses Glück hat nichts mit Haben zu tun, sondern mit Sein.

Einiges Aufsehen erregte diesbezüglich eine 1998 erschienene weltweite Studie der *London School of Economics and Political Science*, die herausfinden wollte, in welchen Staaten der Erde die Menschen am glücklichsten sind. Auf den ersten fünf Plätzen lagen Bangladesch, Aserbaidschan, Nigeria, die Philippinen und Indien, Staaten, die weder eine fortgeschrittene Industrialisierung aufwiesen noch zu den im Bevölkerungsdurchschnitt gut bemittelten zählten. Die Menschen in den Industrieländern mit ihrem hohem Pro-Kopf-Einkommen und ihrem materiellen Wohlstand fielen demgegenüber deutlich ab: Großbritannien an 32., Frankreich an 37., Deutschland an 42. und die USA an 46. Stelle!

Das Glück des Flow stellt sich nur ein, wenn ich an einer Tätigkeit Gefallen finde, wenn ich meine Aufgabe liebe und mich ihr ungestört hingeben kann, wenn ich Schöpfer und nicht Opfer bin. Nur, wenn ich Gelassenheit entwickle, mich selbst lasse und den Dingen ihre eigene innere Entwicklung zugestehe, wie es Rainer-Maria Rilke in den *Briefen an einen jungen Dichter* formulierte:

„Sie müssen den Dingen die eigene, stille, ungestörte Entwicklung lassen, die tief von innen kommt und durch nichts gedrängt oder beschleunigt werden kann. Alles ist austragen – und dann gebären." Und an anderer Stelle fährt er fort: „Künstler sein heißt: nicht rechnen und zählen; reifen wie ein Baum, der seine Säfte nicht drängt und getrost in den Stürmen des Frühlings steht, ohne Angst, dass dahinter kein Sommer kommen könnte. Er kommt doch! Aber er kommt nur zu den Geduldigen, die da sind, als ob die Ewigkeit vor ihnen läge, so sorglos still und weit."

Neben dem Festhalten-Wollen und Nicht-loslassen-Können sind Zeitdruck, Dazwischenfunken, unerbetene Kommentare, Kritik und Besserwisserei die Feinde des Flow, wenn wir nicht warten können und glauben, Lösungen herbeizwingen zu müssen. „Und ich möchte Sie bitten, Geduld zu haben gegen alles Ungelöste in

Ihrem Herzen", endet Rilkes Brief, „und die Fragen selbst lieb zu haben, wie verschlossene Stuben und wie Bücher, die in einer sehr fremden Sprache geschrieben sind."

Die westliche Zivilisation befindet sich derzeit in einer katastrophalen Entwicklung, weil sie weitere Beschleunigung und forciertes Wachstum als Fortschritt ansieht, obwohl das „Paradigma des Lebendigen" (Dürr) genau in die entgegengesetzte Richtung weist.

Auch ein Übermaß an Regeln, Normen und Verboten hemmt den Flow und blockiert die Initiative und Verantwortung des Einzelnen. „Je mehr Verbote, um so ärmer wird das Land. Je mehr Gesetze, umso mehr Verbrecher", lautet ein chinesischer Spruch. Diese Blockierung hat in vielen Zivilisationen der Gegenwart ihren Höhepunkt erreicht. Unser aller Leben schreit nach einer Lockerung des Korsetts von Administration, Institutionalisierung und künstlicher Strukturiertheit: atmen, fließen, entfalten, leben, schweben, fliegen, frei sein. Kreative Leistungen können nur auf einem gesellschaftlichen Nährboden wachsen, der genügend gelockert ist und dem Individuum tatsächlich Glück, Würde und die freie Gestaltung seines Potenzials lässt.

Und selbst wenn der Erfolg eingetreten ist, sollte man nicht daran festhalten. „Alles, was man besetzt, ist dazu bestimmt verlassen zu werden", steht bei Laotse geschrieben. Im alten China ging man sogar so weit zu postulieren, dass selbst etwas Erfolgreiches niemals wiederholt werden sollte.

„*Panta rhei* – alles fließt" – mit diesen Worten hatte Platon die Philosophie seines Vorgängers Heraklit beschrieben. Eine ähnliche Aussage finden wir bei Konfuzius: „So fließt alles dahin, wie dieser Fluss, ohne Aufhalten, bei Tag und Nacht." Tausend Bilder schildern die Qualität des Wassers in den Traditionen. Alle münden sie jedoch in die eine Hauptaussage: Seine Geschmeidigkeit und Schwäche machen es unendlich stark. „Nichts auf der Welt ist geschmeidiger und schwächer als das Wasser, aber es gibt nichts Besseres, um das anzugreifen, was hart und starr ist – und nichts, was es ersetzen könnte", finden wir im *Dao de King*, „Was am geschmeidigsten ist, ist das, was am härtesten ist."

Sich in die Eine Bewegung zu begeben ist mehr als das bloße Sich-Einlassen auf das Hier und Jetzt. Es bedeutet, die Zukunft in die Gegenwart zu holen. Wer die Logik des Prozesshaften kennt, kann die Entfaltung antizipieren. Der weiß: Habe ich die notwendigen Schritte unternommen, ergibt sich die Wirkung von selbst, ohne dass ich auf die Umstände noch Druck ausüben oder mich verausgaben müsste. Ebenso ist ihm bewusst, dass man die Wirkung nicht erwarten darf, dass diese vielmehr im Prozess enthalten ist und durch den Prozess entsteht, als etwas, das von alleine kommt, statt durch eine bestimmte Person zu enstehen. Er begnügt sich mit dem Wissen: Wenn ich erst einmal auf der Welle bin und mich auf ihr zu halten weiß, geschieht der Rest ganz von selbst. Daher nimmt er die Welle, wie und wann sie kommt, und nicht, wie er es sich vorstellt.

Auf der Welle denkt er nicht, sondern ist sich des Augenblicks gewahr. Präsenz. Gegenwärtigkeit. Denkt er zu viel, wird seine Bewegung eckig, er verliert die Balance, fällt und kann sich unter Umständen ziemlich verletzen. In der spielerisch gleitenden Bewegung jedoch reitet er den Punkt der Koinzidenz – instinktiv reagierend, in minutiöser Balance. Das kann nur die Liebe.

Und nur die Liebe vermag es, gleich wieder aufzustehen, wenn man gefallen ist, Rückschläge und falsche Ansätze ohne Murren in Kauf zu nehmen, Fehlern und Widerständen einen Platz einzuräumen und immer weiter zu machen, ohne sich von Widerständen einschüchtern oder entmutigen zu lassen. Niemand bleibt für immer auf einer einzigen Welle. Selbst der größte Meister stürzt immer wieder einmal herunter. Und jede Welle geht schließlich an Land, wo sie in ihrer Vergänglichkeit verebbt. Aber er, der Reiter, wird weitermachen wollen und die nächste nehmen.

Wer den Nektar der Inspiration und die mit ihr verbundene Lebenskraft gekostet hat, möchte und kann nicht mehr darauf verzichten, auch deshalb nicht, weil er bald entdeckt, dass noch viel mehr dahintersteckt: Im kreativen Tun geht er einer Sache auf den Grund. Dabei erfährt er den schöpferischen Prozess an seinem eigenen Werdegang. Er erkennt das Wesen des Schöpferischen – und dabei sich selbst. Wie der Wellenreiter, der mit zunehmender Erfahrung das Wesen der Strömung kennenlernt und synchron ein spezifisches Glücksgefühl erfährt, bei dem er sich ganz sicher ist: Das bin ich! Daher ist es für den kreativen Menschen nicht getan, wenn sein Werk vollendet ist. Er wird das nächste Werk beginnen. Nicht die Werke sind sein Ziel, sondern das Erschaffen selbst.

Unaufhaltsam wächst der Wald – Die neuen Helden

Der Mensch ist vielmehr ein Künstler als ein Arbeiter.
Er ist nicht der Mechaniker des Universums –
Der Mensch ist der Künstler der Schöpfung.

Raimon Panikkar

Die Welle des Lebens reiten heißt: nach einer Logik reagieren, die es darauf anlegt, sich zu vereinen und trotzdem in keiner Spur festzufahren. Wilde Herzen improvisieren ständig. Die Wirkung ihres Handelns kommt aus der fortlaufenden Transformation und nicht aus einem einmaligen dramatischen Akt. Aus dem Flow heraus, indem Intuition und Intellekt spielerisch zusammenarbeiten, agieren sie wesentlich schneller – noch bevor Probleme und Konflikte überhaupt zum Ausbruch kommen können. Genau so charakterisierte der zeitgenössische Philosoph François Jullien die chinesische Vorstellung von Wirksamheit.

Daher sind sie die neuen, oft unsichtbaren Helden. Wie die chinesischen Weisen haben sie das Problem gelöst, noch bevor es auftaucht. Sie siegen, bevor es zum Kampf kommt. Sie sind Künstler darin, Leiden zu vermeiden, im dem Sinne, dass sie es gar nicht erst entstehen lassen. Die neuen Helden sind Meister darin, glückliche Umstände zu schmieden. Sie haben eine Antenne für das Atmosphärische, weil sie eine Situation nicht als äußeres Drumherum empfinden, sondern als etwas, das lebt und reagiert und an dem sie unmittelbar beteiligt sind. Daher handeln sie authentischer, ehrlicher, weicher – und früher. Die Situation wird nicht blockiert, und die Kräfte bleiben gebündelt. „Frühzeitiges Handeln hinterlässt keine Wagenspur", heißt es bei Laotse. Für die Liebenden ist die Welt kein Gegenstand der Macht und des Gewinnens, sie empfinden sich als Mitwirkende an ihrem Werden.

Die neuen Helden beanspruchen nicht schon zu Lebzeiten ein Denkmal für sich; sie machen auch keinen Kult um sich. Es sind nicht die Konservativen, die die Anbetung der Asche fordern. Und auch nicht die Kriegshelden, die Reichen und Mächtigen, die Päpste und Staatsmänner. Es sind auch nicht unbedingt die Heiligen und Yogis, nicht die Medienberühmtheiten oder die Stars der Glamourwelt. Die neuen Helden sind wilde Herzen, Menschen mit Rückgrat, unbestechlich und mutig, vorausblickend und voller Commitment – unkonventionell und leidenschaftlich. Menschen, die begeistern, weil sie den Geist zu entfachen vermögen und das Leben einen Hauch lebenswerter machen.

Man erkennt sie an ihren Gesichtern, an ihrer Lockerheit, an ihrem Humor und ihrem Witz, an ihrer Weitsicht, und auch daran, dass sie noch im Alter schön sind, egal, wie sie aussehen. Sie sind Charaktere. Sie haben den Mut, vollkommen unvollkommen zu sein, und besitzen unzweifelhaft Charakter und Persönlichkeit, sie sind einmalig, unwiderstehlich und oft genial.

Ja, die Wilden sind unbestreitbar eine eigene Gattung. Man könnte sie auch *homo sapiens amans* nennen, eine Bezeichnung, die der Biologe Umberto Maturana prägte – verliebt in das Leben und gleichzeitig verzweifelt darüber, dass so wenige Menschen auf den

Grund gehen und sich daher immer wieder im Kreislauf des Leidens verfangen, anstatt ihr Herz in die Hand zu nehmen und dem Glück und der Liebe zu folgen.

Man erkennt sie daran, dass sie sich nicht um das scheren, was man müsste und was man sollte, sondern geradewegs aufs Ganze gehen – und sich trauen, das Wort Liebe in den Mund zu nehmen. Sie sind nicht zu feige, sich zu dem zu bekennen, woran sie glauben; weder besorgt, ihren guten Ruf zu verlieren, noch darum, einen solchen zu erwerben. Sie tun, was getan werden muss, weil sie es so wollen.

Die wilden Herzen durchbrechen die Mauern von Zivilisation, mechanistischer Wissenschaft und dogmatisierter Religion. Sie sind Pioniere einer neuen Spiritualität, die mehr ist als eine bloße Denkdisziplin oder ein spezifisches Gebahren. Sie empfinden sich weder als fromm noch als außergewöhnlich, noch verbringen sie ihren Tag mit esoterischen Praktiken.

Selbst als Leader weigern sie sich, auf einen Sockel gestellt zu werden und sich für alle möglichen Projektionen und Erwartungen zur Verfügung zu stellen, auch wenn sich dies manchmal verdammt gut anfühlt. Sie möchten sich selbst treu bleiben und ein Mensch unter Menschen sein. Ihre Schwächen und Macken, Narben und Schrunden wollen sie nicht verbergen müssen, denn sie haben gelernt, sie anzunehmen, und fühlen sich gerade ihretwegen ganz. Zudem sind sie ihnen dankbar, dass sie den Hochmut dämpfen, wann immer dieser aufzusteigen droht.

Ja, sie haben ihre Ungezähmtheit entdeckt, deren Kraft unmittelbarer ist als alles, was sie zuvor in den traditionellen Praktiken kennenlernten – eine Kraft, die verjüngend wirkt, weil sie verhindert, dass man einrostet, festklebt und sich verbiegt. Diese Wildheit gibt ihnen keine Chance, lange in der Tretmühle des Besser-Sein- und Sich-behaupten-Müssens stecken zu bleiben oder träge und schwerfällig zu werden.

Menschen, die wirklich lieben, erlauben sich, ihre höchste Vision vom Leben wahr werden zu lassen. Und sie fangen jetzt damit an, nehmen ihren Platz dort ein, wo es sie am meisten hinzieht. Der Christ hat das Paradies auf das Leben nach dem Tode vertagt, der zivilisierte Mensch verschiebt es ständig auf die Zukunft. Das Bestreben der Wilden und Liebenden ist es, ihr Lebenskapital hier und jetzt zu nutzen – und zwar nicht nur das individuelle Potenzial, sondern auch das des Menschseins, das gesamte Spektrum des Bewusstseins, das eigene unendliche, grenzenlose Wesen – um weltoffen, weltweit und die Welt umarmend mit der Vielfalt der kreativen Möglichkeiten zu spielen und „das Leben lebendiger werden zu lassen", wie Hans-Peter Dürr sagt.

Der *Homo sapiens amans* ist frei und ohne Sorgen. Aber nicht, weil er sie unter den Teppich kehrt, sondern weil er es versteht, seine Sorgen zu recyclen und neuen Sorgen vorzubeugen. Er liebt den Luxus des Einfachen, der ihm erlaubt, Zeit zu haben für das Wesentliche, vom Notwendigen das Beste zu wählen und immer mehr Raum für die Weisheit der Liebe zu schaffen. Er ist schlicht und einfach ganz er selbst. Gerade deshalb erscheint er außergewöhnlich. Er fasziniert, aber der Zauber, den er ausübt, ist echt. Er vermag Herzenstüren zu öffnen, den Lebensfunken in anderen zu entzünden und überall Leuchtspuren zu hinterlassen. Er verändert die Welt dadurch, dass er Tag für Tag etwas von seiner Persönlichkeit ausstrahlen lässt, ohne sich in den Vordergrund zu drängen oder sich als Beispiel darstellen zu müssen.

Wilde Herzen denken oder handeln nicht der Norm entsprechend, sondern gehen ihren eigenen Weg. Daher sind sie von der Meinung anderer unabhängig. Solche Menschen leuchten aus sich selbst heraus. Ihre Souveränität wurzelt in der Fähigkeit zur Selbsterkenntnis, in Selbstachtung und Selbstvertrauen. Sie genügen sich selbst, kennen ihren Wert, ihre Stärken und ihre Schwächen. Sie sind mit ihrer inneren Stimme verbunden und folgen ihr bedingungslos. Daher befinden sie sich am richtigen Platz und bringen sich von dort aus ein – autonom, mutig, zum Wohle des Ganzen. Es ist ihre Integrität, die sie beliebt macht. Man kann sich auf sie verlassen, ihnen vertrauen. Sie besitzen eine natürliche Autorität, weil sie Verantwortung übernehmen – für sich selbst, für ihre Aufgaben, ihren Weg und das Ganze.

Die Magie ihrer Persönlichkeit lässt uns etwas von dem Geheimnis erahnen, das sich in allem verbirgt und nach dem wir uns alle sehnen. Sie zeigt uns, dass wir alle unser Leben verwandeln können, und auf welche Weise dies geschehen kann.

Das Wasser, der Flow, die Eine Bewegung, der Atem Gottes, all dies sind Symbole und Synonyme für die Liebe. Das wilde Herz kennt ihren Rhythmus:

Liebe, und tu was du willst

Entferne dich von trennendem Denken und Handeln und folge deinem Herzen.

Solve et coagula

Löse dich von allem, was nicht Liebe ist, und verbinde dich von neuem – frei und bedingungslos.

Stirb und werde

Wirf dein Ego ab wie ein altes Gewand, auf dass dein wahres, authentisches Selbst zum Vorschein kommen kann – wie Phönix aus der Asche.

Einfalten und entfalten

Geh stets zuerst nach innen und befrage deine innere Stimme, bevor du eine Entscheidung triffst. Bringe das, was du innen gefunden hast, nach außen, indem du es Wirklichkeit werden lässt.

Loslassen und erschaffen

Verabschiede, was nicht dem Leben dient, und erlaube dir, neue Umstände zu erschaffen.

Einatmen und ausatmen

Lebe. Sei lebendig.

Opfer, Wandlung und Kommunion – dieselbe Struktur prägt auch den christlichen Gottesdienst. „Tut dies zu meinem Gedächtnis", hat Jesus seinen Jüngern beim letzten Abendmahl aufgetragen. Dieser Rhythmus ist das Band, das Vergangenheit, Gegenwart und Zukunft verknüpft, aber nicht in der Wiederholung, sondern im Immer-wieder-neu-Werden – in wachsenden Ringen. Das zieht sich als roter Faden durch alle Religionen, als der Weisheitsstrom selbst. Dieser Rhythmus ist der Genius von Wandel und Transformation, der Lebenscode, die Matrix des natürlichen Prozesses und Spielanleitung für jegliche Art von Heilung und Erneuerung, die Grundlage von Glück, Gesundheit und Lebenskunst.

Konstruktiver Wandel hat Methode. Eine Methode, die wir in Zukunft dringend brauchen werden, wenn wir an der zunehmenden Beschleunigung und Vernetzung wachsen und nicht zerbrechen wollen. Das Prinzip, dem sie folgt, verspricht: Endlich wieder gut sein zu dürfen. Beweglich und richtig gut. Dieses Prinzip heißt Liebe, es gibt kein anderes Wort dafür. Jeder andere Begriff würde die unendliche Bedeutungsvielfalt eines Phänomens beschneiden, das ohnehin jenseits des Erklärbaren liegt.

Ja, wir können uns verändern. Aber nicht, indem wir versuchen, anders zu werden, sondern indem wir wirklich lieben lernen. Dies gilt nicht nur für das Individuum, sondern ebenso für Gesellschaft und Kultur. Es gibt keine höhere Intelligenz als die Liebe; es gibt keine stärkere Kraft als die Liebe; es gibt kein besseres Gefühl als die Liebe; es gibt keine schönere Sprache als die Liebe. Und das Beste daran: Jeder kann sich der Intelligenz der Liebe öffnen, sich mit ihrer Kraft verbinden und ihre Sprache erlernen. Jeder ist fähig zu lieben. Für den, der die Liebe kennt, gibt es keine andere Lebensform mehr.

Lebenskunst ist die Kunst, die Liebe zum Leben ganz bewusst zu leben, das Geschenk des Lebens anzunehmen, zu wertschätzen und voll auszuschöpfen. Echte Liebe führt weder in die Abhängigkeit noch ins Gegeneinander. Sie ist frei und lässt frei. Sie will verbinden statt trennen, kooperieren statt konkurrieren, sein statt nur scheinen. Sie offenbart uns, wer wir wirklich sind, und macht uns zu einem lupenreinen Diamanten, durch dessen Facetten das Licht der Wahrheit in die Wirklichkeit leuchtet. Sie lässt uns eindeutig werden. Und diese Eindeutigkeit erzeugt jenen starken Magnetismus, der uns selbst, das Meer und die Welle zusammenhält und uns an der Einen Bewegung mit ihrem einzigartigen Einen Geschmack bewusst teilhaben lässt. Wer die Liebe lebt, sein schöpferisches Recht erkennt und es spielen lässt, verändert die Dinge und Verhältnisse. „Er wandelt die ganze Welt um", wie man im alten China von den Weisen sagte. Zufall und Scheitern gibt es für ihn nicht, nur neue Umstände und damit grundsätzlich neues Situationspotenzial. Für ihn findet Evolution jetzt statt.

Das wilde Herz ist Symbol für unser tiefstes Potenzial, das nach Befreiung drängt. Jeder Mensch kommt mit diesem Potenzial zur Welt und trägt es zeitlebens in sich. Daher liegt in ihm die wahre Gemeinschaft der Menschheit. Wer sich zugehörig fühlt, gehört dazu. Feste Formen erübrigen sich. Um gemeinsam stark zu sein, braucht es keine Institutionen – wilde Herzen müssen sich nicht organisieren. Ihre Gemeinschaft liegt auf einer ganz anderen, einer unsichtbaren Ebene, die keine Angriffsfläche mehr bietet. Da ist nichts, gegen das man angehen könnte. Der Wald wächst. Lautlos – und unaufhaltsam.

Eines Tages, nachdem wir die Winde,
die Wellen, Ebbe und Flut
und die Gravitation gemeistert haben,
werden wir uns auch die
Energien der Liebe nutzbar machen.
Und dann, zum zweiten Mal
in der Geschichte unseres Planeten,
wird der Mensch das Feuer entdecken.

Pierre Teilhard de Chardin

How to Dance the Rhythm of Being
Die 10 Spielregeln des wilden Herzens

1. **Anschauen, was ist**

   Aushalten lernen, was ich sehe, vor allem die Seiten, die ich gerne verleugne oder von mir wegschiebe. Erst, wenn ich sie klar wahrnehme, kann ich sie auch verändern.

2. **Bei mir selbst anfangen**

   Die Aufmerksamkeit von draußen, von den anderen zurückziehen zu mir selbst – und mit ihr alle Projektionen. Wo ist mein Anteil an der Situation?

3. **Trennung erkennen und loslassen**

   Negativität, Lieblosigkeit, Destruktivität, nicht gestillte Bedürfnisse, Egoismus, unfreie Bindungen und Abhängigkeit, Normen, hinderliche Muster und Gewohnheiten – alles loslassen, was sich nicht „richtig" anfühlt und nicht mehr stimmig ist; alles, was nicht dem Leben taugt. Wenn da etwas anderes ist als Liebe, ist das ein Schrei nach Liebe. Wenn mir jemand anders als mit Liebe gegenübertritt, dann weiß ich, dass er nach Liebe ruft.

4. **Die Angst integrieren**

   Das Niemandsland – Chaos und Instabilität – als eine notwendige Phase des Prozesses annehmen. Sich den eigenen Schatten stellen. Dem Negativen keine Kraft mehr geben. Erkennen, dass sich hinter jeder Schwäche eine Stärke verbirgt. Es geht immer weiter. Wo die Angst ist, ist eine Schwelle; wo eine Schwelle ist, ist die Angst. Als Hüterin der Schwelle will sie mich vor falschen Entscheidungen warnen.

5. **Sich auf das Verbindende ausrichten**

   Sich für die Liebe entscheiden. Das Gemeinsame, Universelle, Menschliche ins Blickfeld ziehen. Was würde mein Herz dazu sagen? Ist meine Entscheidung für alle gut, zum Wohle des Ganzen? Entspricht sie der Wahrheit? Werde ich glücklich damit?

6. **Innehalten**

Auf Intuition und Inspiration warten. Sie kommt bestimmt. Ich erkenne sie an der Begeisterung, an einem bedingungslosen Ja. Ist dieses Ja nicht vorhanden, dann ist die Zeit noch nicht reif. Die innere Stimme kann nur in der Stille eines reinen Herzens gehört werden, das leer ist von persönlichem Ego.

7. **Hinaus in die Welt gehen und handeln**

Den inneren Impuls oder Auftrag umsetzen, sobald er empfangen ist – an dieser Stelle des Prozesses, ohne Zögern und Zweifeln, ohne Vorlieben und Abneigungen. Einfach tun und sich nicht verunsichern lassen. Die Projektionen der anderen nicht annehmen. Bei sich selbst bleiben: Ich bin ganz bei mir und gleichzeitig verbunden mit allem.

8. **In Beziehung treten**

Allen Menschen auf Augenhöhe begegnen – in Toleranz und Würde.

Don't look at the bad side! Look at the good side and bring it up! „Das Göttliche in mir, grüßt das Göttliche in dir." Der Natur in Respekt und Achtsamkeit begegnen. Auch den unbelebten Dingen, mit denen ich mich umgebe, in dem Bewusstsein begegnen, dass ich mit ihnen in einer Wirk-Beziehung stehe, die sich nicht nur auf mein Leben, sondern durch mich auf das Ganze auswirkt.

9. **Kommunion anstreben**

Aus Gesellschaft(en) Gemeinschaft(en) werden lassen, wo immer ich mich befinde. Auf das Gemeinsame bauen und gleichzeitig die Individualität und natürliche Diversität würdigen und fördern. Die 33 Herzensqualitäten üben.

10. Das Leben feiern

Freude und Ästhetik ins Leben bringen. Genießen, was ich habe. Glücklich sein, und andere damit anstecken – Herzenstüren öffnen. Tanzen. Lachen. Singen. Mich selbst nicht so ernst nehmen und mit allem und jedem flirten.

Charm up your life and move into love!

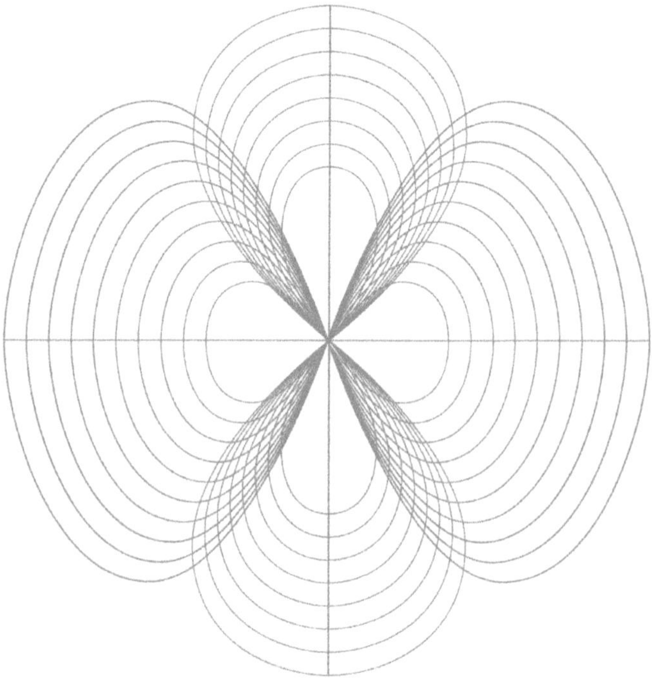

Abb. 9: Acht-Kleeblatt

Literatur

Neben der klassischen Weisheitsliteratur und den im Text erwähnten Quellen waren folgende Titel wichtig für dieses Buch:

Hans-Peter Dürr/Raimon Panikkar: Liebe – Urquelle des Kosmos. Ein Gespräch über Naturwissenschaft und Religion. Freiburg 2008.

Hans-Peter Dürr: Warum es ums Ganze geht. Neues Denken für eine Welt im Umbruch. München 2009.

Raimon Panikkar: Rückkehr zum Mythos. Frankfurt 1999.

Claude Lévi-Strauss: Das wilde Denken. Frankfurt 1973.

Bede Griffiths/Roland Ropers: Eine Welt – Eine Menschheit – Eine Religion. Wasserburg 2007.

Mihaly Csikszentmihalyi: Flow – Das Geheimnis des Glücks. Stuttgart 1995.

Christian Schwaabe: Politische Theorie 1. München 2007.

François Jullien: Vortrag vor Managern über Wirksamkeit und Effizienz in China und im Westen. Berlin 2006.

Von Christina Kessler sind bisher erschienen:

Amo ergo sum – Ich liebe, also bin ich. Freiamt 2002.

Amo ergo sum – Das Arbeitsbuch. München 2005.

Herzensqualitäten – Die Intelligenz der Liebe. München 2005.

Amo ergo sum – Meditationen. Doppel-CD. München 2006.

Informationen zu Vorträgen, Seminaren und der Ausbildung von Dr. Christina Kessler erhalten Sie unter www.christinakessler.com

Gracias

Ein Buch wie dieses entsteht nicht von heute auf morgen, auf die Schnelle. Jahrelang gären undefinierbare Ahnungen. Dann kommen weitere Jahre des Einschwingens, bis sich in wachsenden Ringen der Rahmen absteckt und der Kern offenbart. Erzwingen lässt sich das nicht. Den Dingen ihre eigene innere Entwicklung lassen – das Forschen hat es mich gelehrt.

Der Dialog mit anderen Menschen kann dabei ganz entscheidend sein, und bei diesem Buch war es eindeutig der Dialog mit dem Quantenphysiker Hans-Peter Dürr. Diesem großen, von mir sehr verehrten Mann – Nachfolger von Werner Heisenberg, Träger des Alternativen Nobelpreises (1987) und des Friedensnobelpreises (1995, als Mitglied der wissenschafts- und forschungskritischen internationalen Gruppe Pugwash), Ratsmitglied des World Future Council und des Club of Rome – ist dieses Buch gewidmet. Es sollte mein Geschenk zu seinem 80. Geburtstag 2009 werden, doch dauerte es noch zwei Jahre, bis das Buch wirklich rund war.

Ich habe Hans-Peter Dürr zum ersten Mal live während des Internationalen Kongresses Unity in Duality erlebt, der im Oktober 2002 in München stattfand, mit S.H. dem Dalai Lama als Ehrengast. Auf diesem Kongress wurde auch mein Buch *Amo ergo sum* vorgestellt, das gerade herausgekommen war. Hans-Peter Dürrs Beitrag über das neue physikalische Weltbild und die Notwendigkeit, unseren Lebensstil zu ändern, bewusster und verantwortungsvoller mit dem Ganzen umzugehen, ging so unter die Haut, dass das Publikum mit nicht enden wollenden Standing ovations antwortete. Wie sehr wünschte ich mir, diesen Mann kennenzulernen, der unter einer völlig anderen Perspektive auf dieselben Erkenntnisse gestoßen war. Ein paar Jahre später, im Juni 2006, fand mein Wunsch Erfüllung. Wir waren beide Referenten auf dem 8. Symposium der Paracelsus Akademie in Villach, Österreich. Seither sind wir befreundet. Danke, Hans-Peter, für diese Freundschaft, die mich unendlich bereichert hat.

Wesentlichen Einfluss auf diese Arbeit hatte auch der spanische Philosoph Raimon Panikkar, einer der bedeutendsten Vertreter des interreligiösen und interkulturellen Dialogs. Ihn lernte ich auf einem Symposium kennen, allerdings schon vor 30 Jahren. Damals noch Studentin, hatte ich eine Semesterarbeit über Fritjof Capra und die Konvergenz von westlicher Wissenschaft und östlicher Philosophie geschrieben, die den Teilnehmern des Meetings als Thesenpapier vorgelegt worden war – und nun saß ich inmitten der bedeutendsten Visionäre einer neuen Welt. Für mich war das eine unglaubliche Auszeichnung, die ich in meiner übermütigen Freude so deutete, dass ich richtig lag mit meiner Suche nach der Essenz der Weisheitstraditionen. Mit Sicherheit war dieses Erlebnis ein Grund dafür, auf dieser Linie weiterzumachen. Bei diesem Symposium war Raimon Panikkar mein Tischnachbar, sodass ich seine enorme geistige Strahlkraft unmittelbar erleben konnte. Seinem Werk blieb ich seither eng verbunden.

Ein Grund dafür war auch sein Freund, der Publizist und Religionsphilosoph Roland Ropers, den ich ein Jahrzehnt später kennenlernte. Er diskutierte den Ansatz Panikkars begeistert und intensiv. Ein paar Jahre später machte Roland dann auch die Bekanntschaft mit Hans-Peter Dürr, und wie es der Zufall will, kam es im Jahr 2007 zur Begegnung Dürr – Panikkar. Das daraus hervorgehende Gespräch der beiden großen Wissenschaftler wurde von Roland Ropers aufgezeichnet und bearbeitet und erschien ein Jahr später unter dem Titel *Liebe – Urquelle des Kosmos*. Roland ist die Schatzkiste zahlreicher Zitate, Geschichten und Informationen, die in dieses Buch Eingang gefunden haben. Seine große Leidenschaft gehört der philosophischen Bedeutung von Wörtern und einer neuen Sprachkultur – er erfand dafür die Bezeichnung *Etymosophie*. Außerdem ist er ein scharfer Kritiker religiöser Machtstrukturen und ihres Missbrauchs. Auch ihm bin ich zu großem Dank verpflichtet.

Bedanken möchte ich mich auch bei meinem Freund Wangchuk Fargo aus Ladakh. Ihn in seinem instinktiven und intuitiven Wirken zu beobachten, war Teil meiner Forschung. Seine natürliche Intelligenz, sein unglaubliches Organisationstalent, die absichtslose Effizienz, mit der er seine oft schwierigen Aufgaben bewältigt, hat mich zutiefst beeindruckt. Er ist ein Mensch, der Unmögliches möglich macht, ein Flow-Typ, der die Fäden seines Unternehmens spielerisch in der Hand hält. Auch seine heiter-kritische Sicht auf uns Westler und unsere Lebensweise war äußerst aufschlussreich für mich:

Alles zerredend und analysierend, um den eigenen Nabel kreisend, absorbiert vom Bücherlesen – so sah er den westlichen Menschen –, wo es doch in den Umständen zu lesen galt, in denen alles geschrieben steht. Wie konnte man sich nur mit einem solchen Wust von unnötigen Dingen umgeben, wo diese doch nur die Entscheidungsfreiheit behinderten und die Lebendigkeit lähmten, fragte er sich immer wieder. Wie konnte man sich selbst und das Auf und Ab des Lebens nur so ernst nehmen? Doch nur, weil man sich der Vergänglichkeit und der ständigen Metamorphose der Dinge nicht bewusst war. Danke, Wangchuk. Wie viel habe ich von dir lernen dürfen!

Bedanken möchte ich mich auch bei meinen Schülern. Mit ihnen konnte ich die Wirksamkeit der Einen Bewegung erproben und unter Beweis stellen. Denn ihr tatsächlicher Wert enthüllte sich erst, als ich sie konsequent in meinen Seminaren und Ausbildungskursen einsetzte. Sie gab den Kursen nicht nur eine innere Ordnung, sondern auch einen Rhythmus. Bald machten wir die Entdeckung, dass, wenn man diesem Rhythmus folgte, der vermittelte Stoff regelrecht zu atmen begann. Entfaltungs- und Lernprozesse wurden angeregt, die unbestreitbar einer inneren Gesetzmäßigkeit gehorchten. Erkenntnis-, Befreiungs- und Entwicklungsschübe reihten sich aneinander wie Perlen an einer Schnur. Wo wir dieser Richtschnur folgten, gelang es uns immer (!), eine Kultur des Herzens zu erschaffen. Danke, Ihr wunderbaren „Amos", dass ich gemeinsam mit Euch den Weg zurück ins Paradies erforschen durfte. Danke dem Amo-Heartcore – dem harten Herzenskern: Susanne Scheuer, Olaf Adami, Veronika Lindner und Jo von Beust – für die Bewältigung von Herzensaufgaben mit bereits hohem Schwierigkeitsgrad.

Ganz besonderer Dank gilt Max Leu für die finanzielle Unterstützung der Forschungen zu diesem Buch. Meiner Mutter und ihrem Lebensgefährten – die bedingungslos hinter mir standen und mir den Rücken stärkten. Meiner Tochter Elena Hell, über die mir die Worte fehlen. Und der Lyrikerin Margarethe Mader-Stiel, meiner alten „Weisen", die ein halbes Jahrhundert als Hebamme und in der Sterbehilfe tätig gewesen ist. Mit ihrem Wissen und ihrer großen Gabe, Menschen über die Schwelle zu begleiten, dadurch, dass sie selbst den Durchgang durch das Sterben gemeistert hat, wurde sie in den letzten Jahren mehr und mehr zu meiner Lehrerin, meist ohne dass sie hat sprechen müssen; sie hat es mir vorgemacht.

Schließlich danke ich Joachim Kamphausen, einem der letzten Vertreter einer aussterbenden Art von Verlegern, die ihre Autoren noch persönlich betreuen. Und meiner Lektorin Stephanie Ehrenschwendner, die nicht müde wurde, Brücken zum Leser zu bauen und mich zu ermuntern, noch einen Touch leichter zu schreiben. Wir saßen am Skype zusammen und tüftelten, meist über Kontinente hinweg. Stephanie Ehrenschwendner war wirklich bei der Sache. Sie hat es sogar geschafft, mich zu überzeugen, den Stoff, der zunächst auf drei Bände – eine „Weisheits-Trilogie" – angelegt war, in einen einzigen Band zusammenzufassen, was ein weiteres Jahr in Anspruch nahm. Kürzer kann man den Inhalt nun nicht mehr fassen. Das Herauskristallisieren der Essenz zog sich konsequent bis zum Schluss hin durch.

Enorm viel Wohlwollen, Hilfe und Zuspruch habe ich während dieses Arbeitsprozesses erfahren dürfen. Ein Werk, egal welcher Art, ist niemals nur das Verdienst einer einzigen Person. Die verschiedensten Einflüsse, ja, die Weichenstellungen des Lebens selbst, sind daran beteiligt. Alles ist mit allem verbunden und beeinflusst sich gegenseitig. Immer ist es auch der „liebende Dialog", wie Hans-Peter Dürr den fruchtbaren Austausch mit anderen Menschen nennt, der neues Wissen, neue Kraft und neue Impulse einfließen lässt.

Ich möchte allen, die mich bei meiner Arbeit ermutigt und unterstützt haben, mit diesem Buch danken.

Gracias a la vida, que me ha dado tanto ...

Über die rote Linie gehen

Die rote Linie symbolisiert die Idee, vom Modus der Langeweile, der Routine, in den Modus der Power und des Erlebens zu wechseln. Wie? Mit 216 Experimenten, jeweils eines für Frauen und eines für Männer, 216 Möglichkeiten, einen Wandel einzuleiten.

Die rote Linie markiert dabei die virtuelle Grenze zwischen der lieb gewordenen, aber immer gleichen Gewohnheit, und faszinierendem Neuland: Sie konfrontiert Sie mit dem Abenteuer. Wagen Sie es, die rote Linie zu überschreiten, und Sie werden in das Neuland des intensiven Erlebens eintauchen.

olf W. Lasko
as Abenteur deines Lebens
ber die rote Linie gehen
44 Seiten
BN 978-3-89901-552-2